O poder do networking

Tommy Spaulding

O poder do networking

Como contatos podem alavancar sua carreira

TRADUÇÃO
CRISTINA YAMAGAMI

Título original: *It's Not Just Who You Know*
Copyright © 2010 by Tommy Spaulding

Todos os direitos reservados. Nenhuma parte desta obra pode ser reproduzida ou transmitida por qualquer forma ou meio eletrônico ou mecânico, inclusive fotocópia, gravação ou sistema de armazenagem e recuperação de informação, sem a permissão escrita do editor.

Gerente editorial
Jiro Takahashi

Editora
Luciana Paixão

Editor assistente
Thiago Mlaker

Assistente editorial
Diego de Kerchove

Preparação de texto
Rebecca Villas-Bôas Cavalcanti

Revisão
Hebe Ester Lucas
Marcia Benjamim

Capa, criação e produção gráfica
Thiago Sousa

Assistentes de criação
Marcos Gubiotti
Juliana Ida

Imagem de capa: Michael Blann/Getty Images

CIP-Brasil. Catalogação na fonte
Sindicato Nacional dos Editores de Livros, RJ

S726p   Spaulding, Tommy, 1969

         O poder do networking: como contatos podem alavancar sua carreira / Tommy Spaulding; tradução Cristina Yamagami. - São Paulo: Prumo, 2011.

         Tradução de: It's not just who you know
         Inclui índice
         ISBN 978-85-7927-123-6

         1. Relações humanas. 2. Comunicação interpessoal. 3. Sucesso nos negócios.
         I. Título.

11-1092.   CDD: 650.13
                                                                                CDU: 005.96

Direitos de edição para o Brasil: Editora Prumo Ltda.
Rua Júlio Diniz, 56 - 5º andar – São Paulo/SP – CEP: 04547-090
Tel.: (11) 3729-0244 - Fax: (11) 3045-4100
E-mail: contato@editoraprumo.com.br
Site: www.editoraprumo.com.br

Dedicado ao meu pai, Tom Spaulding Sr.,
o maior homem que já conheci.
Em memória de Anthony D'Aquanni,
Tom France, Paul Gillett,
Keli McGregor e Lori Nolan.

Sumário

Prefácio de Ken Blanchard 9
Introdução: Sobre os ombros de Carnegie 11
Parte 1: Descobrindo os relacionamentos 19
1. Um prodígio improvável 21
2. O barman 49
3. A economia dos relacionamentos 59

Parte 2: Como desenvolver o capital de relacionamento 75
4. Os cinco andares dos relacionamentos 77
5. O que você faz 87
6. Cuidado para não errar o tiro 91
7. Faça a lição de casa 97
8. Quebrando o gelo... e agitando as coisas 107
9. No verso do cartão de visita 115
10. Alavancando a filantropia 121
11. Nunca beije no primeiro encontro 131
12. Não seja esfomeado 135
13. Com licença enquanto eu converso com sua esposa 143
14. Comunicação implacável 147
15. Jogue xadrez, não Banco Imobiliário 157
16. Procure receber conselhos, não fechar negócios 163
17. Ele simplesmente não está na minha 169

PARTE 3: O poder da generosidade........175
18. Levando os negócios ao âmbito pessoal........177
19. Além do *networking*........183
20. Autenticidade: desenvolvendo relacionamentos reais........187
21. Empatia: estabelecendo as bases para a confiança........191
22. Vulnerabilidade: abrindo uma janela para o seu mundo interior........195
23. Sigilo: vivendo a lei da caixa-forte........199
24. Curiosidade: o poder das perguntas........203
25. Generosidade: oriente-se pela sua consciência........205
26. Humildade: o dom da perspectiva........207
27. Senso de humor: viva com leveza........211
28. Gratidão: a arte de ser grato........213

PARTE 4: Revolucionando os relacionamentos: a vida na Cobertura........217
29. A jornada para a Cobertura........219
30. O filantropo silencioso........223
31. Mais do que os olhos podem ver........233
32. Colecionando o que importa........241
33. Os filantropos do Quinto Andar........249
34. Dando e recebendo de fora para dentro........257
35. Elevação: Avanço, Conexão e Reconhecimento........273
36. Servindo os *stakeholders*........291
37. Alertas........317

Parte 5: Colocando o propósito em primeiro lugar........331
38. Relacionamentos + Visão = Impacto........333
39. O Cinturão de Órion........341
40. Como fazer o mundo girar melhor........351
AGRADECIMENTOS........359
ÍNDICE REMISSIVO........363

Prefácio

Meu pai se formou no primeiro curso de Dale Carnegie, em 1927, de modo que cresci com os ensinamentos de *Como fazer amigos e influenciar pessoas*. Os conceitos de Carnegie são perenes em termos de iniciar relacionamentos. Mas Tommy Spaulding percebeu que havia mais. Ele aprendeu uma lição que acredito que só vem com a idade: você finalmente se torna um adulto quando percebe que a essência da vida é servir e não ser servido, dar em vez de receber e, como Zig Ziglar costuma dizer, "Perceber que as pessoas não se importam com o quanto você sabe até descobrirem o quanto você se importa".

Neste livro, Tommy ensina a desenvolver relacionamentos autênticos e duradouros. É o tipo de relacionamento em que, se você estiver mal e pedir ajuda, as pessoas o ajudarão – sem fazer perguntas. Elas o apoiarão quando a situação ficar difícil. Em resumo, elas estarão sempre por perto. Por quê? Porque elas sabem que você faria a mesma coisa por elas.

Sou um grande fã de Tommy Spaulding e deste livro. Leia-o. Aplique suas lições e seus princípios. Eu garanto que o retorno será impressionante para você e para as pessoas cujas vidas você tocar. Você gerará o que Tommy chama de

Retorno sobre o Relacionamento, ou ROR. A prática desses princípios não apenas melhora a saúde financeira de pessoas, organizações e comunidades, como traz alegria e realização. A vida é mais do que fazer amigos e influenciar pessoas – é servir aos outros. Quando você faz diferença na vida das pessoas, adivinhe o que acontece: isso faz diferença na sua vida também. Obrigado, Tommy.

– KEN BLANCHARD, coautor de *O gerente minuto* e *Empreendedor minuto*

Introdução
Sobre os ombros de Carnegie

Foram Dale Carnegie e seu livro *Como fazer amigos e influenciar pessoas* que me inspiraram a cultivar e desenvolver os relacionamentos que têm sido tão importantes na minha vida. Um exemplar do livro, que mantive na mesa de cabeceira ao lado da minha cama, me acompanhou pelo colégio, faculdade, pós-graduação e na minha carreira profissional. Coloquei aquele livro em prática – e acho que o pratiquei como poucos. Por quê? Porque ele se alinhava com todos os meus instintos.

Fiquei obcecado por enviar recados escritos à mão, retornar ligações, enviar cartões de aniversário, usar o nome das pessoas e reconhecê-las. Até hoje, sempre que leio o jornal e vejo um artigo positivo sobre alguém que conheço, eu o recorto e o envio à pessoa com uma mensagem manuscrita. Se a mãe da pessoa está viva, escrevo: "Talvez você queira enviar isto à sua mãe. Ela vai se orgulhar de colocar na geladeira!" Faço isso algumas centenas de vezes ao ano, e duvido que mude um dia.

Durante anos, parecia que as coisas que aprendi com aquele livro abririam qualquer porta de qualquer corredor que eu pudesse encontrar pelo caminho. Afinal, a mensagem de Carnegie sobreviveu até hoje porque funciona. Faça o que ele ensina e, de fato, você fará amigos e influenciará pessoas. A sua lista de contatos crescerá mais que chuchu na cerca e você receberá mais cartas no Natal do que o Papai Noel. E não é assim que se desenvolve uma carreira? Não é assim que você avança nos negócios? Não é essa a essência da mensagem "Não é o que você sabe, mas quem você conhece"?

Acabei aprendendo que a coisa não termina por aí. O que você sabe é importante, e quem você conhece é fundamental. Mas o verdadeiro sucesso é mais do que você sabe ou quem você conhece. Com efeito, o que realmente importa é o *mais* em se tratando de progredir na carreira e construir um negócio ou uma organização. É aquele *mais* que lhe permite encontrar satisfação na vida, tanto no trabalho quando na vida pessoal. É o *mais* que pode levar mudanças significativas à sua comunidade. E é o *mais* que pode mudar o mundo.

Por que pensar pequeno, não é mesmo?

Carnegie me ajudou a entrar nesse caminho ambicioso. Mas seu livro revolucionário – um *best-seller* internacional até os dias de hoje, mais de 70 anos depois de sua publicação, em 1937 – só me levou até certo ponto. Eu sabia que nunca deixaria de usar as técnicas e princípios que ele ensinou, mas comecei a me aprofundar no valor dos grandes relacionamentos e maneiras de desenvolvê-los.

Quanto mais eu analisava e me aprofundava, mais percebia como muitas pessoas e organizações – corporações, microempresas, fundações, governos, organizações sem fins lucrativos, igrejas etc. – podem se beneficiar das habilidades e atitudes essenciais para construir relacionamentos profissionais profundos e significativos. Não estou falando de relacionamentos que lhe rendem um cartão de Natal. Não estou falando de relacionamentos que lhe rendem um convite para a ceia de Natal.

Ao nos colocar sobre os ombros da obra-prima de Carnegie, é possível vislumbrar uma versão mais profunda de sua mensagem no século XXI. Podemos usar aqueles princípios atemporais e passar do tático ao transformacional. Podemos desenvolver uma fidelidade no cliente que levará a maiores resultados do que jamais imaginamos. Podemos descobrir como influenciar de forma significativa – e como fazer amigos cuja influência seja significativa – em nossas organizações, com nossos clientes e compradores e em nossas comunidades.

O nível de comprometimento e lealdade hoje é mais importante do que nunca. Carnegie escreveu seu livro na década de 1930, em parte para preencher uma lacuna na era da Depressão, entre os participantes dos cursos que ele ensinava sobre falar em público e relacionamentos humanos. Começou com um livro-texto, e as técnicas, habilidades e princípios que ele oferecia atendiam às necessidades de seus leitores. O livro prometia sucesso individual em uma era marcada por enormes fracassos.

Apesar de o mundo ter mudado muito ao longo das últimas sete décadas, nosso clima econômico se compara ao contexto de Carnegie. Instituições financeiras falidas, contas de investimento exauridas, alto nível de desemprego e uma atmosfera sombria de incerteza permeiam o panorama. Em tempos como esses, os relacionamentos – relacionamentos profundos, duradouros, do tipo "pode me ligar às 3 da manhã sempre que precisar" – representam a tábua de salvação para as pessoas. De fato, em algumas ocasiões, nossos relacionamentos são tudo o que nos resta.

Os princípios e técnicas de Carnegie parecem atemporais. A maioria é. É por isso que o livro dele vendeu mais de 15 milhões de exemplares. Mas chegou a hora de ampliar o escopo e a influência que constituem a essência da mensagem dele. Não basta mais se limitar a usar estrategicamente o nome de outra pessoa. Não basta mais evitar uma discussão. Não basta mais falar sobre os interesses das pessoas. Essas são qualidades agradáveis e generosas. Mas você não tem como conquistar amigos e clientes fiéis no longo prazo apenas sorrindo, lembrando-se do nome das pessoas e as elogiando. Deve haver mais.

Em nosso mundo intensamente competitivo, aqueles que se separam da multidão definem os interesses dos outros e trabalham incansavelmente para ajudá-los a progredir. Nos dias de hoje, você precisa ir além do óbvio chegando até ao que chamo de relacionamentos de "Cobertura" – relacionamentos que ascendem do nível da superfície de fatos e delicadezas sociais (relacionamentos de Primeiro e Segundo Andares), passam pela troca de opiniões (Terceiro Andar) e sentimentos (Quarto Andar) até chegar ao Quinto Andar, a Cobertura, reservada à total transparência e marcada pela fidelidade duradoura.

É possível desenvolver relacionamentos como esses. Tenho dezenas deles, muitos com clientes, vizinhos, colegas e colaboradores que antes eram totais desconhecidos. As pessoas me veem como alguém conectado e sociável, e é verdade. Minha lista de contatos é longa, mas é a qualidade e não a quantidade que faz a diferença – a profundidade e dedicação mútuas encontradas em muitos dos relacionamentos e as recompensas resultantes em ver a todos, não só os grandes e poderosos, como o potencial próximo convidado no Quinto Andar.

Neste livro contarei as histórias de muitos desses relacionamentos, desde a Sra. Singer, a professora que me desafiou e me inspirou no colegial, aos CEOs de algumas das organizações de maior sucesso no mundo. Todos eles me influenciaram profundamente, e tive a satisfação de desenvolver um nível de influência com eles.

Por meio de suas histórias e dos princípios que elas representam, você verá que levar seus relacionamentos a um nível superior não é só uma teoria bonita, mas algo que qualquer pessoa pode fazer e deve internalizar e praticar diariamente, para transformar sua vida, sua organização e sua comunidade.

A maioria das pessoas, é claro, já conhece a importância básica e prática de relacionamentos profissionais fortes. Elas se beneficiam de todas as tecnologias que não existiam na época de Carnegie. Elas podem ter o mais recente software que monitora e explora cada dado que conseguirem registrar sobre seus clientes e compradores. Elas se conectam no LinkedIn, "twitam", se mostram no Facebook, blogam e conversam pelo Skype até fechar o próximo negócio. E, é claro, ficam como baratas tontas quando saem de casa sem o telefone celular para mantê-las conectadas por meio de mensagens de texto e *e-mails* a todas as redes sociais na web. Elas sabem que sempre haverá outra nova ferramenta de *networking*, e a usarão freneticamente quando a descobrirem. Mas muitas pessoas não têm as habilidades, a segurança ou a motivação para desenvolver relacionamentos profissionais além do mero *networking*.

Algumas pessoas acham que têm problemas em se relacionar, sem perceber que são tão capazes de desenvolver relacionamentos valiosos quanto um adolescente disléxico tem de concluir dois mestrados (e escrever um livro!). Algumas só precisam de orientação e um empurrãozinho para começar. Algumas já estão "lá", mas ainda podem crescer, porque nunca chegam aonde poderiam estar. A maioria, contudo, simplesmente se conforma com qualquer coisa, porque é o que elas conhecem.
É confortável.
É seguro.
E é vazio.
O mundo dos negócios de hoje muitas vezes sofre da "síndrome reativa". Recorremos aos relacionamentos significativos quando as coisas estão feias. Fazemos o *networking*, mas nunca vamos além de nossas necessidades superficiais e imediatas. Nunca vivenciamos a plenitude de relacionamentos profundos e significativos. Isso, meus amigos, envolve arriscar e viver muito além das fronteiras das expectativas razoáveis. É questão de realmente conhecer e se importar com as aspirações alheias, e perguntar o que podemos fazer para ajudá-los a atingir ou exceder essas aspirações. E depois realmente fazer essas coisas.

Quando vejo como o poder dos relacionamentos me elevou – um garoto magricela que não conseguia pronunciar o "s" sem apoiar a língua nos dentes, com notas abaixo da média e dificuldade de aprendizado – de uma comunidade de classe média e me colocou em posições de liderança que me levaram por todo o mundo, o resumo é: não se trata de mim. Em qualquer ocasião, independente de eu estar participando no comitê estudantil, jogando futebol, trabalhando como garçom na faculdade, viajando pelo mundo, vendendo softwares para a Lotus Development, liderando organizações, abrindo minhas próprias empresas ou prestando consultoria para líderes de várias companhias e instituições, os benchmarks mais poderosos de meu sucesso envolveram relacionamentos nos quais meu foco era ajudar os outros.

Esse tipo de foco gera o que chamo de Retorno sobre o Relacionamento, ou ROR, e o poder do ROR é grande e variado. Para a organização, é um impulsionador econômico, não alguma instrução motivacional do RH. Para o indivíduo, ele é não apenas um caminho mais rápido para subir na hierarquia corporativa, mas uma experiência mais prazerosa e satisfatória ao longo da jornada. Para a comunidade, é um alcance mais amplo, uma participação mais sincera e, o mais importante, uma força positiva de mudança.

É aquele elemento a *mais*, capaz de fazer toda a diferença. Aquele *mais*, capaz de fazer o mundo girar melhor.

Parte 1

Descobrindo os relacionamentos

Capítulo 1

Um prodígio improvável

Todo pai espera ter um filho prodígio – o próximo grande físico, músico ou artista, atleta ou acadêmico –, e eu suspeito que meu pai também esperava. Mas, homem inteligente que é, meu pai percebeu logo que meu caminho para o sucesso seria diferente. Estava bem claro que eu não ganharia um Prêmio Nobel de Física, não pintaria nenhuma obra de arte moderna, não comporia nenhuma música aclamada pela crítica e não entraria em times profissionais. Mas ele viu o brilho de outro talento em mim. E foi por isso que escolheu o livro que me deu na adolescência. Foi quando os outros garotos estavam crescendo rapidamente e eu continuava baixinho. Foi quando os testes que meus pais realizaram comigo confirmaram que eu tinha dificuldade de aprendizado e estava até dois anos atrás dos meus colegas de turma em áreas como interpretação de textos. A realidade sussurrou uma mensagem nos ouvidos gentis de meu pai. Meu pai, o professor, sabia quais lições eu mais precisava aprender, o que tinha pouca relação com conjugar verbos, solucionar complexos problemas matemáticos ou memorizar datas históricas.

"Filho", ele me disse, "a sua mãe vai insistir para que você leia um livro – a Bíblia. E eu quero que você leia este." Então ele me deu um exemplar de *Como fazer amigos e influenciar pessoas*, de Dale Carnegie.

Eu já estava na faculdade quando os especialistas diagnosticaram minha dificuldade de aprendizado como dislexia. Em virtude desse problema, ler qualquer livro no colégio me confundia. Não devo ter lido mais do que três ou quatro obras antes de terminar o colegial. Mas, por ser um presente e um pedido do meu pai, li aquele livro do começo ao fim; os princípios e *insights* da clássica obra de autoajuda de Dale Carnegie me deram exatamente o que eu precisava ao longo da minha jornada pelo colegial, enquanto deparava com um obstáculo após o outro no caminho acadêmico. O livro me proporcionou um mapa que acabou me levando a níveis de sucesso que eu nunca poderia ter imaginado. Mas, para entender a importância do livro de Carnegie na minha vida, você precisa saber de onde eu vim e conhecer alguns dos relacionamentos que me influenciaram.

Minha jornada – no mundo acadêmico, nos negócios e na vida – teve algumas reviravoltas interessantes, não convencionais e, sinceramente, dolorosas. Eu tinha (e ainda tenho) dificuldade com muitas das coisas que a maioria das pessoas diz ser essencial para o sucesso – ler, escrever e fazer contas, só para início de conversa. Mas aprendi cedo a alavancar meus pontos fortes e superar meus pontos fracos. Aprendi o valor dos relacionamentos.

Não apenas aprendi a parte de fazer amigos e influenciar pessoas como a dominar a área dos relacionamentos pessoais e profissionais. Este livro ensina a criar esses tipos de relacionamentos – do tipo capaz de mudar sua vida, mudar sua empresa e mudar o seu mundo. Porque a essência dos negócios são os relacionamentos. A essência do sucesso são os relacionamentos. A essência da liderança são os relacionamentos. A essência da vida são os relacionamentos.

A pequena e tranquila cidade de Suffern, no estado de Nova York, fica aos pés das Montanhas Ramapo, apenas 42 quilômetros a noroeste da cidade de Nova York. Os cerca de 11 mil habitantes formam uma comunidade em uma colcha de retalhos composta de outras pequenas e coesas cidades, na qual uma mistura de operários e pessoas que trabalham na metrópole representa o melhor da herança colonial e da determinação urbana.

Meus pais me criaram ali, com uma sólida dieta de valores familiares tradicionais que dava muita importância a servir aos outros e grande ênfase ao trabalho duro e à educação.

Servir e trabalhar duro era fácil para mim. Mas com a educação era outra história – nada me desanimava mais rápido.

Eu tinha medo de ser chamado de burro pelos professores e colegas – porque achava que era isso que minhas notas indicavam. Eu era um absoluto fracasso nas aulas ou passava raspando para reprovar nos testes padronizados de fim de ano e ficar de recuperação para compensar – tudo enquanto fazia as tarefas de casa e estudava tanto quanto, e normalmente mais do que, os outros garotos que eu conhecia.

Isso acabava com a minha autoconfiança. Quanto mais eu me envergonhava de minhas notas, mais tentava compensar fora dos estudos – nos esportes, me candidatando para a presidência do conselho estudantil, ganhando medalhas no escotismo. De forma similar a um cego que tem compensação sensorial, eu parecia compensar minhas limitações acadêmicas com uma maior capacidade de me comunicar e me conectar com os outros. Não sei quanto disso era um talento natural e quanto foi estimulado pelas pessoas ao meu redor (e pelo livro de Dale Carnegie), mas era real. Parecia que eu tinha capacidade de fazer amizade com todo mundo. Eu não fumava, não bebia (muito) nem me drogava, mas conversava com facilidade com pessoas que fumavam, bebiam e se drogavam. Eu não era fã do Dungeons & Dragons, mas os aficionados me tratavam como um irmão. (Você faz amizade com todo tipo de gente na Sala de Reforço da escola.) Eu não tinha nenhum talento físico, mas era capitão da equipe de esqui e jogava futebol, beisebol e futebol americano. Eu participava do coral e dos musicais da escola. Eu me integrava com a mesma facilidade com o pessoal do clube de xadrez quanto com os brutamontes das equipes esportivas. Eu transitava em todas as panelinhas. Fui eleito presidente da minha turma e nomeado pelos colegas "o mais simpático" e o que mais fez pela Suffern High.

E não foi só com os alunos. Todos os professores da Suffern High sabiam o meu nome e eu sabia o nome deles. Eu conhecia o pessoal da limpeza. Conhecia todas as secretárias e o pessoal da administração. E conhecia a maioria dos familiares deles.

Para mim era natural desenvolver aqueles relacionamentos. Mas ver minhas habilidades sociais como um talento e não como uma muleta para compensar minha fraqueza acadêmica fez parte de um processo de amadurecimento que levou anos de dolorosa batalha.

Aprendi cedo que meu caminho acadêmico seria diferente do da maioria de meus amigos. Já no primário, fui um assíduo frequentador da Sala de Reforço – aquele lugar aonde os alunos com necessidades especiais iam para obter uma ajuda adicional. Durante três anos, na verdade, eu passava uma parte do meu dia na escola percorrendo o embaraçoso caminho até aquela sala, tentando corrigir minha língua presa com um aparelho que ia até o céu da boca. A sala de aula "normal" não era nenhum refúgio para mim. Eu me lembro do horror que sentia sempre que a professora decidia fazer um exercício de leitura em voz alta. Nós abríamos o livro e um aluno começava a ler um parágrafo em voz alta. Aí o próximo aluno lia o próximo parágrafo em voz alta e o próximo aluno lia o próximo parágrafo até que todos os alunos terminassem o trecho escolhido.

As palmas das minhas mãos ficavam cobertas de suor e um nó do tamanho de uma bola de futebol se formava no meu estômago enquanto os outros alunos liam. Eu sabia que engasgaria e gaguejaria ao ler o meu parágrafo, e todo mundo saberia que eu era a única pessoa da turma que não conseguia ler. Do meu lugar, quase no fundo da sala, eu contava os 16 alunos que leriam antes de mim. Depois eu contava os 17 parágrafos para encontrar o meu. Eu tentava eliminar o ruído dos outros alunos lendo. Eu me concentrava atentamente no meu parágrafo, motivado a conseguir falar cada palavra, e tentava decorar o parágrafo antes de chegar a minha vez. A memória muitas vezes me levava até o fim. Quando eu olhava as palavras na página, as letras começavam a dançar e a sair de foco como imagens em um caleidoscópio. Mas, se eu tivesse tempo suficiente para decorar o parágrafo, conseguia ir até o fim e ocultar minha incapacidade de ler. Se não, ficava absolutamente envergonhado enquanto meus colegas tentavam abafar as risadas, olhando para o outro lado.

A dislexia não tem cura; você convive com ela todos os dias. Essa realidade me golpeou dolorosamente, por exemplo, quando minha avó morreu, em 2009. Cerca de uma hora antes do funeral, minha tia Loreen me perguntou se eu poderia fazer uma leitura das escrituras. Quando ela me mostrou o verso, só consegui ver um monte de palavras compridas e desconhecidas e minhas mãos imediatamente ficaram frias e suadas. Desculpei-me: "Melhor não".

Faltando apenas alguns meses para fazer 40 anos de idade, eu ainda me via – orador formado – dominado pelo medo de ler em público. Se tivesse mais tempo, teria decorado o verso e o "lido" sem olhar para a página. Em vez disso, deixei passar a oportunidade de homenagear uma mulher que amava profundamente.

Ao mesmo tempo, sempre me dei bem longe dos livros. Como a maioria dos garotos, eu tinha um alto nível de energia, era educado e me empenhava, de forma que meus professores me adoravam e eu me dava bem com todos os colegas.

Enquanto avançava pelo colegial, ficou claro que minha dificuldade de aprendizado não era meramente a marca de alguém que só demora a aprender.

Números e letras pareciam tirados aleatoriamente de um saco de peças de palavras cruzadas, e minhas visitas à Sala de Reforço eram como uma enorme letra escarlate bordada na minha mochila. Em retrospecto, é possível dizer que tive sorte por não ser vítima de mais provocações e zombaria por parte de meus colegas. Mas a luta contra minha insegurança às vezes parecia maior do que eu conseguiria suportar. Mesmo quando os outros não diziam nada, eu sabia que eles sabiam, e isso era terrível.

Enquanto meus amigos jogavam beisebol e iam a acampamentos de verão, meu pai me levava de carro para as aulas de recuperação todos os anos do ensino secundário. Algumas aulas de recuperação eram obrigatórias; outras eu frequentava porque precisava melhorar a pontuação da prova final para ter alguma esperança de entrar na faculdade.

Para a maioria das pessoas que me conheciam (e conheciam meu histórico acadêmico), a ideia de ir para a faculdade soava como um sonho insensato. Com efeito, no início do último ano no colégio eu me vi no escritório de David Tilton, um dos orientadores da escola. Como ele não frequentava a Sala de Reforço e nunca me meti em confusão na escola, aquela era a primeira vez em que eu falava com o sr. Tilton. Entrei na sala dele e encontrei um senhor alto e magro usando terno de lã azul-marinho e gravata com um nó grande e malfeito. Seu cabelo parecia querer fugir para milhares de direções. Eu me sentei em uma cadeira, sem saber o que esperar dele. Fiquei um pouco surpreso quando ele disse: "Então, para qual faculdade você pretende ir?" Talvez eu tivesse encontrado um defensor, pensei. Eu disse que queria ir para a Notre Dame ou a Boston College e que tinha interesse em administração e política.

O sr. Tilton abriu minha pasta. Olhou para o meu histórico e depois para mim. Preparei-me para o golpe. "Você sabe qual é a sua nota média?", perguntou. Eu sabia: nada boa. "Você sabe qual é a sua pontuação no SAT[1]?" Eu sabia: nada boa. (Mesmo depois do cursinho para o SAT eu só consegui melhorar minha pontuação original de 640 para 680, de um

---

1 – Teste de avaliação de conhecimento exigido para entrar em um curso superior nos Estados Unidos. (N.T.)

máximo de mil pontos.) "Você sabe qual é a sua classificação na turma?" Eu sabia: nada boa.

Então, com toda a gentileza possível, o sr. Tilton falou sobre o que eu precisaria fazer para entrar na faculdade. E, no fim da conversa, ele estava gentilmente sugerindo que um *junior college*[2] ou escola técnica poderia se adequar melhor às minhas necessidades. Ele não estava sendo cruel; só estava dizendo que minhas notas indicavam que eu não estava preparado para os rigores acadêmicos de uma universidade.

Fui para casa totalmente desanimado, não porque achasse que eu era bom demais para um *junior college* ou escola técnica. Eles servem a um excelente propósito e, para muitas pessoas, são perfeitos para ajudá-las a realizar seus sonhos. Em alguns aspectos, eu tinha uma ideia na cabeça de que "precisava ir para a faculdade" se quisesse ter sucesso. E também justificadamente acreditava que teria mais chances de atingir minhas metas pessoais com um diploma de bacharelado. Em grande parte, contudo, a mensagem do sr. Tilton involuntariamente reforçou minha insegurança.

Vivenciei dias similares quando recebi minha pontuação do SAT e todos os outros colegas anunciavam seus resultados enquanto eu fazia o possível para esconder o meu. Eu sabia que minhas notas não eram boas, mas todos os meus amigos inteligentes falavam em ir à Michigan University ou à Cornell ou outras faculdades de primeira linha, e a realidade da minha situação me atingiu como uma locomotiva.

Eu me lembro de dizer a meu pai o quanto estava de-

---

2 – Instituição norte-americana de ensino superior que oferece uma série de programas profissionalizantes com a duração de dois anos, especialmente nas áreas de comércio e saúde. Os alunos do *junior college* normalmente pedem transferência para uma instituição a fim de obter seu diploma de bacharelado. (N. T.)

cepcionado com a perspectiva de não entrar em uma boa faculdade. Mas ele continuou me incentivando. Meu pai era meu maior fã, mas sempre me dizia três coisas: primeiro, viver com bondade no coração vale mais do que notas boas; segundo, você tem a obrigação de contribuir para este país. A democracia não é grátis. Em vez de se concentrar em suas notas, concentre-se em qual será a sua contribuição. E, terceiro, as pessoas na sua turma que estão tirando A e B – elas vão trabalhar para você um dia. (E ele estava certo. Contratei muitas pessoas que fizeram as melhores faculdades e tiraram notas e pontuações impressionantes no SAT.)

Na época da minha visita ao sr. Tilton, contudo, eu já estava começando a combater meus pontos fracos acadêmicos, e essas derrotas não me mantiveram muito tempo no chão. Quanto mais rejeição eu vivenciava, mais me empenhava.

Meu momento decisivo pessoal ocorreu durante o segundo ano do colégio, quando me matriculei na aula de marketing da sra. Deanne Singer. Eu gostava da sra. Singer. Ela era inspiradora e cheia de energia. Era um pouco excêntrica, mas fazia com que as aulas fossem divertidas. Ela conhecia todos os alunos pelo nome. Ela se importava. E eu me dei relativamente bem na aula dela. Minha média era C, o que era uma nota muito boa para mim, quando ela anunciou o projeto para o exame final – ter uma ideia para uma empresa e escrever um plano de negócios de sete a dez páginas para ela.

Pela primeira vez, eu me vi energizado com um projeto acadêmico. Sou do tipo de pessoa que tem uma centena de ideias por dia para negócios, mas nunca tinha colocado nada no papel, muito menos elaborado um plano de marketing ou realizado uma análise competitiva ou refletido sobre a precificação. Eu apenas sonhava com ideias de negócios, arquivava-as na minha mente e passava para a próxima. Agora eu tinha a chance de escolher uma e ver se realmente poderia funcionar.

Meu pai foi criado em Saratoga Springs, Nova York, lar dos mais antigos criadores de cavalos de corrida de raça da América. Então, um dos meus sonhos era abrir um restaurante em Saratoga Springs chamado Winners & Losers – um restaurante cinco estrelas separado do bar ao lado por uma parede de vidro.

Os apostadores que ganhavam as corridas podiam pedir escargot, filé e vinho fino servido em porcelana de verdade, sentados a mesas de cerejeira sobre pisos forrados com um elegante carpete vermelho. Os garçons usariam roupas de jóquei e as paredes seriam decoradas com fotos de cavalos, jóqueis e proprietários famosos. No lado do bar, os clientes menos sortudos poderiam pedir cachorro-quente, hambúrguer e nachos. O chão de concreto estaria repleto de cascas de amendoim e bilhetes de aposta rasgados.

Eu me pus a trabalhar na elaboração de um plano de negócios para o restaurante. Meu pai me levou de carro, em uma viagem de três horas, até Saratoga Springs para fazer uma análise competitiva dos restaurantes da cidade. Por incrível que pareça, nenhum deles na época tinha temas de apostas em corridas ou hipódromos. Até chegamos a encontrar o local perfeito para o nosso restaurante, uma antiga casa no estilo vitoriano de frente para o hipódromo que estava à venda por $ 74 mil. (Hoje essa propriedade vale mais de $ 1 milhão. Nós claramente deveríamos tê-la comprado!)

Eu pensei em tudo. Cheguei a elaborar uma análise Swots (pontos fortes, pontos fracos, oportunidades e ameaças). Fiquei mais empolgado com aquele projeto do que com qualquer outra atividade na escola – bem, qualquer coisa que não envolvesse esportes ou garotas.

Mais ou menos duas semanas depois da entrega do projeto, a sra. Singer o devolveu com a minha nota: um A+. Um A+! Eu nunca tinha tirado nenhum A antes. Nunca tirei um B antes, exceto talvez em educação física. Fiquei nas alturas. Depois olhei abaixo da nota e li a observação: "Tommy, excelente trabalho. Diga à pessoa que fez isso por você que ela fez um ótimo trabalho. – Sra. Singer".

Fiquei irritado. Ou melhor, fiquei furioso. Eu dei tudo de mim naquele projeto. Tudo bem, ela tinha razão, meus amigos normalmente me ajudavam com as tarefas. Mas eu fiz aquele projeto absolutamente sozinho. Eu a confrontei depois da aula: "Sra. Singer, isso é um absurdo! Fiz todo o trabalho desse projeto sozinho". Ela não acreditou totalmente em mim: "Tommy, você não demonstrou esse tipo de trabalho em todo o semestre. Não sei como fez isso, porque o trabalho é excepcional". Olhei diretamente nos olhos dela e disse: "Eu juro, sra. Singer, eu mesmo fiz isso".

"Se você fez, então precisa entrar no Deca."

O Deca (Distributive Education Clubs of America) era o clube de alunos interessados em marketing e negócios. Eu não apenas entrei no clube como inscrevi meu plano de negócios no campeonato estadual do Deca, competindo com os planos de centenas de outros alunos. Meu plano de 15 páginas foi estendido para mais de 70, e eu o levei ao Concord Hotel, no norte do estado de Nova York, onde passei minha primeira noite em um hotel sem os meus pais. Voltei para casa com o prêmio de segundo lugar!

Nunca tinha vencido nenhum concurso acadêmico antes, e de repente era um dos dois alunos do estado de Nova York qualificados para o concurso nacional. Algumas semanas depois eu estava embarcando em um avião pela primeira vez na vida para Atlanta, onde competiria contra alguns dos alunos mais brilhantes do país.

Fui a Atlanta esperando nada mais que uma grande viagem. Fui ver um jogo de beisebol dos Braves e visitei a matriz global da CNN e da Coca-Cola. Mas, para minha surpresa, meu plano de negócios para o Winners & Losers acabou ganhando o terceiro lugar de toda a nação! Figurativamente falando, eu estava ao lado dos vencedores do mundo acadêmico, para variar!

Foi a primeira vez que comecei a reconhecer o empreendedorismo como o meu talento. Quando falei com o comitê de líderes de negócios que se ofereceram para atuar como um grupo de *venture capitalists*, percebi que minha capacidade de me comunicar verbalmente se estendia a grupos de pessoas e que os outros eram atraídos pela paixão que eu nutria por minhas ideias.

A sra. Singer foi a primeira professora a ver meu talento bruto e me incentivou a ir mais longe. Muitos professores me davam a nota mínima para passar porque eu era um bom garoto, era respeitado, nunca me metia em confusão e fazia todas as minhas tarefas. Mas a sra. Singer despertou algo mais em mim. Se ela não tivesse me dado um A+ e escrito aquele comentário desdenhoso, eu nunca teria ficado furioso e ela nunca teria me desafiado a entrar no Deca. A sra. Singer viu algo em mim que eu mesmo ainda não tinha visto; ela me incentivou a me arriscar e me tornar um líder.

Ao mesmo tempo, eu já estava me tornando um líder em círculos não acadêmicos. No segundo ano, atingi a posição de Eagle Scout[3], sendo o mais jovem da nossa tropa a conseguir isso. Fiquei sabendo que só 2% de todos os escoteiros se tornam Eagle Scouts. No mínimo isso reflete como eu era motivado para me destacar fora da sala de aula, mas aprendi bastante ao longo do caminho.

Para ganhar o título de Eagle, organizei a reforma de uma antiga garagem da residência paroquial da nossa igreja. A igreja realizava com frequência ações para coleta de alimentos e roupas para os necessitados; reuni equipes de trabalho e limpamos a garagem, que não estava sendo utilizada, construímos prateleiras e transformamos o local em uma despensa para armazenar comida e roupas. Recrutei pessoas de toda a cidade e de todas as ocupações e estilos de vida para ajudar. No processo, aprendi que você não pode fazer tudo sozinho, e que os líderes não têm todas as respostas. Mas precisam envolver os outros.

Entre o segundo e o último ano do colegial, também fui um de dois alunos escolhidos para a Rotary Youth Leadership Academy (Ryla), um acampamento de liderança de cinco dias que influenciou significativamente meu modo de pensar.

Havia cerca de cem garotos na Ryla, de todas as escolas do distrito. Provavelmente a lição mais importante que aprendi lá veio de uma palestra de Tom France, o rotariano que me indicou para a Ryla. "O mundo é composto de três tipos de pessoas: os líderes, os seguidores e os críticos", ele nos disse. "A pergunta mais importante que você precisa responder é qual deles você vai ser."

Eu nunca tinha pensado na liderança como uma escolha, mas sim como algo com que nascemos. Aquela foi uma men-

---
3 – Eagle Scout é a mais elevada posição do programa dos Escoteiros da América.

sagem que eu rapidamente adotei com energia e paixão novas para mim.

De volta à escola, fui eleito vice-presidente da minha turma, vencendo uma garota popular que tinha ocupado o cargo no segundo ano. Comecei a pensar na escola de outro jeito. Passei a ter senso de confiança e propósito. Minhas notas não melhoraram nos últimos anos, mas decidi que não deixaria que as notas, a média e a pontuação do SAT me definissem. Voltei a atenção para o que eu podia fazer em vez de ficar preso no que não podia.

No terceiro ano, fiz uma matéria de contabilidade com a sra. Dizzine, uma mulher mais velha, com temperamento rigoroso, cuja personalidade deve ter sido cirurgicamente removida quando era mais jovem. Tirei um D; quase reprovei na disciplina. No fim do semestre, ela me chamou de lado para falar sobre o meu futuro. Quando eu disse que queria fazer faculdade de administração, ela me olhou nos olhos: "Tommy, você terá sorte se entrar em qualquer faculdade, e mais ainda se entrar em uma faculdade de administração".

Naquele momento, não consegui deixar de ficar desanimado. Então meti o rabo entre as pernas e fui falar com a sra. Singer, que rapidamente recuperou meu ânimo. Quando eu encontrava pessoas que não acreditavam em mim, ela me dizia: "Manda elas se catarem!" Ela sempre me animava.

A sra. Singer reconheceu e cultivou meu potencial de liderança. Quando me candidatei à presidência da turma do último ano, ela e meu pai me ajudaram a orquestrar minha campanha. A sra. Singer foi ao almoxarifado da escola e usou a máquina de impressão para fazer bótons (VOTE NO TOM PARA TER UM BAILE BOM) e camisetas promovendo minha candidatura. Meu pai fez flores de papel machê, cada uma apresentando uma "Promessa do Thomas". Derrotei facilmente o cara que fora o presidente da turma no ano anterior. De alguma forma, contudo, eu sabia que a meta não era ser popular. Não era *só* fazer amigos e influenciar pessoas. Eu não sabia plenamente qual era esse elemento a *mais*, mas sabia que minha popularidade – aquelas preciosas fundações que proporcionaram a estabilidade para minha frágil autoestima – vinha acompanhada da mesma medida de responsabilidade. Era bom receber massagens no ego, mas alimentar minha autoestima não bastaria para viver uma vida de propósitos.

Comecei a descobrir que os relacionamentos levavam à influência, e o que importava era o que eu fazia com essa influência. Não era só questão de vencer uma eleição, mas de realizar coisas que ajudassem os outros.

Quando quisemos fazer um baile no último ano, eu liderei a equipe que o organizou. E, quando percebi que nosso baile estava ficando caro demais para muitos dos alunos, fui à administração e vendi a ideia de um evento para levantar fundos – uma competição entre as melhores bandas de garagem da escola. O vice-diretor achou que a ideia não daria certo, mas nos deu carta branca para prosseguir com ela. Levantamos mais dinheiro do que qualquer outro evento de arrecadação de recursos na história da escola.

Quando eu não encontrava oportunidades para liderar, elas pareciam me encontrar. Foi assim que acabei na equipe de futebol americano no meu último ano, e foi assim que me vi falando em uma tensa reunião do conselho diretivo.

Eu era um jogador mediano de futebol na Suffern High; minha posição era no lado esquerdo do banco de reserva. O técnico raramente me colocava no jogo e, quando colocava, normalmente era nos dois últimos minutos de uma vitória garantida. O que importava era o nosso desempenho como jogadores – ele não se interessava pelo nosso desenvolvimento pessoal.

Eu não percebia a desvantagem disso até conhecer Bob Veltidi, o técnico de futebol americano do time de Suffern. Veltidi me abordou no corredor quase no fim do último ano e me pediu para ir a sua sala. Eu não conhecia aquele técnico, nunca tinha jogado futebol americano e não sabia por que ele queria falar comigo. Quando fui a sua sala, ele me perguntou se eu gostava de jogar futebol. Eu respeitosamente disse que não. Ele me perguntou se já havia tentado chutar uma bola de futebol americano. "Não." Então ele me perguntou: "Você gostaria de ter a chance de participar do meu time?" Pensei um pouco e disse: "Claro. Por que não?"

O técnico Veltidi me deu um saco de bolas e um suporte para eu treinar chutes a gol. Ele me disse que a seleção seria no início de agosto e esperava me ver lá, pronto para jogar. Ele acreditava em mim. Eu nunca tinha ouvido aquelas palavras de um técnico antes – certamente não do meu técnico.

Naquele verão, fui ao campo de futebol americano todos os dias, sete dias por semana, com chuva ou com sol, e passava horas praticando. Chutei centenas de vezes e acabei conseguindo fazer a bola passar pelo gol – à distância de 15 jardas, 20, 25 e até 30 jardas.

Minha irmã mais nova, Michele, muitas vezes ia ao campo pegar as bolas para mim. Uma vez ela torceu o dedão tentando pegar uma bola, e, para minha vergonha, eu a fiz esperar até eu terminar de fazer todos os 200 gols de campo antes de irmos para casa.

Quando chegou a data da seleção, em agosto, eu estava pronto. Vesti um uniforme de futebol americano pela primeira vez e alguns dos outros jogadores zombaram de mim. Mas eles calaram a boca quando me viram chutar um gol de campo da marca das 30 jardas. O técnico Veltidi se impressionou o suficiente para me dar o número 1 e me colocar no time da escola como o *kicker* iniciante da Suffern High School. Foi a primeira vez em minha carreira esportiva que senti que podia fazer a diferença.

O técnico Veltidi sempre me perguntava sobre minhas atividades antes e depois dos treinamentos. Pelo fato de ele me tratar como líder do time, acabei me tornando um. Ele sempre nos disse que ser um jogador de futebol americano tinha mais relação com a liderança fora do campo do que dentro. Eu acreditava no que ele dizia e acreditava nele. E ele acreditava em mim.

Depois de me empenhar tanto, o verão todo, praticando para entrar no time, eu estava empolgado para o nosso primeiro jogo. Só tinha um problema: à medida que o início do bimestre de outono se aproximava, uma greve promovida pelo sindicato dos professores ameaçava manter as portas da escola fechadas.

A sra. Singer me incentivou a ir à reunião do conselho diretivo da escola alguns dias antes do início das aulas. Eu era o futuro presidente da turma do último ano, mas também era veterano em muitas turmas de recuperação e sabia que minha média 2,0 não impressionaria o conselho. Mas fui mesmo assim – em parte porque não queria adiar nosso primeiro jogo em casa.

Eu nunca tinha ido a uma reunião do conselho diretivo escolar antes, mas até mesmo eu percebi que o clima estava particularmente tenso. Professores e funcionários da escola enchiam o auditório e as 12 pessoas no palco – o conselho educativo – estavam praticamente em guerra. A raiva e a controvérsia enchiam o ambiente enquanto cada lado expunha seus pontos de vista e ignorava os do outro lado. Não demorou para ficar claro que ninguém chegaria a um acordo naquela noite.

No fim da reunião, contudo, Scott Vanderhoef, presidente do conselho, perguntou se alguém tinha algo a dizer. Eu sabia que era o único aluno no auditório e sabia que tinha sido a única pessoa a levantar a mão. Diante do microfone, falei por cerca de 20 minutos sobre o fato de tanto meu pai quanto minha mãe serem professores e como algumas das pessoas mais incríveis da minha vida eram professores da Suffern High School que acreditavam em mim. Eu disse que estávamos prestes a começar um novo ano escolar e jogar nossa primeira partida de futebol americano em casa, e que precisávamos de uma escola unida. Precisávamos chegar a um acordo e deixar as diferenças de lado.

Meu discurso improvisado de 20 minutos foi aplaudido de pé. Depois da minha exposição, reabriram as discussões e aprovaram um contrato para os professores. No dia seguinte, o jornal chegou a me dar os créditos por inspirar o conselho diretivo a fechar os termos do contrato.

É claro que meu papel nos eventos daquela noite me deixou orgulhoso, mas eu também percebi algo maior. Você pode causar um verdadeiro impacto se falar com o coração. Não fui até lá com uma estratégia grandiosa para mudar opiniões e inspirar a ação. Eu só disse o que sentia no coração. E, como eu tinha desenvolvido relacionamentos de confiança e respeito – com base em quem eu era, não no meu desempenho na sala de aula ou nos campos esportivos –, o conselho diretivo me levou a sério.

Nós vencemos aquele primeiro jogo de futebol americano da temporada. Na verdade, tivemos um time espetacular naquele ano. Danny Munoz foi um dos melhores *quarterbacks* da história da escola e vencemos as sete primeiras partidas. Apesar de ter chutado vários pontos extras, passei os três primeiros jogos sem nem mesmo tentar um gol de campo porque o braço de Danny Munoz sempre colocava a Suffern High na zona final.

Depois veio o confronto num sábado à tarde com os Clarkstown North Rams.

Os fãs se apinhavam no estádio da Clarkstown North, e, como esperado, o jogo foi apertado. A Clarkstown North liderava com 21 a 19 faltando apenas 22 segundos para o final. Tínhamos a bola na linha de 20 jardas dos Rams, mas estávamos no quarto *down*. O técnico Veltidi precisava decidir entre um passe Hail Mary para a nossa estrela, Danny Munoz, e uma tentativa de gol de campo nas 30 jardas, por Tommy Spaulding – minha primeira tentativa da temporada.

Quase morri do coração quando ele chamou o pessoal de chute para o campo. Abordei o técnico Veltidi e disse que ele deveria colocar Danny Munoz de volta. Eu nunca tinha chutado um gol de campo antes, e certamente nunca dei um chute de 37 jardas. Eu tinha perdido uma tentativa de ponto extra antes. Foi quando ele sussurrou as palavras mais importantes que já ouvi na vida: "Spaulding, eu pedi para você entrar neste time porque eu acreditava em você como pessoa, não só como jogador. Percebi que você é um líder. Percebi que você tinha caráter. Notei que você tinha perseverança. Agora vá lá e chute aquele gol de campo e vença este jogo para nós. Eu acredito em você, filho!"

Enquanto caminhava para o campo ao fragor de uma torcida em grande parte contra, eu quase conseguia sentir o sabor da bílis no estômago. O técnico da Clarkstown North pediu tempo para "esfriar" o *kicker* – eu –, e fiquei no meio do campo por mais alguns minutos, esperando pelo meu grande momento diante de mil pessoas. Minhas pernas tremiam. Meu coração batia como os pistões de um carro de corrida. Mas minha mente estava em paz e relaxada, de volta ao campo de treinamento, com minha irmãzinha, treinando chutes a gol em um dia quente de verão. Quando o apito tocou, eu chutei.

"O chute é BOM!", gritou o locutor. "O chute é BOM!"

A Suffern High venceu o jogo por 22 a 21. Fui carregado pelo campo como um herói conquistador e saí na primeira página do jornal local: A SUFFERN VENCE COM CHUTE DE SPAULDING. O jogo se tornou uma lenda na escola e na história da nossa cidade.

Depois de todos esses anos, contudo, o mais importante para mim não foi o jogo, nem o chute, nem a glória. O mais importante foi meu relacionamento com o técnico Veltidi. Ele me deu a chance de jogar futebol americano no meu último ano do colégio; ele me deu a chance de fazer parte de algo maior do que eu. E, o mais importante, como a sra. Singer, ele me deu a chance de acreditar em mim mesmo e de agir de acordo com a crença dele em mim.

Dez anos depois de me formar no colegial, encontrei o técnico Veltidi e perguntei por que ele me chamou para jogar. Ele podia ter chamado vários garotos do time de futebol que jogavam muito melhor do que eu. Ele respondeu: "Eu queria desenvolver um time em torno da liderança, e você era o líder mais respeitado da escola".

Quando chegou a hora de ir para a faculdade, somente duas – a Johnson & Wales University e a Springfield College – se interessaram por mim. A Springfield porque eu conseguia chutar gols de campo, e a Johnson & Wales devido a meu envolvimento no Deca. Meus dois melhores amigos no colégio – Corey Turer e Lori Nolan (que também foi meu primeiro amor) – iriam para a Springfield College, de forma que escolhi ir com eles.

Parte de mim percebeu que o sr. Tilton estava certo sobre minha preparação para ir à faculdade, mas minha mente estava fixa naquela meta, apesar de não ter nenhuma outra opção. Então, do nada, a porta da oportunidade literalmente se escancarou bem na minha frente.

Um dia, em fevereiro de 1987, Lori e eu estávamos andando pelo corredor quando ouvimos música vinda do auditório da escola. Espiamos e vimos o elenco da Up with People ensaiando.

A Up with People é uma organização sem fins lucrativos que reúne jovens que se apresentam ao redor do mundo enquanto desenvolvem o amor pelo trabalho voluntário e habilidades de liderança. Eu sabia que eles estavam na cidade porque eu fazia os anúncios matutinos no sistema de alto-falantes da escola e porque a minha família tinha se oferecido para hospedar dois membros do elenco. Eu me lembro de ter assistido a uma apresentação de um grupo da Up with People no show do intervalo de um Super Bowl de 1986 entre o Chicago Bears (eu era um grande fã de Jim McMahon, o *quarterback* dos Bears) e o New England Patriots. Mas eu ainda não tinha tido a chance de conhecer os dois membros do elenco que estavam hospedados em nossa casa e sabia muito pouco sobre como a organização funcionava. E não tinha ideia da grande influência que a Up with People teria em minha vida.

Enquanto espiávamos pela porta do auditório, um dos membros do elenco olhou para nós e gritou "Ei, Número 1" várias vezes antes de eu finalmente perceber que estava usando meu suéter de futebol americano naquele dia e que ele estava falando comigo. Então nós nos aproximamos e conhecemos Brian Kanter, um jovem de 23 anos de Kinston, Carolina do Norte, que operava o sistema de som.

Brian, com seus bíceps proeminentes e um sotaque típico de Mayberry de Andy Griffith[4], era o oposto do estereótipo que eu tinha em mente para um membro do elenco da Up with People. Conversamos por vários minutos e nos conectamos imediatamente. Lori e eu prometemos ir ao show.

Na noite seguinte, Lori e eu nos sentamos na frente enquanto centenas de jovens de 25 países cantavam e dançavam. Vendo todas aquelas pessoas diferentes no palco trabalhando juntas, não pude evitar me perguntar por que o mundo não podia trabalhar junto como eles – negros, brancos, orientais; pessoas de todos os diferentes países, religiões e formações.

Eu nunca tinha saído do país. Só tinha viajado de avião duas vezes em toda a minha vida. Minha exposição a outras culturas vinha em grande parte de filmes. Mas, enquanto Brian cantava a música de encerramento – "We'll Be There" –, eu me inclinei e disse a Lori: "É isso que eu quero fazer".

Depois do show, o elenco entrevistava qualquer pessoa entre 17 e 26 anos que se interessasse em viajar com a Up with People. Então eu assisti a um vídeo de 20 minutos, fiz a entrevista e preenchi uma ficha de inscrição. Dois meses depois recebi uma carta de Glen Shepherd, o diretor de ad-

---

4 – Mayberry é uma pequena comunidade fictícia, localizada na Carolina do Norte, do sitcom americano *The Andy Griffith Show,* da década de 1960. (N. T.)

missões da companhia. De 8 mil inscrições anuais, fui um dos 500 jovens de todo o mundo a serem selecionados para participar de um dos cinco elencos internacionais.

Para um cara que se inscrevera para dezenas de faculdades e fora rejeitado por quase todas, foi uma grande surpresa. Então perguntei a meus pais se eu poderia tirar um ano de folga antes de entrar na faculdade; graças a Deus, tive pais capazes de ver o quadro geral. O único obstáculo era o custo. A taxa era de $ 7.300 (o que era muito dinheiro em 1987). Eu também precisava de uma passagem de ida e volta para Tucson e de dinheiro para as despesas. Meus pais não tinham tanto dinheiro. Se eu quisesse mesmo ir, meus pais disseram, eu teria de arranjar o dinheiro.

A Up with People incentivava ações para levantar fundos e me enviou um panfleto com mais de cem ideias para fazer isso, mas já estávamos em abril e eu só tinha cerca de 90 dias para levantar os $ 8 mil de que precisava. Aquilo acabou sendo uma enorme lição sobre o poder dos relacionamentos que eu desenvolvera durante a juventude.

Tom France e o Suffern Rotary Club me ajudaram a promover uma macarronada beneficente. Meu pai e eu produzimos um "Show de Café da Manhã e Panquecas para o Tommy" na igreja. Minha mãe liderou a equipe que cozinhou as panquecas e as salsichas; o padre e as freiras conduziam os fiéis das missas matinais para a lanchonete no porão. O McDonald's, um dos lugares onde trabalhei no colegial, doou os alimentos. Cerca de 500 pessoas compareceram. Minha vizinha, a sra. Warren, que trabalhava na matriz global da PepsiCo, me incentivou a escrever uma carta pedindo que a Pepsi patrocinasse o evento. Em troca do patrocínio, eu disse que vestiria uma camiseta da Pepsi, usaria adesivos da Pepsi em minha mala e falaria sobre o refrigerante às pessoas em todo o mundo. A Pepsi aceitou a proposta – recebi 3 mil dólares. Rifamos um walkman da Sony e um ano de pizza da Domino's de graça (outro lugar onde trabalhei), e o time de futebol americano vendeu ingressos. Cheguei a vender ações de mim mesmo: enviei cartas a uma centena de parentes e amigos dizendo que a "Tommy Spaulding Inc." iria mudar o mundo. Esse era o dividendo que eles poderiam esperar – que eu retribuiria ao mundo. Levantei mil dólares com a oferta de ações. O resultado: três meses depois eu tinha os 8 mil necessários.

Entrei na Up with People em julho de 1987 e passei um ano viajando pelo mundo como o membro mais jovem de um elenco composto de cem pessoas de 20 países. Essa experiência me ajudou a ganhar um senso incrível de autoconfiança, e aprendi lições duradouras sobre trabalhar com pessoas de diferentes formações, raças e culturas. O grupo ficou muito unido, e uma enorme confiança foi desenvolvida entre nós. Consegui arriscar, fracassar, crescer e encontrar meu próprio caminho para o futuro. Fiz amizades que melhoraram os bons momentos, mas também me ajudaram em minha primeira grande tragédia.

Estávamos em Palm Springs, Flórida, quando o gerente do elenco me disse que tinha notícias de casa e me levou para o hotel para receber um telefonema. Não havia telefone celular na época, e, como o elenco viajava a cada três dias, as ligações eram raras e muitas vezes traziam más notícias. Temi que algo tivesse acontecido com meus avós. Quando atendi o telefone, meu pai e minha mãe estavam chorando. Eles me contaram que Lori Nolan, meu primeiro amor, a garota que eu namorava desde a sexta série, morrera de meningite na Springfield College um dia antes de seu aniversário de 19 anos.

Lori fora mais do que um primeiro amor. Ela era minha melhor amiga. Era extremamente popular em nossa escola. Lori jogava basquete, hóquei em campo e lacrosse. Nosso colégio aposentou o número de sua camisa quando ela morreu. Homenagens foram realizadas no hall da fama da escola. Uma multidão de amigos e parentes foi ao velório; eu não conseguia parar de chorar vendo-a no caixão, aos 19 anos, com o mesmo vestido violeta e o mesmo colar que ela usara no baile de formatura. Foi a primeira pessoa próxima que eu vi partir. Aquilo me fez perceber que nada na vida é garantido. O amanhã não é certo para nenhum de nós.

A Springfield College me deu um ano de prorrogação para eu manter meu compromisso com a Up with People. Com a morte de Lori, contudo, a última coisa que eu queria fazer era ir a Springfield. Quando voltei à turnê da Up with People na Flórida depois do enterro de Lori, disse ao meu bom amigo Brian Kanter que queria me matricular em uma nova faculdade e morar em outra região do país.

Brian me perguntou se eu já tinha ouvido falar da East Carolina University. Na verdade eu tinha um primo, Joey Welsh, que estava no último ano lá. Parecia um excelente lugar, mas eu disse a Brian que achava que minhas notas não seriam suficientes para entrar. Brian ligou para o pai, que me ajudou a conseguir uma entrevista. Então, de uma parada da turnê em Columbia, Carolina do Sul, fui a Greenville, Carolina do Norte, onde meu primo me levou a uma reunião com o orientador de admissões. Concordaram em me aceitar naquele outono, depois da conclusão da turnê com a Up with People.

Parecia que a cada passo do caminho o poder dos relacionamentos influenciava minha direção. Meu relacionamento com Brian Kanter não poderia ter sido mais improvável. Em muitos aspectos, somos radicalmente opostos. Eu sou católico, ele é judeu. Sou republicano, ele é democrata. Sou ianque, ele é sulista. Torço pelo New York Giants, ele torce pelo New Orleans Saints. Mas um encontro casual em um auditório de colégio lançou as sementes de uma longa amizade. Vinte anos depois, Brian é quase um irmão para mim.

Esse tipo de relacionamento – centenas deles ao longo dos anos – me ajudou a me transformar de adolescente cheio de dúvidas, que sobrevivia em grande parte na esperança de que os outros gostassem de mim, em líder confiante que aprendeu que o poder dos relacionamentos não é o que eles podem fazer por mim, mas o que eles podem fazer pelos outros.

Essa é a medida do verdadeiro sucesso.

Na verdade, a maior realização da minha vida não tem nada a ver com a conquista de títulos acadêmicos, quanto dinheiro eu ganhei, abrir e liderar empresas e organizações ou ganhar prêmios. Não, a maior realização foi um evento para arrecadar fundos em nome de Lori Nolan.

Em julho de 2005, 18 anos depois de me formar na Suffern High e de voar para Tucson para me unir a um elenco de cem pessoas que incluía Brian Kanter, assumi o papel de presidente e CEO da Up with People. Depois de um recesso de três anos devido a problemas financeiros, a empresa me contratou para tentar ressuscitá-la. Ainda tínhamos escritórios em quatro países, mas nosso pessoal fora reduzido a menos de cem pessoas e o orçamento era de apenas cerca de 10 milhões de dólares por ano. Além de fazer cortes e reorganizar o negócio, passei grande parte do tempo reconstruindo relacionamentos com doadores e trabalhando para recuperar a visibilidade de nossos shows.

Uma das primeiras iniciativas nas quais trabalhei foi conseguir que a Up with People se apresentasse no desfile do Dia de Ação de Graças de 2007 da Macy's na cidade de Nova York. Ao mesmo tempo, fui o responsável pela organização do encontro de 20 anos da minha turma do colégio, já que fui presidente no último ano. Então fizemos o encontro naquele fim de semana e levei o elenco da Up with People de Nova York até a Suffern High para uma apresentação em benefício de uma bolsa de estudos em nome de Lori.

Naquela noite, honramos a memória de Lori e reabastecemos o fundo de bolsas de estudo quase vazio com milhares de dólares. Meus pais estavam lá. Tom France estava lá (o Suffern Rotary Club patrocinou o evento). A sra. Singer estava lá. Centenas dos meus amigos e colegas do colegial estavam lá. E quase todos os parentes de Lori também.

Entreguei aos pais dela um folder com uma foto de Lori na capa, e os conduzi ao auditório, pelo corredor, até os dois lugares na extremidade da quarta fila – os lugares onde eu e Lori nos sentamos quase 20 anos antes, quando vimos a Up with People se apresentar. Eu me sentei ao lado do sr. e da sra. Nolan e assistimos ao show juntos. Nós três choramos. Sentados juntos, com lágrimas nos olhos, sorrindo, percebi o sentido daquilo tudo: você não precisa ser um prodígio para mudar o mundo.

Capítulo 2

O barman

O bar/restaurante podia muito bem ser um necrotério, o que me pareceu apropriado na ocasião, já que eu achava que estava prestes a morrer.

Nem uma curta porém boa noite de sono na casa dos meus pais em Suffern, Nova York, conseguiu me curar do *jet lag* resultante do voo na classe econômica por quase 13 horas. Eu havia sobrevivido às 6.744 milhas aéreas de Tóquio até o JFK e dirigido até o bar por uma razão apenas – tentar ganhar a prestigiosa bolsa de estudos Rotary International Ambassadorial Scholarship. Eu precisava limpar as teias de aranha da minha mente e envergar um ar de confiança antes de chegar a minha vez de ser entrevistado pelo comitê de seleção.

Nove jovens recém-formados estavam espalhados pela sala, sozinhos, um em cada mesa, enviando vibrações geladas suficientes para transformar o restaurante em um frigorífico. Podia ser difícil para eu ler livros como *Guerra e Paz*, mas era fácil ler os rostos deles: "Fique longe".

Na condição de finalistas para a bolsa de estudos, os dez estávamos juntos – ou sozinhos, mas na mesma sala – enquanto esperávamos nossa vez de falar com o comitê de seleção.

Até entrar naquele bar/necrotério, eu estava relativamente confiante. Afinal, eu era um dos dez finalistas. Eles não teriam me pedido para vir do outro lado do mundo se não tivessem visto em mim um bom candidato. Então reparei nos crachás que os outros nove concorrentes ostentavam – Harvard, MIT, Princeton, Penn, Cornell, Dartmouth – e olhei para o meu. East Carolina University.

Não seria nada fácil.

Depois de passar os olhos pela sala, segui as dicas não verbais e me aproximei do único rosto amigável que vi – o que estava atrás do bar.

Era 1996. Eu não tinha laptop, BlackBerry, acesso à Internet, videogame portátil, iPod carregado com mil músicas. E não era meu estilo ficar folheando uma revista ou livro durante o que eu sabia que seria um longo tempo de espera. Meu sobrenome começa com S, o que significava que eu estaria entre os últimos a ser entrevistado. Então pedi uma Diet Pepsi e fiz companhia ao barman enquanto ele realizava suas tarefas de rotina.

Acontece que o barman era dono do restaurante, da mesma forma como seu pai fora antes dele e o pai de seu pai antes dos dois. E parecia muito provável que o menino de 4 anos que brincava atrás do bar seria dono dele um dia.

Era uma vida boa, o barman me disse enquanto eu me agarrava à Diet Pepsi. Ele me contou como era ser criado em um restaurante familiar no norte do estado de Nova York, sobre as alegrias e perigos da paternidade e sobre as provações e recompensas de ter uma microempresa. Pegou o álbum de fotos da família e, enquanto me contava sobre sua vida – apesar de eu não fazer ideia na ocasião –, ele mudou a minha.

Eu estava grato pela distração que acompanhou minha decisão de me sentar ao bar. Ouvir as histórias dele no mínimo me impediria de mergulhar fundo demais em minhas ansiedades. Afinal, eu estava naquele bar/restaurante como parte do Plano B do Plano Mestre para o sucesso de Tommy Spaulding. Naturalmente inclinado a correr riscos, arrisquei tudo para estar lá. Depois de dar uma olhada na oposição vinda das melhores faculdades dos Estados Unidos, passar para o Plano C, o que quer que fosse, parecia altamente provável.

O Plano A não fora tão modesto – eu decidira me tornar governador do estado de Nova York. Sempre vi a política como uma honra e um privilégio – uma chance de realmente servir os outros. Depois do sucesso de experiências como presidente da turma de último ano tanto no colegial quanto na faculdade, eu sonhava ir para a faculdade de direito e galgar a hierarquia política até chegar a Albany, capital de Nova York.

Mas deparei com alguns obstáculos ao longo do caminho. Eu tinha média geral 4 no colegial e na faculdade, por exemplo, mas só se você somasse as duas médias. Apesar de morar no Japão e ensinar inglês em Kisofukushima-machi, cidadezinha de cerca de 8 mil habitantes aninhada nos Alpes de Nagano, eu percorria de trem um percurso de duas horas e meia, só de ida, nos fins de semana para fazer um curso visando melhorar minha pontuação no teste de admissão da faculdade de direito. Eu estudava feito louco e mesmo assim a pontuação se mantinha bem abaixo da média.

Realista, porém determinado, comecei a me inscrever em faculdades de direito nos Estados Unidos. Para aumentar minhas chances, me inscrevi nas 30 menos prestigiosas escolas de direito certificadas do País. (Com a taxa de inscrição de 50 dólares e apenas 1.800 na poupança, eu não podia me inscrever em mais de 30 faculdades.) Até me inscrevi na Carolina Central University, onde esperava que o comitê de admissões me aceitasse como estudante da representante da política de cotas no campus predominantemente afro-americano. Não deu certo. Na verdade, em 1995, o carteiro japonês entregou ao sr. Thomas J. Spaulding Jr., professor de inglês no Japão, aspirante a advogado e futuro governador do estado de Nova York, 30 cartas de rejeição.

"Agradecemos pelo seu interesse, sr. Spaulding, mas infelizmente..."

"Lamentamos informar que..."

"Após uma criteriosa análise, o comitê de seleção declinou sua inscrição..."

Eu nem sabia que havia 30 maneiras diferentes de dizer para alguém ir procurar sua turma.

Com o Plano A na lata do lixo, peguei um avião para Bali, na Indonésia, para nadar com snorkel, mergulhar e me encontrar. As cartas de rejeição foram um golpe esmagador em minhas esperanças e sonhos, e sinceramente eu não sabia ao certo o que faria em seguida. Minha confiança não estava destruída, mas estava seriamente comprometida. Passei noites em claro me perguntando se seria melhor ter ficado em Suffern. Só conseguia passar de um fracasso ao outro, eu pensei.

Um dia, contudo, fui à Praia Lovina, na costa norte de Bali. Talvez uma caminhada pela areia, nadar um pouco com snorkel e ter a chance de brincar com os famosos golfinhos pretos pudesse me animar. Foi o que aconteceu. Mas o que realmente me animou foi uma conversa no barco com Chuck Colman e Sarah Gay, um casal de Atlanta que também participava do passeio.

Eu me senti quase imediatamente à vontade com o casal e, antes de perceber, já estava lhes contando a história da minha vida. Eu falei e ouvi, achando que um pouco de terapia compensaria o preço do passeio. Então Sarah me deu um presente inesperado: "Você precisa conhecer minha irmã, Carolyn Gay. Ela mora em Washington e trabalha no Departamento de Energia. Uma rotariana e muito envolvida no programa de bolsa de estudos deles. Esse programa tem a sua cara".

Eu conhecia o Rotary, mas não fazia ideia de que oferecia uma bolsa de estudos de tanto prestígio – incluindo as mensalidades da pós-graduação e todas as despesas para estudar fora em troca da representação para o Rotary International. A bolsa, ela disse, levava em conta as realizações acadêmicas, mas o que eles realmente queriam eram "embaixadores globais".

A ideia de o Rotary me considerar um "embaixador global" era perfeita. Além das viagens pelo mundo com a Up with People, eu tinha passado, como mochileiro, pela Europa e Sudeste da Ásia. Eu não apenas estava ensinando inglês no Japão como estava ajudando nos preparativos para as Olimpíadas de Inverno de 1996, em Nagano. Passei a me ver – na verdade, a me definir – exatamente desse jeito: um embaixador global. Minha personalidade extrovertida e meu histórico de trabalho duro pareciam ser vantagens que poderiam compensar minhas realizações acadêmicas não tão brilhantes.

Peguei o endereço de Carolyn e lhe mandei uma carta. Ela respondeu algumas semanas mais tarde, me incentivando a me inscrever para conseguir a bolsa. Chegou a colocar no envelope uma ficha de inscrição para que eu a preenchesse e enviasse ao meu Rotary District. Ao enviar a inscrição, a ideia de obter a bolsa renovou minhas esperanças.

Três meses depois recebi uma carta do Rotary District 7210 em Rockland County, Nova York, mas daquela vez não foi outro gancho de direita em minha cara. Eles me informavam que eu era um de dez finalistas e que precisaria comparecer no mês seguinte a uma entrevista com o comitê de seleção. Esvaziei minha poupança para comprar uma passagem de avião, voltei aos Estados Unidos e colei o traseiro em uma cadeira de bar até chegar minha vez de impressionar os rotarianos.

Na entrevista, um comitê composto por dez pessoas me interrogou sobre minhas viagens pela Europa, a experiência de morar na Ásia e minhas turnês mundiais como membro do elenco da Up with People. Também perguntaram sobre meu histórico acadêmico, e fiz o que pude para transformar aquele limão em limonada, conduzindo o foco de volta aos relacionamentos que ajudaram a me definir como líder.

Contei histórias sobre como eu ativamente me interessava em ajudar pessoas como meu colega de fraternidade. Nos tempos de calouro, Chad Harris mergulhou nas águas rasas de um lago, quebrou o pescoço e ficou tetraplégico. Durante os quatro anos seguintes, Ed Davenport e eu cuidamos de Chad, alimentando-o, vestindo-o, dando-lhe banhos – ajudando-o de todas as maneiras imagináveis (e de algumas maneiras que eu nunca teria imaginado!). Então, no verão que antecedeu nosso último ano na faculdade, os pais de Chad deram a nós três um presente antecipado de formatura – passagens de ida e volta para a Europa. Viajamos de mochila nas costas de uma cidade à outra, compartilhando da alegria de Chad enquanto ele vivenciava coisas com as quais a maioria dos tetraplégicos jamais sonharia – subir até o topo da Torre Eiffel, em Paris, visitar o Muro de Berlim, andar de gôndola pelos canais de Veneza.

Contei histórias sobre o meu empenho para o sucesso, apesar da minha dificuldade de aprendizado, e fiz comparações com pessoas famosas que superaram obstáculos antes de atingir o sucesso. Falei que o técnico de Michael Jordan o tirou do time de basquete da escola quando ele estava no segundo ano do ensino médio, e que Thomas Edison foi rotulado de mentalmente retardado por um professor e precisou estudar em casa, ensinado pela mãe. Falei sobre como Dwight Eisenhower se formou em último lugar de sua turma em West Point.

E falei sobre pessoas famosas que também eram disléxicas – líderes de negócios como Henry Ford, William Hewlett e Charles Schwab; políticos como Winston Churchill e John Kennedy; cientistas e inventores como Edison, Alexander Graham Bell e Albert Einstein.

Fiz o argumento de vendas da minha vida, deixei meu destino nas mãos daqueles dez rotarianos e peguei a estrada com chuva pesada para visitar minha avó em Saratoga Springs.

O comitê, enquanto isso, começou a avaliar os candidatos e reduziu a lista a dois finalistas – uma garota indiana formada pela Harvard University *magna cum laude* e eu, Thomas Spaulding Jr., formado pela East Carolina University "Graças ao Bom Deus *cum laude*!"

Metade do comitê de seleção votou a favor da Miss Harvard University, com sua média perfeita de 4,0 e seu objetivo de vida de livrar o mundo da Aids. Os outros cinco se impressionaram com minha paixão, meu amor pelas pessoas, minhas viagens, minha experiência de liderança e, o mais importante, meu desejo de fazer uma contribuição significativa ao mundo.

Cinco para a Harvard e cinco para Spaulding!

Eles discutiram por cerca de uma hora. Ninguém mudava de ideia. O presidente do conselho pediu uma pausa. O grupo foi ao bar, pediu bebidas e informalmente continuou a discutir. Mas não importava o que fosse dito; a votação continuava empatada – cinco para a Harvard e cinco para Spaulding.

Frustrado, o presidente do conselho se voltou para o barman: "Estamos empacados". "Você passou a tarde inteira na mesma sala com os dez jovens candidatos. Deve ter conhecido todos eles. Qual candidato mais o impressionou?"
"Bem, eu não conheci todos os dez candidatos, só um", o barman respondeu. "Só uma pessoa veio ao bar e se apresentou. Tommy Spaulding é um dos jovens mais legais que já conheci!"
O voto decisivo foi do barman.

Os rotarianos me deram uma bolsa de estudos de 25 mil dólares para estudar na Bond University em Queensland, Austrália, onde tirei meu MBA, o que deu um novo direcionamento a minha vida.

Saí daquela entrevista sentindo que dei o melhor de mim, mas incerto se o comitê me escolheria e não a algum dos outros candidatos tão qualificados. A cada quilômetro que dirigia pela Rodovia Interestadual 87 debaixo daquele temporal, eu revivia mentalmente a entrevista. Finalmente parei num posto de gasolina, encontrei um telefone público e liguei para a única pessoa que conhecia do comitê – Tom France, o rotariano que me ajudou na Rotary Youth Leadership Academy (Ryla) quando eu estava no colegial.

Quanto Tom atendeu o telefone, meu coração batia mais rápido que um cavalo de corrida no último trecho do hipódromo de Saratoga. Mas me preparei para a possibilidade de as notícias não serem boas.

"Como vai, Tommy, meu rapaz?", Tom disse quando sua esposa, Lu, lhe entregou o telefone.

"Não sei, Tom. Me diga você."
Então ele me disse cinco palavras que jamais esquecerei: "Você conseguiu, Tommy! Você conseguiu!"

Eu tinha conseguido nos esportes e tinha conseguido vencer as eleições para o comitê estudantil, mas nunca conseguira algo parecido – uma bolsa de estudos. Eu, um cara que adora falar, não sabia o que dizer. Agradeci um milhão de vezes, desliguei o telefone, fiquei de joelhos e caí no choro – numa cabine telefônica em uma estrada com chuva caindo ao meu redor como lágrimas do céu.

Levei alguns minutos para me recompor e fiz outro telefonema antes de voltar à estrada. Liguei para a pessoa para a qual sempre ligava quando algo maravilhoso acontecia comigo – meu pai.

Quando ele atendeu, nem o cumprimentei. Eu só disse: "Pai, consegui!" Não importava se eu ganhava ou perdia na vida, meu pai sempre respondia com palavras positivas, e não foi diferente naquela noite. "É claro que você conseguiu, filho. Você está mudando o mundo!"

Capítulo 3
A economia dos relacionamentos

Somente um ano depois Tom France me contou sobre o impacto do barman em minha vida. Fiquei chocado com a revelação. Nem me lembrava do nome dele. Mostrei um interesse legítimo por ele, da mesma forma como mostro um interesse legítimo por todas as pessoas que conheço. Eu me lembro do sentimento de humildade e gratidão que me tomou enquanto pensava no impacto daquele encontro casual.

O barman me ensinou lições que foram reforçadas centenas de vezes ao longo de minha carreira – lições sobre a vida e, mais especificamente, sobre o poder da economia dos relacionamentos.

A economia lida com a forma como "produção, distribuição e consumo de produtos e serviços" influenciam o bem-estar financeiro e material das pessoas. A economia dos relacionamentos enfatiza o aspecto humano disso. Parece simples, mas nenhuma parte do nosso sistema econômico recebe menos atenção dos chamados *experts*. Nenhuma parte do nosso sistema econômico é menos valorizada, ou pior, valorizada tão erroneamente. Escritores, líderes e administradores tratam dos relacionamentos como se fossem uma *commodity*. Dessa forma, nenhuma parte do nosso sistema econômico merece mais compreensão e atenção.

A realidade da economia dos relacionamentos é, em muitos aspectos, exemplificada por meu encontro com o barman. Ele e eu tivemos uma transação financeira mínima. Eu comprei uma Diet Pepsi em troca de uma quantia acordada de moeda americana (cerca de 1,25, se minha memória não me falha). Mas nossa transação relacional – um investimento de algumas horas do nosso tempo – rendeu enormes dividendos para mim; quem sabe, ele pode ter ganhado alguma coisa também além daquele dólar e um quarto.

A partir de relacionamentos como esses, comecei a descobrir as leis que governam a economia dos relacionamentos. No mundo da economia monetária, algumas realidades são tão universalmente aceitas que são consideradas leis. A Lei da Oferta e da Procura, por exemplo. Ou a Lei dos Retornos Decrescentes. Ou a Lei do Preço Único. Ou a Lei de Gresham. À medida que avançarmos neste livro, exploraremos várias leis que governam a economia dos relacionamentos.

Meu relacionamento com o barman é um exemplo da Lei dos Relacionamentos Aleatórios: um investimento em um encontro rápido e aparentemente aleatório pode produzir benefícios imprevisíveis, porém significativos. É importante não tratar o que aconteceu com o barman como um encontro do tipo um em um milhão, que nunca teria acontecido comigo. Na verdade, encontros como esse ocorrem com todos nós com mais frequência do que percebemos. Se Tom France não tivesse me contado a história sobre o barman, eu nunca saberia o quanto ele influenciou minha vida.

Muitas vezes, no entanto, o poder desses relacionamentos aleatórios é bastante claro, como foi o caso de Sarah Gay, que conheci em um passeio em Bali. Em virtude de uma conexão inesperada, acabei me inscrevendo para uma bolsa de estudos que mudou minha vida. Não só isso: fiz amizade com a irmã dela, Carolyn, e nós ainda a visitamos sempre que estou em Washington.

Na verdade, há vários exemplos de parcerias de longo prazo que ilustram a Lei dos Relacionamentos Aleatórios. Olhando para trás, é fácil ver excelentes parcerias ou acordos de negócios como predeterminados. Mas e se Bill Hewlett e Dave Packard nunca tivessem ido com os amigos naquela viagem de duas semanas para acampar em Colorado que deu início à amizade entre eles? Será que os dois alunos de Stanford teriam lançado uma das empresas de tecnologia mais pioneiras do mundo? E se Steve Jobs não tivesse conhecido Wozniak naqueles workshops da Hewlett-Packard? E se Harvey Firestone não estivesse trabalhando como vendedor na Columbus Buggy Works em Detroit no dia em que Henry Ford entrou na loja procurando pneus que pudessem funcionar com o carro de baixo custo que Ford esperava construir? E se Ben Cohen e Jerry Greenfield não tivessem feito educação física juntos na mesma turma da sexta série?

A questão é que não podemos nos dar o luxo de desprezar os encontros casuais. Aquele que ignorarmos pode ser o nosso Hewlett (ou nosso Packard), o nosso Jobs (ou o nosso Wozniak), o nosso Firestone (ou o nosso Ford), o nosso Ben (ou o nosso Jerry) – poderia até ser o nosso barman!

Economistas, autores e líderes de negócios adoram falar sobre o ROI – Retorno sobre o Investimento, e de fato se trata de um indicador importante. No que diz respeito à economia dos relacionamentos, eu gostaria de apresentar um conceito diferente – o Retorno sobre o Relacionamento (ROR).

O investimento do meu tempo com o barman, sem que eu percebesse, gerou um retorno incrível, que mudou minha vida – justamente o tipo de Retorno sobre o Relacionamento que qualquer pessoa pode buscar.

O ROR vem em todas as formas e deve ser tão importante para você e sua empresa quanto lucros, faturamento e ROI – porque sem gerar o ROR o ROI não fará diferença.

Se você está desenvolvendo uma carreira ou liderando uma empresa, pode gerar o ROR em todas as relações com seus clientes, colegas, empregados, fornecedores, equipe gerencial e clientes. Se dirige uma organização sem fins lucrativos, tem a oportunidade de gerar ROR com seus voluntários, doadores, seus *stakeholders* e com sua equipe. Se é estudante, pode gerar ROR com seus colegas, professores, técnicos e orientadores. Se é um político, tem a oportunidade de gerar ROR com seus colaboradores, com os funcionários públicos que executam as diretrizes do seu governo e, é claro, com seus eleitores.

E o ROR funciona tanto de baixo para cima quanto de cima para baixo. Não importa onde você esteja no organograma, aumentar o ROR lhe oferece oportunidades para os tipos de sucesso que não apenas o ajudam na carreira como proporcionam satisfação significativa no trabalho.

Não é uma realidade que alguns líderes de negócios aceitam de bom grado. Talvez você trabalhe com algumas dessas pessoas ou para elas. Talvez trabalhe para pessoas maravilhosas, que gostam de você e o respeitam. Mas até mesmo gestores e líderes maravilhosos em organizações de grande sucesso muitas vezes deixam de ver o que mais importa.

Quando isso acontece, eles perdem a oportunidade de atingir um sucesso ainda maior. Na verdade, existem chances de que os líderes que você conhece negligenciem o ROR simplesmente devido à ignorância, falta de atenção ou hábito. Você pode até ser um desses líderes.

A cultura ocidental promove a execução dos negócios na velocidade da luz, o que muitas vezes deixa as coisas erradas jogadas de lado. Pressionados pela tirania das demandas urgentes dos "resultados financeiros", muitos líderes – até mesmo aqueles que realmente acreditam na importância do ROR – acabam negligenciando os relacionamentos e eventualmente têm de pagar o preço.

É impossível desenvolver uma carreira ou organização de sucesso em um silo; os relacionamentos, em outras palavras, não são opcionais, eles são essenciais – relacionamentos internos (para cima, para baixo e em todo o organograma); relacionamentos externos (com clientes, fornecedores e compradores); relacionamentos financeiros (com acionistas, investidores e doadores); relacionamentos pessoais (com companheiros, parceiros, parentes e amigos) e relacionamentos periféricos (com a comunidade).

Isso não é novidade alguma para a maioria dos líderes modernos. Pergunte a qualquer gestor e você ouvirá todos os termos corporativos da moda sobre a importância das pessoas. Elas são "o maior ativo" de toda organização. Elas estão ao lado dos outros "valores", emolduradas e penduradas na parede do lobby ou acumulando poeira na estante. Mas, apesar de os líderes em geral entenderem a importância dos relacionamentos que afetam suas organizações, muitos fracassam miseravelmente no que diz respeito a desenvolver uma cultura corporativa que ponha esse valor em prática.

Tom Rath, que lidera a divisão de Consultoria de Pesquisa e Liderança no Ambiente de Trabalho da Gallup, montou uma equipe que dissecou anos de dados. A equipe descobriu, entre outras coisas, que uma entre 13 pessoas pode se motivar no trabalho se não tiver um grande amigo na empresa. Descobriram que, se você tiver pelo menos três amigos próximos no trabalho, terá 96% mais chances de estar satisfeito com sua vida. Também concluíram que, se você tem um relacionamento íntimo com seu chefe, tem 2,4 vezes mais chances de estar satisfeito no emprego. No entanto, somente 18% de nós trabalhamos em organizações que proporcionam oportunidades para desenvolver relacionamentos como esses no trabalho, e 17% dos empregados relatam que o chefe "investiu em nosso relacionamento" nos três últimos meses.[5]

Até os líderes mais bem-intencionados têm dificuldade em pôr em prática esse "valor". Como ele é? Como funciona? Como fazer as pessoas adotarem esse valor e não vê-lo como mais um programa ou lugar-comum? Como transformá-lo de "uma boa e nobre ideia" em uma atitude intrínseca que permeie toda a cultura da organização? Mais cedo ou mais tarde a questão do dinheiro os desanima: temos como pagar por isso? Pensando mais diretamente, será que o desenvolvimento desse tipo de cultura de relacionamento pode aumentar os lucros – será que o ROR leva ao ROI?

A última questão representa o que vejo como o maior mito sobre o desenvolvimento de relacionamentos profundos e significativos em uma organização: qualquer coisa além de uma iniciativa simbólica nessa direção prejudicará os resultados financeiros. Na verdade o que acontece é justamente o con-

....
5 – Essa pesquisa é apresentada no livro de Rath *Vital Friends* (Gallup Press, 2006).

trário. Nunca foi mais importante entender como uma organização pode ir além do discurso e de fato construir uma cultura que valoriza relacionamentos autênticos, porque os relacionamentos se tornaram a moeda da economia moderna.

A palavra "economia" evolui a cada rotação do planeta. Nós a vimos representada como uma economia agrícola, uma economia industrial, uma economia de serviços, uma economia de experiência e uma economia do conhecimento. Alguns dizem que estamos nos aproximando de uma economia verde, ou já chegamos lá. De forma mais precisa, entramos em uma economia de ajuda mútua – uma na qual nosso maior valor reside na forma como servimos uns aos outros e às nossas comunidades. Para criar uma organização sustentável no século XXI, devemos agregar valor a algo e a alguém além de nós mesmos. Devemos fazer isso assumindo uma atitude ecológica, orientando um executivo júnior ou organizando um evento de arrecadação de fundos para um banco de microfinanciamento ou ajudando um amigo a passar por uma mudança na carreira.

Não me entenda mal: habilidade e talento ainda são importantes, bem como a experiência e o conhecimento. A concorrência é acirrada para os elementos essenciais do sucesso – informação, talento, clientes, investidores e assim por diante. Mas, quando as forças são equivalentes, o fator que distingue um do outro é quase sempre os relacionamentos. Descobri que isso é verdade independentemente de estar trabalhando em vendas para um gigante corporativo, elaborando um programa de liderança para adolescentes em âmbito estadual, liderando uma das organizações sem fins lucrativos mais influentes do mundo ou prestando consultoria a líderes de empresas.

Pense a respeito. Se precisar escolher entre dois fornecedores ou clientes que querem fazer negócios com você, duas ONGs que precisam da sua doação ou dois investidores que estão pensando em financiar seu empreendimento, quais fatores levará em consideração? A qualidade é importante. O preço é importante. E o que dizer da integridade? Confiança? Fidelidade? Quem você realmente conhece? Quem realmente conhece suas necessidades? Quem energiza sua alma e sua organização em vez de sugar a vida delas? E tudo se resume a esta questão importantíssima: com quem você tem um relacionamento?

As organizações que prosperam na economia dos relacionamentos – que geram um ROR significativo – são marcadas pelo que chamo de "competência relacional". Acredito que qualquer organização que não seja marcada pela competência relacional esteja predestinada à extinção. Ela simplesmente não tem como sobreviver por muito tempo.

Além disso, as "organizações" de sucesso nada mais são do que uma coletânea de pessoas que trabalham nelas. Pessoas que se destacam na competência relacional têm mais chances de progredir na direção de seus objetivos profissionais ao mesmo tempo em que também atingem metas da organização. Dessa forma, os relacionamentos importam independentemente de você ser um líder emergente que está começando a brilhar ou um líder veterano responsável pela visão e decisões finais que podem levar ao sucesso ou ao fracasso da organização.

O lucro sempre foi um fator importante na história econômica, e o valor para o acionista faz parte da equação há algumas centenas de anos. Mas o capitalismo americano viu seu auge quando equilibrou esses resultados desejados com motivações nobres – isto é, quando os negócios encontraram maneiras de melhorar vidas e gerar lucros ao mesmo tempo. O sucesso nem sempre se limita aos lucros. Na verdade, a pergunta mais importante que uma organização se deve fazer é: como definimos o sucesso? A resposta deve ir além dos lucros.

Inovação e empreendedorismo nascem do desejo de identificar necessidades e satisfazê-las, mas em algum ponto do caminho perdemos o equilíbrio de poder. O lucro se transformou em ditador. Os relacionamentos, a chave para cultivar o desejo de ajudar os outros, passaram para o segundo plano. Os resultados nem sempre são bonitos. Pense em qualquer organização que tenha sucumbido diante de dificuldades, de empresas como a Countrywide Financial, a Washington Mutual ou a Enron até setores inteiros (serviços bancários, empréstimos hipotecários, seguro de saúde). A causa fundamental é que eles colocaram os lucros antes das pessoas. Empresas e setores que subiram ao valorizar os relacionamentos caíram no fundo do poço quando abandonaram esses relacionamentos em nome da ganância.

Se o lucro for rei, devemos compartilhar a coroa. Lucros e relacionamentos nem sempre são iguais, mas precisam se equilibrar. Cada um com o próprio estilo, os dois são essenciais para criar uma organização sustentável e significativa. E, apesar da maneira como a maioria das organizações os vê, eles não são mutuamente excludentes. Não apenas se respeitam como não podem viver sem o outro. Quando trabalham juntos, eles não apenas mudam vidas e organizações, mas também comunidades inteiras.

Dezenas de organizações de todos os portes comprovam isso, do programa da Toms Shoes, que distribui calçados a crianças carentes, aos bilhões de dólares doados por empresas e por fundações.

Muitas excelentes empresas perceberam isso muito antes de "responsabilidade corporativa" se tornar um termo da moda. Em 1943, pouco antes de sua empresa familiar abrir o capital, Robert Wood Johnson elaborou o hoje famoso "credo" corporativo, que começa dizendo: "Acreditamos que nossa maior responsabilidade seja com os médicos, enfermeiros e pacientes, com as mães e pais e todos os outros que utilizam nossos produtos e serviços".[6]

O credo da Johnson & Johnson prossegue falando sobre respeitar a dignidade dos trabalhadores e suas famílias e ser responsável em relação à comunidade. E é só no quarto e último parágrafo que a responsabilidade aos acionistas de gerar lucros é mencionada. "Quando operamos de acordo com esses princípios", Johnson escreveu, "os acionistas devem realizar um retorno justo."

O custo de relacionamentos pobres aparece em todo o balanço patrimonial em grandes pinceladas de tinta vermelha. Ele aparece na forma de vendas perdidas, é claro, e parcerias ineficientes, e não se esqueça do custo de rotatividade de pessoal. Quanto custa substituir o empregado demitido porque não fez bem seu trabalho ou simplesmente saiu para trabalhar em outro lugar? Quais são os custos subjacentes à saída desse empregado? Ele apresentava um desempenho ruim devido a deficiências da administração e da liderança ao seu redor? Ou saiu porque não tinha razão para permanecer fiel à empresa? Quanto isso custou para a empresa em termos de produtividade reduzida, que acompanha o moral que despenca morro abaixo?

---

6 – http://www.jnj.com/connect/about-jnj/jnj-credo/

Um levantamento de 2007 publicado no *Gallup Management Journal* estimava que "trabalhadores ativamente desmotivados" custam à economia americana cerca de 382 bilhões de dólares. Cerca de 24,7 milhões de trabalhadores de 18 anos de idade ou mais – mais ou menos 18% da força de trabalho – caem nessa categoria. Eles não apenas estão infelizes como estão "manifestando sua infelicidade". Outros 56% são considerados "não motivados", o que significa que estão presentes no trabalho, mas sem "energia nem paixão". Só 26% dos empregados estão plenamente "envolvidos" no trabalho, de acordo com o levantamento.

Relacionamentos bem gerenciados geram retorno em termos de oportunidades de maiores lucros e valor para o acionista. Apesar de alguns relacionamentos mal gerenciados poderem trazer resultados positivos no curto prazo, eles sempre representam as rachaduras que mais cedo ou mais tarde rompem a barragem. Isso se aplica ao nível organizacional e a cada um de nós individualmente.

Minhas motivações com o barman não se basearam no que eu poderia sair ganhando. O ROR foi um resultado natural do meu foco no relacionamento, por mais aleatório que tivesse sido. No caso o resultado foi inesperado, mas com mais frequência ele resulta de uma tentativa intencional de investir nos outros sabendo que há um benefício potencial – porém não garantido.

Se eu soubesse o que o barman poderia fazer por mim, será que eu o trataria de outra forma? Acho que não, mas não tenho como saber com certeza. E a questão é: você nunca sabe quando o próximo relacionamento será o mais importante da sua vida, da sua carreira ou da sua organização.

Descobri isso (de novo) quando o Leader's Challenge, a organização sem fins lucrativos que fundei em 2000, começou a passar por dores de crescimento a caminho de se tornar o maior programa de liderança de jovens de Colorado.

A cada ano tínhamos cada vez mais formandos no programa, e nossa cerimônia de formatura rapidamente ficou maior que a maioria das dependências menores em Denver poderia comportar. Um ano percebemos que teríamos cerca de 200 formandos, amigos e familiares participando do evento. O conselho me autorizou a encontrar um lugar maior e comecei a trabalhar em uma lista de lugares grandes o suficiente.

Muito rapidamente, no entanto, deparei com um obstáculo. O Lions Club International, organização de serviço comunitário bem parecida com o Rotary, havia reservado quase todas as instalações maiores da cidade na data que precisávamos porque Denver receberia a convenção anual do grupo.

Já tínhamos feito planos demais para mudar a data, mas só consegui encontrar um local disponível: o histórico e suntuoso Paramount Theater, no centro de Denver. Só havia um problema. Liguei para o gerente e ele me disse que o preço seria 25 mil dólares – essa era a tabela para "organizações sem fins lucrativos"!

Nosso orçamento: 2 mil dólares!

Fiz o possível para negociar um desconto, mas o gerente não cedeu. Desanimei ao desligar o telefone sem nenhuma boa opção de lugar para o nosso maior e mais importante evento do ano.

Minha esposa, Jill e eu ainda namorávamos na época. Naquela noite nos vestimos bem e eu a levei para jantar no D'Luca's, um dos melhores restaurantes italianos de Denver. Eu não via a hora de me sentar a uma agradável e romântica mesa ao lado da janela da frente, com uma excelente refeição e uma bela mulher, e me esquecer do problema por algumas horas.

Enquanto fui tirar o paletó, porém, sem querer enfiei o cotovelo na orelha do careca de meia-idade da mesa ao lado. Implorei pelo perdão do homem, e Jill fez amizade com a esposa e a família dele.

Jill é a única pessoa que conheço que vê o cardápio de sobremesas antes de pedir a entrada. Quem a vê acha que ela não come nada além de saladas e frutas, mas na verdade ela adora uma boa sobremesa. Então, enquanto eu me desculpava, ela desviava a conversa da gafe social que eu cometera e perguntava sobre o apetitoso bolo de chocolate que a família tinha pedido. Antes de eu perceber, os garçons estavam juntando nossas mesas e me vi conversando sobre a vida com Larry e Debra Melnick e seus filhos.

Descobri que Larry trabalhava para Stan Kroenke, dono do time de basquete profissional Denver Nuggets, do time profissional de hóquei no gelo Colorado Avalanche e de uma série de casas de espetáculo na cidade. Mais especificamente, Larry era um executivo da KSE-CCE Promotions. E a KSE-CCE Promotions era dona do Paramount Theater. Então, apesar do meu cotovelo na orelha dele – ou talvez devido à personalidade encantadora de Jill –, vimos a Lei dos Relacionamentos Aleatórios em ação. Ao final do jantar, o Leader's Challenge tinha encontrado um amigo que nos ajudou a conseguir o Paramount Theater para a formatura a um preço que estava dentro do nosso orçamento.

Larry e eu nunca desenvolvemos uma amizade íntima, mas temos um excelente relacionamento que começou comigo lhe dando uma cotovelada no ouvido e com ele se oferecendo para ajudar em um evento que homenageou mais de mil estudantes da nossa comunidade.

Se os relacionamentos são tão importantes que até mesmo encontros aparentemente aleatórios oferecem um enorme potencial, por que tantos de nós – e tantas organizações – têm dificuldade de cultivar relacionamentos intencionais com colegas de trabalho, clientes, compradores e empregados e, mais ainda, de descobrir o valor oculto dos relacionamentos aleatórios? Por que os levantamentos nos dizem que tantas pessoas são infelizes no trabalho ou não confiam nos empregados? Por que o ceticismo e a descrença dominam a maioria das culturas organizacionais, e não relacionamentos significativos? Como os líderes podem promover uma mudança que tire esse valor essencial de um lugar-comum bem-intencionado e o coloque em prática?

Precisamos encarar esse desafio com um novo olhar na importância do desenvolvimento de relacionamentos, tomando medidas para praticar a competência relacional em todas as nossas interações diárias e, se estivermos em uma posição de liderança, oferecendo soluções inovadoras para energizar a cultura da organização. Antes de mais nada, veja aonde a organização precisa ir. Em outras palavras, comece com o fim em mente, como Stephen Covey sugeriria. Para criar uma organização com uma cultura impregnada de competência relacional – isto é, comprometida com relacionamentos profundos e significativos –, você precisa começar com cada pessoa na organização. Tudo começa com você. Essa mudança precisa conduzir a pessoa a subir no modelo dos Cinco Andares dos relacionamentos. À medida que as pessoas começam a ascender nesse modelo, a organização também evolui. Em algumas organizações a mudança será liderada de cima para baixo. Em outras, ela começará nas profundezas da organização e se expandirá até envolver todas as pessoas. De qualquer forma, não há desculpa para empurrar a responsabilidade para outra pessoa.

Vamos mergulhar profundamente no coração da economia dos relacionamentos – como podemos definir os relacionamentos que importam, como podemos criar relacionamentos que importam e como podemos desenvolver relacionamentos que importam.

Vamos explorar as chaves para a economia dos relacionamentos, a competência relacional e o ROR. Quando elas forem colocadas em prática, o ajudarão a reter clientes, energizar sua carreira, criar colegas e clientes fiéis, desenvolver negócios – todos indicadores de uma organização de sucesso.

Mas há um elemento ainda mais importante na competência relacional. Ele gera o tipo de relacionamento aleatório que eu tive com o barman, com Sarah Gay e Larry Melnick, bem como profundos e duradouros relacionamentos como os que tive com a sra. Singer, Brian Canter, Tom France e muitos outros que você conhecerá nas páginas a seguir. Esse tipo de relacionamento mudará você e sua vida para melhor. Eles mudarão sua carreira. E mudarão a organização na qual você trabalha. Com isso, eles podem – e vão – mudar o mundo.

PARTE 2:

Como desenvolver o capital de relacionamento

Capítulo 4
Os cinco andares dos relacionamentos

Conheço milhares de pessoas, e muitas delas são extremamente influentes. Se a vida e os negócios se resumissem a "quem conhecemos", eu estaria com a vida ganha. Mas nenhum desses relacionamentos teria um valor extraordinário se eu não lhes apresentasse uma ideia que tivesse um interesse maior e mais amplo que a transação em si. Por exemplo, meu objetivo não era fazer do barman um amigo de longa data, e esse tipo de amizade nunca se materializou. Mas também não me conformei com o que chamo de um relacionamento de Primeiro Andar.

Penso nos relacionamentos como um prédio de cinco andares. Quanto mais profundo e mais significativo for um relacionamento, mais elevado é o andar onde ele reside. Meus relacionamentos mais íntimos e mais profundos são de Quinto Andar, ou de Cobertura.

Deixe-me esclarecer: os relacionamentos raramente se encaixam em um modelo (ou um prédio). Eles são dinâmicos demais. Alguns se sobrepõem em diferentes andares; outros parecem ir para cima e para baixo como um elevador. Mas o plano de Cinco Andares me ajuda com uma referência e me permite pensar nas fronteiras que definem meus relacionamentos, de forma que eu possa trabalhar continuamente para fortalecê-los e fazer com que sejam mais gratificantes. Tento desenvolver relacionamentos fortes em todos os níveis.

E, como meus relacionamentos com os outros são tão importantes para mim, e como entro neles com a intenção de ajudar os outros, muitos desses relacionamentos se transformam em algo mais significativo do que qualquer coisa que eu poderia ter imaginado.

A maioria dos relacionamentos começa no Primeiro Andar. Nós nos encontramos e nos cumprimentamos. Trocamos cartões de visita. E o relacionamento normalmente envolve uma troca transacional. Precisamos de algo específico do outro – uma passagem aérea, um almoço, ajuda com alguma questão. Depois que conseguimos o que queríamos, partimos para a próxima.

"Tudo bem?", você pode perguntar ao vendedor atrás do balcão, sem realmente esperar uma resposta. Da mesma forma, o vendedor pode responder: "Tudo bem, e você?", apesar de na verdade ele poder estar ansioso com contas que não conseguiu pagar, um parente doente ou um carro que precisa ser consertado.

Nós nos envolvemos em dezenas de relacionamentos de Primeiro Andar todos os dias – com clientes, colegas, o atendente dos correios, a recepcionista no consultório do dentista, a garçonete, o comissário de bordo.

É nesse ponto que a maioria dos relacionamentos começa. Mas com muita frequência permitimos que nossos relacionamentos permaneçam lá. Conhecemos um novo empregado do nosso departamento uma manhã e até o almoço (se não antes) já esquecemos o nome dele. Se as pessoas não forem essenciais para o nosso trabalho ou a nossa vida, não nos esforçamos para conhecê-las melhor. Só fazemos um investimento mínimo de tempo e esforço; o vendedor que anota um pedido ao telefone é uma voz sem rosto.

O próximo nível dos relacionamentos – os relacionamentos de Segundo Andar – é onde começamos a compartilhar mais informações. Mas são informações muito básicas, do tipo que revelamos por obrigação social ou por ser um requisito no trabalho, não porque estamos oferecendo algum *insight* de quem somos.

No trabalho, a "autoridade posicional" muitas vezes orienta esse tipo de relacionamento. Interagimos porque a posição do outro, ou nossa posição, requer isso. Mas os relacionamentos de Segundo Andar também resultam de amizades casuais com pessoas que conhecemos até certo ponto, mas não particularmente bem. Talvez vocês joguem uma partida de futebol juntos ou se encontrem na festa de Natal. São pessoas com as quais temos conversas polidas, mas o nível de intimidade raramente vai além do NEC – notícias, esportes e clima.

Infelizmente, muitos de nós temos amigos que pensamos que são "próximos" e, na realidade, são apenas de Segundo Andar. Raramente revelamos coisas a eles sobre nós mesmos que nos deixariam vulneráveis ou abertos; raramente assumimos riscos emocionais. Se alguém mencionar essa pessoa, nossa tendência é dizer: "Ah, sou amigo do Fulano". Mas, quando realmente descascamos a cebola, o que temos é um relacionamento do tipo NEC. Nunca contaríamos com a ajuda deles ou com um grande favor. Tenho vários amigos que vivem em um mundo NEC. Sempre que converso com eles, tudo é perfeito – a família é perfeita, os negócios são perfeitos, a vida é perfeita. É tudo o que eles permitem que você veja – só as partes perfeitas. Eles nunca falam sobre as coisas da vida que os desafiam ou realmente os definem. E, em consequência, eles nunca sobem acima do Segundo Andar.

Nos relacionamentos de Terceiro Andar, as pessoas desenvolvem um nível de conforto emocional que vai além de fatos e informações. Em vez de nos atermos a conversas do tipo NEC, começamos a revelar opiniões e sentimentos. Não é incomum se sentir seguro o suficiente para revelar pontos de vista conflitantes e não apenas acerca de trivialidades sobre quem foi o melhor batedor da história do beisebol. (Torço pelos Yankees, então eu diria Derek Jeter, até mais que Reggie Jackson e Mickey Mantle; e, sim, sei muito bem que alguns torcedores não veem isso como uma questão trivial!)

Nos negócios, a autoridade posicional continua sendo a principal força orientadora de relacionamentos de Terceiro Andar. Nossa posição no trabalho requer que digamos o que achamos em vez de apenas apresentar dados, porque nossas opiniões podem ajudar a tomar decisões. Quanto mais subimos no organograma, mais nossas opiniões e sugestões sobre as questões importam.

Em relacionamentos de Terceiro Andar, ficamos sabendo sobre as vidas de nossos colegas de trabalho, fornecedores, clientes e outros colaboradores e começamos a conhecer uma parte de quem são como pessoas, mesmo se não necessariamente concordarmos com todas as suas opiniões. E revelamos informações pessoais – nossas ideias e sentimentos.

Mas também é nos relacionamentos de Terceiro Andar que descobrimos o que chamo de "muro de conflitos". Os relacionamentos muitas vezes param aqui porque o conflito inevitável atua como uma porta trancada da escada que leva para cima. Mas eles também apresentam oportunidades de cultivar o tipo de interação que pode levar a relacionamentos muito mais profundos.

Os relacionamentos autênticos não se baseiam em nossa posição, nosso cargo ou na hierarquia. Quando seguimos alguém porque ele é o chefe, estamos reagindo à sua autoridade posicional. Quando seguimos alguém porque confiamos nele e o respeitamos, estamos reagindo ao que sentimos sobre quem ele é como pessoa. Essa é a "autoridade relacional". Darlyne Bailey, em *The Leader of the Future 2* (Jossey-Bass, 2006), considera esse tipo de autoridade característica decisiva de uma liderança autêntica: "As posições de poder são só isso – posições. Os verdadeiros líderes sabem quem são muito mais do que o que são".

Subindo para o Quarto Andar, o relacionamento assume um significado mais profundo. Temos interesses, metas, crenças e causas em comum. Também aprendemos a solucionar os conflitos e reagimos de uma forma que mostra que valorizamos o relacionamento.

A maior confiança e respeito que compartilhamos em relacionamentos como esses também levam a uma maior vulnerabilidade e franqueza. Podemos contar que nosso casamento está com problemas, ou falar sobre detalhes privados e confidenciais sobre nossas finanças com um amigo nesse nível, seja para contar nossos sonhos e medos ou para pedir conselhos e apoio.

Podemos ainda não revelar todos os nossos defeitos e inseguranças com amigos do Quarto Andar e eles ainda não revelarem tudo para nós. Mas não julgamos uns aos outros como fazíamos nos estágios anteriores do relacionamento. Deixamos cair nossa guarda; estamos muito além de decidir se gostamos ou não do outro – nesse estágio, estamos em busca de maneiras de avançar ainda mais no relacionamento e manter a conexão íntima que sentimos. Ficamos mais à vontade conversando sobre as coisas importantes de nossa vida, que ajudam a influenciar quem somos. Estamos muito além dos relacionamentos NEC.

Os relacionamentos de Quinto Andar – a Cobertura dos relacionamentos – vão muito além de qualquer coisa discutida no livro *Como fazer amigos e influenciar pessoas*, de Dale Carnegie. Nos relacionamentos de Quinto Andar, vulnerabilidade, autenticidade, confiança e fidelidade se fazem presentes em um nível que supera as expectativas. São relacionamentos baseados em empatia mútua – um entendimento intuitivo das necessidades um do outro, mesmo se não forem necessariamente expressas. Nós literalmente "sentimos" o estado de espírito do outro. É um relacionamento baseado mais em dar do que em receber. Mas esse tipo de generosidade nos dá em troca mais do que poderíamos imaginar.

Em relacionamentos de Quinto Andar nos tornamos confidentes, conselheiros e parceiros ao ajudar o outro a atingir seu potencial máximo.

Sim, os relacionamentos de Quinto Andar são raros, no mínimo devido ao tempo e à energia necessária para desenvolver e manter relacionamentos como esses. Mas temos tendência a impor limites desnecessários a nossos relacionamentos de Quinto Andar. Podemos achar que só podemos ter dois ou três relacionamentos como esses, quando na verdade podemos manter facilmente uma dúzia ou mais. Ou achamos que apenas alguns tipos de pessoas podem se relacionar conosco no nível do Quinto Andar. Achamos que não podemos ter um relacionamento de Cobertura com, digamos, um mendigo que conhecemos em um albergue ou com o ex--companheiro do nosso companheiro. Mas isso simplesmente não é verdade. Não há limites para nossa capacidade de nos conectar com os outros. Darei vários exemplos mais adiante no livro, mas não quero me adiantar. Antes de chegarmos à Cobertura, precisamos aprender a sair do Primeiro Andar.

Todo relacionamento requer empenho, paciência, compreensão e, sim, táticas e estratégias para florescer. Mas não confunda isso com manipulação. Podemos ter táticas e estratégias para desenvolver relacionamentos, da mesma forma que podemos ter táticas e estratégias para marketing, vendas, propaganda, produção, distribuição e atendimento ao cliente.

A chave para criar uma rica rede de relacionamentos, no entanto, é entender essa verdade profunda e básica: as intenções fazem a diferença. Se tudo o que quisermos é usar os outros para avançar na carreira e aumentar nosso patrimônio líquido, nosso relacionamento não terá um valor duradouro. Ele pode funcionar por um tempo, ou para algumas situações específicas, mas as bases sobre as quais você construir os seus relacionamentos serão instáveis, e o relacionamento acabará desmoronando – muitas vezes quando você mais precisar dele. Sim, às vezes vivemos em um mundo altamente competitivo, mas agir dessa forma destruirá sua vida e, no fim, a sua carreira. Além disso, independentemente do que diz o seu extrato bancário, você deixará um legado, uma pegada na vida, de insignificância.

Ao construir relacionamentos significativos sem sacrificar nossa integridade ou tratar os outros como meios para um fim, estou convencido de que não apenas podemos atingir nossas metas como superá-las, tanto na vida pessoal quanto na profissional. Veja nove características básicas que descobri serem úteis ao desenvolvimento de relacionamentos reais:

AUTENTICIDADE	SIGILO	GENEROSIDADE
HUMILDADE	VULNERABILIDADE	SENSO DE HUMOR
EMPATIA	CURIOSIDADE	GRATIDÃO

Não tenho a pretensão de criar uma lista completa de características, mas minha experiência sugere que esses elementos oferecem um filtro seguro na avaliação de táticas e estratégias que utilizamos para construir relacionamentos. Essas características têm mais relação com "quem você é" do que com "o que você faz". Elas são profundamente pessoais. A razão para isso é que "quem você é" é muito mais importante no desenvolvimento de relacionamentos do que "o que você faz". As coisas que "fazemos" para entrar em contato com os outros normalmente provêm do nosso caráter interior. Nossas ações refletem nosso caráter. Se não analisarmos as qualidades de nosso caráter, seremos como o dono de um iate que só cuida da parte que está acima da linha d'água, deixando o casco enferrujar e apodrecer. Mais cedo ou mais tarde, se o casco não receber a devida atenção, até mesmo o iate mais bonito do porto afundará.

Isso não quer dizer que o que fazemos não é importante. Na verdade precisamos de ações específicas para conduzir um relacionamento do Primeiro Andar ao Segundo ou ao Terceiro. Muitas pessoas – independentemente de suas intenções ou caráter – têm dificuldade para descobrir como entrar em contato com os outros e desenvolver relacionamentos significativos. Elas sentem um forte impulso interior para fazer alguma coisa, mas não sabem o quê nem como.

O truque é combinar os dois – quem você é e o que você faz – em uma poderosa abordagem que não apenas expandirá sua rede social como dará a essa rede social, independentemente do tamanho, um verdadeiro significado.

Afinal, não é só questão de quem você conhece.

> ### Revolucionando os relacionamentos
> Todos os relacionamentos estão em algum ponto na estrutura de cinco andares. A meta é desenvolver a capacidade de construir relacionamentos em todos os cinco níveis. Isso significa desenvolver as características que definem "quem somos", além de identificar e praticar as ações necessárias.

OS CINCO ANDARES DOS RELACIONAMENTOS[7]

Níveis de relacionamento	Características	Exemplos
Relacionamentos de Primeiro Andar	De natureza transacional: pessoas que fazem coisas para você porque é o trabalho delas. As interações se baseiam em satisfazer uma necessidade.	Vendedores, representantes de atendimento ao cliente, pessoas que ajudam não em virtude do relacionamento com você, mas devido à natureza da posição ou trabalho delas.
Relacionamentos de Segundo Andar	Revelar alguns fatos ou informações pessoais. As conversas normalmente começam com notícias, esportes e o clima e raramente vão além do superficial ou factual. No trabalho, relacionamentos como esses se baseiam na autoridade posicional.	Relacionamentos casuais e conhecidos, a maioria dos relacionamentos entre chefe-subordinado, colegas de departamentos diferentes, pessoas que você encontra em festas ou funções que você conhece casualmente, mas que não são verdadeiramente seus amigos.
Relacionamentos de Terceiro Andar	Revelar opiniões, aprender a lidar com conflitos. Em geral, contudo, esses relacionamentos são relativamente superficiais e mantidos à distância.	Colegas que interagem regularmente para atingir metas em comum. Você conhece alguns detalhes da vida pessoal e profissional deles, algumas de suas esperanças e sonhos, mas não é solicitado a dar conselhos ou *feedback*.
Relacionamentos de Quarto Andar	Revelar emoções e sentimentos; capacidade de solucionar conflitos; disposição em algumas ocasiões de colocar as necessidades antes das suas. As conversas repetidamente se estendem além do âmbito das notícias, esportes e clima.	Mentores, bons amigos, colegas próximos, pessoas com as quais você se importa no seu trabalho, área ou comunidade.
Relacionamentos de Cobertura (Quinto Andar)	Revelar valores, alto nível de franqueza, sinceridade e vulnerabilidade; foco nas necessidades alheias.	Seus relacionamentos mais próximos e íntimos.

7 – Este modelo é inspirado nos cinco níveis de comunicação comumente estudados na teoria da comunicação.

Capítulo 5
O que você faz

Eu não tinha nada contra Denver quando me mudei para cá em 1999, como diretor de afiliados corporativos para a Up with People. Mas tenho uma confissão a fazer: cheguei sem nenhuma vontade de conhecer a cidade ou seus habitantes. Denver não passava de uma parada temporária em uma jornada de volta para Nova York.

Viajei com a Up with People como integrante do elenco antes de entrar na faculdade e trabalhei como membro da equipe de viagens depois de me formar pela East Carolina University. Depois de fazer bicos ensinando inglês no Japão e trabalhando em uma campanha política, tirar meu diploma de MBA e atuar em vendas para a IBM Lotus, voltei à Up with People na posição de nível sênior.

O emprego me deu a oportunidade de trabalhar com o CEO Bill Lively, um dos captadores de recursos mais influentes do mundo. Mas, quando meu contrato de um ano chegou ao fim, eu esperava voltar para Nova York e abrir um negócio ou uma organização sem fins lucrativos e talvez entrar na política.

Encontrei um lugar para morar no norte de Denver, perto da matriz da Up with People, e mergulhei no trabalho. Minha principal responsabilidade era obter apoio financeiro da comunidade. Eu me reunia com líderes de negócios de alta visibilidade, incluindo vários que participavam do conselho da Up with People. Mas inicialmente não me empenhei muito para me envolver na comunidade ou expandir meu círculo de conhecidos.

Felizmente, essa visão limitada não durou. Seis meses depois, Bill Lively se aposentou como presidente e CEO da Up with People. A aposentadoria de Lively reforçou minha decisão de sair da Up with People quando o contrato de um ano expirasse. Eu tinha aceitado o emprego porque adorava a organização, e também para aprender com Lively. E, por mais que eu gostasse da missão da Up with People, podia ver os conflitos internos que atavam as mãos de seu conselho diretivo e equipes de liderança. Não fiquei surpreso no fim de 2000 quando a organização foi fechada por vários anos para retomar o rumo.

Continuei trabalhando duro em nome da Up with People, mas decidi não renovar o contrato e comecei a sonhar com a próxima fase de minha vida. Pela primeira vez, contudo, comecei a brincar com a ideia de chamar Denver de lar.

A mudança do norte de Denver para um apartamento no centro da cidade instigou meu envolvimento com a comunidade. Entrei em um clube esportivo no Denver Rotary Club e comecei a fazer amizades fora da Up with People. Quanto mais conhecia Denver, e Colorado, mais gostava da cidade e do estado.

Alguns meses antes do fim do meu contrato, comecei a elaborar um plano de negócios para o Leader's Challenge, uma organização sem fins lucrativos que proporcionaria um programa de liderança em escolas de ensino médio. Mostrei meu plano aos amigos para saber suas opiniões e conselhos, dizendo que planejava voltar a Nova York para lançar o programa. Vários me deram a mesma sugestão: Por que você não lança o programa aqui em Denver?

Foi o que fiz.

O que explica a súbita mudança de planos? Passei a adorar o clima e a mistura de conveniências de uma cidade grande com a beleza natural ao redor. Mas, o mais importante, passei a adorar as pessoas. Atualmente tenho dezenas de amigos íntimos em Denver e região. E foi onde conheci minha esposa.

Atualmente, nós, na América, vivemos em uma cultura transitória. Somos tentados a evitar criar raízes enquanto contemplamos o próximo passo. Uma das coisas das quais mais me arrependo é de não ter começado a investir mais em Denver desde o dia em que cheguei. Quantos relacionamentos e oportunidades de servir eu perdi porque cheguei com um pé no emprego e o outro em Nova York? O fato é que, mesmo se eu tivesse me mudado para outra cidade, nunca teria me arrependido de construir mais relacionamentos.

Quando percebi que ficaria em Denver, meu motor de relacionamentos entrou em marcha acelerada. Sinceramente, os principais relacionamentos que construí por meio da Up with People e o fato de eu estar lançando uma organização sem fins lucrativos se combinaram para me dar uma vantagem na expansão de minha rede de relacionamentos. Mas o fato é que cada um de nós tem algum tipo de vantagem; só precisamos identificá-las e nos beneficiar delas. As lições que aprendi e as abordagens que usei podem ser adaptadas a quaisquer circunstâncias.

Eu conhecia três pessoas fora do trabalho quando me mudei para Colorado, e uma delas era minha irmã. Como transformei esses três relacionamentos em vários milhares? Em certo sentido, acredito que tudo se baseia nas características que fazem de você quem você é. Falarei de novo, brevemente, sobre essas características porque, se perdê-las de vista, você nunca mudará o mundo, não importa o tamanho de sua rede social ou de sua conta bancária. Você também pode tomar medidas práticas para expandir sua rede de relacionamentos. Acredito que todos nós possamos nos beneficiar de algumas lições, táticas e estratégias específicas que o ajudarão a expandir sua rede de relacionamentos, independentemente de você ser uma pessoa tímida ou extrovertida, de querer criar um círculo de cinco amigos íntimos ou uma comunidade social de 5 mil pessoas. Se combinar isso com as características sobre as quais falarei mais tarde, você poderá expandir exponencialmente sua influência e mudar o mundo.

Capítulo 6
Cuidado para não errar o tiro

Mais de 2,5 milhões de pessoas moram na região de Denver. Eles têm todo o vidro, aço e concreto que se esperaria de uma cidade metropolitana desse tamanho. Mas o coração e a alma de Denver não estão em seus arranha-céus ou grandes rodovias ou shopping centers, e sim no cenário – nas Montanhas Rochosas e nas altas e amplas planícies.

As pessoas começaram a colonizar a região ao longo da confluência do rio South Platte e o Cherry Creek no fim dos anos 1850 e início dos anos 1860, a maioria para procurar ouro ao redor do Pike's Peak ou começar vida nova na fronteira ocidental. Muitos ficaram e mais chegaram. Casas se transformaram em bairros, que se expandiram para se transformar em subúrbios. Empresas e indústrias se enraizaram e prosperaram. As artes chegaram. Os esportes profissionais vieram. E Denver passou de uma aconchegante colônia a uma cidade cheia de vida e depois a uma metrópole vibrante que polariza a região.

Denver passou por todas as dores de crescimento típicas. Mas nunca perdeu o charme e a personalidade do oeste; a cidade nunca tentou ser um centro financeiro ou de mídia, como Nova York, ou um destino turístico cosmopolita, como São Francisco, ou o centro da indústria cinematográfica, como Los Angeles. Todas são cidades maravilhosas, mas Denver não é assim.

Quando decidi ficar em Denver, sabia que precisaria conhecer mais pessoas na cidade, especialmente se quisesse me tornar um empreendedor de sucesso. Mas, quando comecei a me relacionar com os outros, a decisão mais importante que tomei foi inspirada na própria história de Denver: aprendi a ser eu mesmo.

Fui criado em um subúrbio de Nova York. Não sabia nada sobre o Velho Oeste. Nunca tive botas nem chapéu de caubói. Para que minha nova vida funcionasse, será que eu precisaria me reinventar? Será que precisaria criar um Tommy Spaulding 2.0? Será que eu precisaria ir para as Montanhas Rochosas, aprender a pescar, escalar montanhas e caçar alces?

Agora, experimentar novos hobbies e experiências é uma excelente maneira de expandir sua rede social. Descobrir nosso interesse em alguma coisa que nem sabíamos que existia pode nos abrir para um círculo totalmente novo de amigos, tanto na vida pessoal quanto na profissional.

No entanto, é importante lembrar quem você é e nunca tentar fingir interesse nas coisas na tentativa de conhecer pessoas que você acha que podem ser úteis para sua carreira. Foi uma lição que aprendi em primeira mão num dos lugares mais improváveis: um curso de formação de caçadores.

Blanton Belk, o fundador da Up with People, me apresentou duas pessoas quando me mudei para Denver, e as duas se tornaram bons amigos. Um deles foi John Gart. A família dele fundou a Gart Brothers Sporting Goods, que se tornaria a segunda maior varejista de produtos esportivos do país. O outro foi Tate McCoy, vice-presidente executivo de uma seguradora.

John e Tate têm mais ou menos a minha idade. Eles também eram independentes, bem-sucedidos, inteligentes e muito talentosos. Apesar de serem de famílias abastadas, deram duro para ganhar a vida. Eram sujeitos incríveis e foram pessoas importantes para mim em todos os sentidos.

Tate adora caçar patos. Ele sugeriu que eu começasse a caçar também. Eu poderia acompanhá-lo em suas incursões com os amigos e conhecer outros líderes influentes na região de Denver. Muitos líderes políticos e dos negócios em Colorado adoram caçar e praticar a pesca com mosca – uma das maiores atrações de Denver – e muitas vezes passam o tempo livre juntos nos fins de semana em remotas cabanas nas montanhas ou em um clube de caça, pescando e caçando durante o dia e conversando à noite, aquecidos por uma boa fogueira ou lareira. É uma excelente oportunidade para conhecer pessoas além das conversas envolvendo notícias, esportes e clima.

Então decidi que aprenderia a caçar, e para isso teria que tirar uma licença de caça. Para obter uma licença de caça no Colorado, é preciso fazer um curso de um dia de formação de caçadores. Minha única experiência com uma arma de fogo foi na adolescência, para tirar a medalha de tiro no escotismo. Nunca tinha atirado em um alvo vivo antes. No fim daquele curso, soube que não tinha interesse em atirar em animais. Simplesmente não fazia parte da minha natureza.

Então concluí o curso e tirei o certificado, mas nunca fui caçar. Apesar de ter sido convidado várias vezes, sempre recusava educadamente – simplesmente não era a minha praia. E, se tentasse fingir para conhecer alguns dos mandachuvas que eu desesperadamente queria conhecer, estou convencido de que não teria dado certo; eles teriam enxergado a falsidade em um piscar de olhos.

O que eu quero dizer com isso? Você precisa ser você mesmo. Essa é a regra número 1. Descobri que uma das minhas paixões era correr. Então, por que não usar isso para conhecer pessoas? Quando fiquei sabendo que John Gart gostava desse esporte, sugeri corrermos juntos. Foi o que fizemos. Acabamos treinando juntos para meias maratonas. Nossas corridas matinais no Washington Park ou ao longo do High Line Canal foram uma excelente maneira de passar um tempo juntos. Nem posso dizer quantas conversas incríveis tivemos sobre nós e sobre a vida.

Rapidamente descobri que, para conhecer pessoas, eu tinha que começar me esforçando para ser eu mesmo. Nunca tive medo de tentar coisas novas – é uma das grandes aventuras da vida. Mas eu precisava continuar sendo eu mesmo.

Nossos interesses e paixões naturais podem nos levar a todo tipo de oportunidade de conhecer gente nova. Você gosta de caminhar, de jogar golfe ou tênis? Gosta de ópera, de teatro? Você pode entrar em clubes de leitura, de xadrez, clubes gastronômicos e de jardinagem. Ou por que não ajudar a comunidade? Acredito que o envolvimento comunitário deve ter um lugar na nossa vida.

Se você tiver interesses especiais ou hobbies, pode conhecer pessoas com os mesmos interesses. E esses interesses, essas paixões, são excelentes pontos de partida para conhecer pessoas. Também ouça o que os outros lhe dizem sobre o que gostam de fazer. Se lhe interessar, não tenha vergonha de expressar isso e procurar coisas para vocês fazerem juntos. Faça uma pequena pesquisa na Internet sobre as atividades de sua região. Não fique parado.

Por outro lado, só porque a pessoa que você quer conhecer adora música sertaneja e você não, isso não significa que não possam desenvolver um relacionamento. Procure outros interesses que vocês possam ter em comum. Apesar de eu nunca ter ido caçar com Tate McCoy, ele é um dos meus melhores amigos. Tate e eu adoramos ir a eventos esportivos juntos. Ele atuou como presidente do conselho do Leader's Challenge, a organização sem fins lucrativos que fundei. O apelido do meu filho é Tate. Então procure coisas que vocês têm em comum – não se atenha às diferenças.

> **REVOLUCIONANDO OS RELACIONAMENTOS**
> Nunca tente fingir um interesse nas coisas só para tentar se aproximar de alguém. Desenvolva sua rede de relacionamentos ao redor de paixões em comum. Se os seus relacionamentos forem construídos com base em coisas que você não aprecia de verdade, eles provavelmente não durarão muito.

Capítulo 7
Faça a lição de casa

Nos negócios, toda empreitada de sucesso, de um projeto isolado a um departamento de uma megacorporação lançando uma empresa totalmente nova, envolve planejamento. Você não quer lançar um projeto criativo ou de marketing sem planejá-lo primeiro. Uma empresa não lançaria uma nova linha de produtos sem levar em consideração todas as possibilidades e mapear o cenário. Você jamais criaria uma nova estratégia de negócios sem ponderar os prós e contras e solucionar os detalhes.

O mesmo se aplica a conhecer novas pessoas para expandir sua rede de contatos. A maioria de nós conhece novas pessoas e constrói relacionamentos significativos por acaso – é simplesmente um produto secundário das nossas interações diárias com os colegas, clientes, vendedores e fornecedores. É a Lei dos Relacionamentos Aleatórios em ação. Para fazer amizade por meio desses contatos casuais, tudo o que precisamos fazer é cultivar uma atitude de abertura em relação ao inesperado, abordando cada pessoa que encontramos cientes do potencial oculto de desenvolver um relacionamento.

Mas não deveríamos deixar todos os relacionamentos ao acaso. Se soubermos de determinadas pessoas ou grupos que queremos encontrar, entrar em contato e conhecer, precisamos ser proativos; precisamos planejar abordagens específicas para ajudá-los a entrar em nosso mundo. Para que esperar que a montanha venha até nós quando podemos ir até a montanha? Como disse o filósofo romano Sêneca: "A sorte é o que acontece quando a preparação encontra a oportunidade". Isso não é ser manipulador – é ser decidido.

Em outras palavras, para conhecer o tipo de pessoa com o qual gostaria de fazer amizade, ou se associar, você deve fazer a lição de casa. Meu histórico acadêmico esteve longe de ser brilhante, mas pelo menos a dislexia me impeliu a desenvolver uma sólida ética de trabalho. Como eu não lia nem escrevia tão bem, investi muito tempo identificando e memorizando detalhes, palavras e discursos importantes. Eu me preparava mais para qualquer coisa porque isso era necessário se eu quisesse ter sucesso. E usei a mesma abordagem para criar os relacionamentos que queria para a minha vida.

Sempre que inicio um novo projeto, me envolvo em uma nova atividade ou me preparo para lançar uma nova iniciativa, uma das primeiras coisas que faço é elaborar listas de pessoas que acho que devo conhecer. Não me limito a me concentrar nas pessoas que podem me "ajudar": incluo também aquelas a quem posso ajudar. Acredito que uma das chaves para desenvolver relacionamentos fortes é pensar no que podemos fazer para ajudar um ao outro. Tento imaginar como seria o sucesso para nós dois.

Como sei quais pessoas procurar? Pergunto aos membros de minha equipe, convido colegas da mesma área ou setor para almoçar e pergunto quem eles acham que eu deveria conhecer. Peço às pessoas que me ajudem a identificar quem pode me ajudar e a quem eu posso ajudar. Em troca, sugiro pessoas que acredito que deveriam conhecer. Outra maneira de descobrir quem você deve pensar em conhecer é ler publicações ou periódicos do setor. Visite *web-sites* e blogs relevantes. Entre em contato com organizações do setor. Preste atenção ao mundo ao seu redor.

Quando eu estava fundando a Leader's Challenge, precisava desenvolver relacionamentos com pessoas-chave na comunidade que estivessem em posição de levar adiante a visão que eu tinha para a organização. Isso incluía entrar em contato com doadores. Mas havia milhares de pessoas em Denver abastadas o suficiente para doar dinheiro à minha causa. Eu precisava ser mais focado em minha abordagem. Então identifiquei as pessoas apaixonadas pela missão do Leader's Challenge. Em outras palavras, pessoas que valorizavam a educação, a liderança, o investimento na juventude, o serviço comunitário e a aproximação de diferentes culturas.

Eu precisava desenvolver um círculo de conselheiros-chave – pessoas que pudessem me dizer o que eu ainda não sabia sobre abrir e operar uma organização sem fins lucrativos ou que pudessem me ajudar a estruturar a organização para ela servir com mais eficácia a estudantes do ensino médio. Como a meta da organização era criar um programa local de liderança para alunos do segundo grau, eu sabia que também precisaria desenvolver relacionamentos fortes com pais, professores, diretores de escola e superintendentes da região de Denver.

Então comecei a fazer listas. Comecei pesquisando as cem maiores empresas e as cem maiores organizações sem fins lucrativos de Colorado. É possível encontrar esse tipo de informação na Internet e perguntando às pessoas que moram e trabalham na região ou comunidade há mais tempo que você. A maioria das cidades de qualquer tamanho tem uma publicação de negócios que coleta e relata esse tipo de dado.

As informações que coletei sobre as declarações de missão dessas organizações e as pessoas que as lideravam tiveram um valor inestimável. Em primeiro lugar, elas me levaram a começar outra lista – "as 50 pessoas mais influentes de Denver". Fiz questão de saber o máximo que podia sobre as pessoas dessa lista e de encontrar maneiras de conhecer cada uma delas pessoalmente. Por quê? Porque essas eram as pessoas que tinham os recursos e os contatos para me ajudar a lançar uma ONG. Todas eram doadoras em potencial, é claro, mas também eram as pessoas cujas opiniões e decisões ajudavam a influenciar as opiniões e decisões de todas as outras no governo local e na comunidade. Eles eram influentes e tendiam a conhecer muitas outras pessoas que poderiam me apresentar.

Imprimi a lista e a mantive comigo. Sempre que descobria que algum conhecido meu conhecia alguém da lista, eu pedia a ajuda dele para me apresentar. E, quando eu passava a conhecer alguma dessas pessoas, pedia sua ajuda para me apresentar a uma ou duas outras. Na maioria das vezes, a pessoa fazia um telefonema por mim para incentivar a próxima pessoa a falar comigo. Em outras ocasiões, ela me autorizava a usar seu nome para entrar em contato com alguém que eu não conhecia – "Fulana me sugeriu que eu falasse com você sobre um programa que estou criando". Cada relacionamento se transformava em elo para conhecer outras pessoas e criar novos relacionamentos.

É claro que minha abordagem é diferente se estou levando a bandeira de uma ONG ou se estou em um empreendimento de negócios para uma empresa com fins lucrativos. Posso pedir mais ajuda com uma ONG, porque a "causa" não sou eu – é ajudar os outros. Então, apesar de ser importante fazer listas, você deve saber quando usá-las e quando não usá-las. Se estiver vendendo um produto ou serviço, tome muito cuidado para não abusar de seu relacionamento com uma pessoa na tentativa de conhecer outra (falarei mais sobre isso no Capítulo 12).

Além de pesquisar empresas, organizações e líderes comunitários influentes, fiz uma lista dos principais eventos beneficentes do estado. Participar desses eventos me dá a chance de conhecer mais pessoas de minhas listas. Procure eventos em sua área de atuação. Você pode encontrar muitas dessas informações *on-line*, bem como em publicações da área e conversando com as pessoas.

Fazer a lição de casa não apenas me ajudou a identificar as pessoas que eu mais precisava conhecer como me ajudou a consolidar os relacionamentos que eu esperava desenvolver. Quando eu identificava uma pessoa que pudesse compartilhar meus interesses e valores, tentava saber o máximo possível sobre ela: sua empresa, as realizações profissionais, os conselhos de administração nos quais atuava, seus hobbies, seus familiares e amigos, a faculdade que ela cursou, sua Igreja e o que ela disse quando deu uma palestra recentemente para uma organização cívica local. Eu procurava saber tudo para ajudar a consolidar um relacionamento com ela.

Mas isso não é manipulação? Por quê? Se sei que estou interessado em incluir a pessoa em meu círculo de amigos ou contatos profissionais, por que não saber o máximo possível sobre ela para descobrir o que temos em comum? Se seu propósito for respeitável – você não quer prejudicar ou usar o outro –, por que não passar algum tempo procurando maneiras de se conectar em vez de tatear às cegas quando sua abordagem inicial pode ser efêmera? Quero a chance de mostrar ao outro como nossos interesses se alinham. Como ele pode decidir se eu sou ou não uma pessoa com a qual ele poderia ter interesse em investir tempo se não tiver a chance de saber quem eu sou?

Essa lição de casa também me ajuda a encontrar maneiras de conhecer outras pessoas. Se sei que quero conhecer a presidente do Conselho Escolar de Denver e sei que ela atua em outro conselho de administração com alguém que eu conheço, posso pedir a meu amigo para nos apresentar e dizer alguma coisa a meu favor. Assim que sou apresentado, é claro, cabe a mim tentar construir um relacionamento. Mas saber alguma coisa sobre a pessoa normalmente me ajuda a iniciar uma conversa. Depois das trivialidades iniciais, consigo passar rapidamente a tópicos de interesse mútuo. Em outras palavras, isso me permite acelerar o processo de criar um relacionamento e possivelmente ajudar nós dois a descobrir interesses mútuos e maneiras de ajudarmos um ao outro.

Jared Polis, por exemplo, estava em minha lista inicial de pessoas que eu queria conhecer na região de Denver para falar sobre o Leader's Challenge. Aos 19 anos, estudante em Princeton, Jared ajudou a fundar uma empresa na Internet, a American Information Systems. Depois ele ajudou a transformar a empresa de cartões comemorativos dos pais, a Blue

Mountain Arts, sediada em Boulder, em uma sensação *on-line* multimilionária ao cofundar a bluemountainarts.com. Depois disso ele fundou, desenvolveu e vendeu a ProFlowers.com.

Quando conheci Jared, no início de 2001, ele só tinha 25 anos, mas já havia sido nomeado Empreendedor do Ano pela Ernst and Young e estava na lista da revista *Success* dos dez jovens empreendedores mais bem-sucedidos do país.

O sucesso de Jared fazia dele um doador potencial, é claro, mas não é por isso que eu queria conhecê-lo. Ele entrou em meu radar porque tinha acabado de ser nomeado para o conselho de educação do estado e porque sua fundação privada incluía "oportunidades educacionais" como uma de suas iniciativas estratégicas. Em outras palavras, Jared queria ajudar estudantes a ter uma educação melhor.

Percorri minha lista de contatos até encontrar alguém que conhecesse bem e que também conhecesse Jared. Em vez de usar o nome de meu amigo para me apresentar, pedi que meu amigo telefonasse a Jared e lhe recomendasse um encontro comigo. Então liguei para a assistente de Jared e ela marcou um almoço para nós no Strings, um maravilhoso restaurante de Denver cujo proprietário concordara em me dar refeições de cortesia quando eu estivesse lá a negócios pela Leader's Challenge.

Apesar de ter feito a lição de casa e identificado Jared como alguém que eu precisava conhecer, pesquisei ainda mais sobre ele e seus interesses antes daquele almoço. Em consequência, quando nos reunimos naquela primeira vez, não comecei com perguntas genéricas para coletar informações como "Então, Jared, conte-me mais sobre você". Não começamos com o NEC. Em vez disso, fiz perguntas embasadas sobre como foi ser criado por um pai artista e uma mãe poeta e sobre como era a vida em Princeton. Eu lhe perguntei que desafios encontrou ao abrir a própria empresa e sobre suas ideias para reformar a educação. Em outras palavras, mostrei que tinha interesse suficiente nele para pesquisar antes do nosso encontro, o que permitiu que a conversa avançasse mais rapidamente.

Éramos politicamente muito diferentes em muitos aspectos, mas eu sabia que também tínhamos interesses parecidos, especialmente no que se tratava de melhorar a educação. Nosso primeiro almoço levou a outro. Seis meses depois ele me convidou para acompanhá-lo a Washington a fim de conhecer alguns de seus amigos políticos. Ele me incentivou a mudar de partido e me candidatar. (Jared é hoje um congressista pelo Partido Democrata.)

Acontece que nossa viagem para Washington estava agendada para 11 de setembro de 2001. Ele pegou um voo noturno de Denver, desembarcando no aeroporto Dulles, em Washington, às 8 da manhã, apenas uma hora antes dos ataques terroristas. A reunião que tínhamos marcado foi abruptamente cancelada. À medida que a notícia do ataque se espalhava, aeroportos, estações de trem e rodoviárias eram fechados e não havia carros disponíveis para alugar. Estávamos presos, sem ter como voltar para casa. Então pegamos um táxi até uma concessionária da Ford, onde Jared comprou um carro para voltarmos dirigindo a Colorado. (Viajar com um multimilionário tem suas mordomias.)

Dirigir pelo país juntos após uma tragédia marcante como aquela nos deu muito tempo para conversar e aprofundar nosso relacionamento. Falamos sobre ideias, contamos histórias e conversamos sobre as experiências que influenciaram nossa vida. Encorajamos um ao outro.

Encontramos cada vez mais coisas em comum. Falamos sobre as coisas da vida que eram importantes para cada um de nós. Aquilo nos ajudou a elevar nosso relacionamento além do Segundo e Terceiro andares.

Mas nada daquilo teria acontecido se eu não tivesse feito a lição de casa. Foi manipulador da minha parte? Eu diria que, se você quer verdadeiramente conhecer alguém que acredita ter potencial para se tornar uma pessoa importante em sua vida, por que não iria preparar o terreno antes? Vejo como um elogio se dedicar a saber alguma coisa sobre as pessoas antes de encontrá-las.

Hoje em dia tenho menos lição de casa para fazer antes de entrar em contato com novas pessoas. Mas esse tipo de preparação, esse tipo de lição de casa, nunca realmente termina. Como o Eagle Scout em mim diria, esteja sempre preparado.

Não podemos construir relacionamentos íntimos com todos os que conhecemos. Mas fazer a lição de casa pode nos ajudar a descobrir onde deveríamos investir nosso tempo e energia. Minha tarefa de casa, por exemplo, quase sempre inclui algo que chamo de "Passar os olhos pelo BlackBerry".

Pegue o seu BlackBerry (ou o seu PDA ou outro dispositivo que você use para administrar seus contatos). Passe os olhos pela lista de contatos. Qual é sua reação imediata a cada nome que vê? Essa pessoa costuma dar ou receber? E você? Costuma dar ou receber alguma coisa dela? Em que andar você colocaria cada relacionamento? Você tem muitos relacionamentos do tipo NEC? Quais desses relacionamentos você gostaria de levar ao próximo nível?

Esse exercício pode abrir os seus olhos. Imprima sua lista de contatos; passe uma hora percorrendo-a, marcando cada nome com um D para uma pessoa que tende a "dar" e com um R para uma pessoa que tende a "receber" e um número para representar o andar em que esse relacionamento se encontra. Marque-o com uma seta "para cima" se acha que o relacionamento tem potencial de crescimento ou melhoria. Depois você pode simplesmente passar os olhos pela lista enquanto aguarda um voo ou no tempo que costuma dedicar à reflexão pessoal.

A questão não é classificar ou julgar as pessoas, mas avaliar com honestidade seus relacionamentos com elas. É uma janela para ver sua vida. Quando pratico esse exercício, aprendo muito mais sobre mim mesmo e as coisas que preciso melhorar do que sobre as pessoas da lista. Mas também acabo com um foco mais claro sobre os relacionamentos que têm o maior potencial de crescimento mútuo.

Revolucionando os relacionamentos

Você pode e deve ser intencional e estratégico ao desenvolver relacionamentos, e isso começa com uma pesquisa para ajudá-lo a decidir onde concentrar seu tempo e energia. Pesquisar proativamente relacionamentos potenciais o ajuda a identificar as pessoas que você mais precisa conhecer, encontrar um jeito de conhecer essas pessoas e iniciar os relacionamentos de maneira positiva.

Capítulo 8
Quebrando o gelo... e agitando as coisas

Bob Barbour e eu nos conhecemos em Greenville, Carolina do Norte, enquanto assistíamos a um jogo de futebol americano universitário.

Garry Dudley, meu melhor amigo da faculdade, me convidou para ir a um jogo da East Carolina University com uma turma de amigos. Bob e sua família estavam no grupo que se encontrou com Garry para um lanche antes do jogo, no estacionamento do Estádio Dowdy-Ficklen.

Bob é um líder humilde que abriu oito concessionárias de automóveis bem-sucedidas por todo o leste da Carolina do Norte. Não é o tipo de homem que imediatamente revela detalhes de sua vida, mas eu sabia que queria conhecê-lo melhor. Eu queria ver se poderíamos construir um relacionamento mais duradouro que aquela partida de futebol americano.

Como eu soube disso? Para início de conversa, Bob estava em uma das minhas listas. Na época, eu era um "líder residente" para a East Carolina University. É um título elegante para um consultor contratado para ajudar a lançar uma iniciativa de liderança em toda a universidade. Naquele ano, passei uma semana por mês no campus, por isso estava na cidade. Uma de minhas funções era conhecer o maior número possível de líderes no campus e na comunidade. Bob sem dúvida era um daqueles líderes – um empresário de sucesso com uma reputação de integridade e dedicação ao próximo.

Não o abordei com um interesse específico; ele só parecia um sujeito que o líder residente da ECU deveria conhecer. Mas eu acreditava que ele poderia ajudar a ECU e a ECU poderia ajudá-lo. A única maneira de descobrir seria conhecê-lo melhor. Eu não sabia que ele era um dos amigos que Garry tinha convidado para lanchar no estacionamento naquele sábado. Mas fiquei empolgado quando ele nos apresentou. Era a oportunidade perfeita para criar um vínculo com ele.

Mas como se faz isso?, você pode perguntar. Para muitas pessoas, é claro, esse é o grande e sólido muro despido de qualquer porta ou janela aparente. Como diz um amigo, "O que se diz para quebrar o gelo com alguém que você gostaria de conhecer?"

A resposta é simples, talvez um pouco inesperada: notícias, esportes, clima.

Você pode achar que não vejo valor algum nos relacionamentos do tipo NEC. Eles são superficiais. São restritos ao Primeiro ou Segundo andares dos relacionamentos. Queremos elevar a maioria dos nossos relacionamentos acima disso, certo? Verdade. Mas as conversas NEC têm seu valor justamente por pertencerem ao Primeiro e Segundo andares. Afinal, é aí que a maioria dos relacionamentos começa!

As trivialidades – a essência dos relacionamentos NEC – constituem uma importante liga emocional para unir as pessoas e criar laços. É como se alongar antes de uma sessão de exercícios. Se você não alongar, pode distender um músculo. Mas, se se limitar a se alongar durante 30 minutos, nunca vai se exercitar. Mais cedo ou mais tarde você precisará fazer seu coração bater mais rápido.

Os relacionamentos são diferentes. Alguns requerem mais alongamento que os outros. Algumas pessoas conseguem passar rapidamente para conversas mais profundas. Outras preferem avançar mais lentamente. O modo como inicio uma conversa com alguém depende em grande parte do que sei sobre a pessoa e a vibração que sinto nela, o que me sugere com que rapidez a pessoa quer avançar.

Quando encontro alguém pela primeira vez, me apresento e digo honestamente que é uma honra conhecê-lo. Depois, sempre tento começar com elogios. Que belo dia... Você mora numa cidade maravilhosa... Conheci seu filho. Você deve estar orgulhoso do homem que ele se tornou... Seus sapatos são lindos. Minha esposa tem um par igualzinho...

Para saber o que elogiar, é claro, presto atenção aos detalhes de nossa interação. Minha esperança é que elogios como esses levem a perguntas naturais que eu gostaria de fazer à pessoa que estou conhecendo. Você passa muito tempo em atividades a céu aberto? O que gosta de fazer na cidade? Como seu filho soube que queria estudar biologia? Qual é sua loja de calçados preferida na região?

As perguntas – e os elogios – que faço refletem um pouco de mim, ao mesmo tempo que demonstram meu interesse no outro e em seu mundo.

Aprendi ao longo do caminho que o que eu não pergunto pode ser tão importante quanto o que eu pergunto. Na Austrália, descobri que as pessoas quase nunca falam sobre o trabalho ou sua vida profissional. Dois homens podem se sentar em um bar bebendo durante horas sem nunca saber que um é o CEO de uma enorme corporação e o outro trabalha na construção civil. Nos Estados Unidos, as pessoas de sucesso muitas vezes são definidas pelos empregos ou por "algo" que fizeram – o cantor daquela música, o pastor daquela igreja, o juiz principal daquele jogo da World Series, o gerente daquele departamento, o cirurgião daquela especialidade médica. Essas coisas são reais e importantes, mas a maioria das pessoas gosta de falar sobre "outra coisa" – coisas que nem todo mundo pergunta a elas. Quando encontro alguém pela primeira vez, em geral evito intencionalmente aquilo que imagino que as pessoas mais perguntam à pessoa e, em vez disso, pergunto sobre quem elas são.

Eu havia feito a lição de casa; Bob era um dos maiores líderes de negócios de Greenville. Mas havíamos acabado de nos conhecer. Ele estava lá com a família e os amigos, se divertindo e pensando no jogo de futebol americano que começaria em breve. Não me conhecia. Se eu começasse a fazer perguntas sobre seu sucesso nos negócios, desconfio que ele teria fugido correndo! Eu sei que eu teria.

Então deixei meu relacionamento começar com um pouco de alongamento – a conversa do tipo NEC – enquanto comíamos esperando o início daquele jogo de futebol americano universitário. Sinceramente, não me lembro muito do que disse a ele. Mas me lembro de ter pensado que queria uma chance de saber mais sobre aquele homem.

Algumas vezes um segundo encontro ocorre semanas ou meses depois do primeiro e pode requerer um considerável acompanhamento intencional, como veremos no Capítulo 14. Na ocasião, decidi que ligaria para ele ou lhe enviaria uma carta e tentaria marcar um almoço no mês seguinte, quando eu voltasse à cidade. Acontece, contudo, que surgiu uma oportunidade naquela mesma noite.

Quando o jogo terminou, Bob convidou a todos para jantar em sua casa.

Bob tem uma bela casa e uma família generosa e simpática. Eles me deixaram extremamente à vontade desde o momento em que entrei na casa. Ficamos conversando sobre política e sobre as pessoas da comunidade enquanto Bob preparava hambúrgueres e os levava da churrasqueira à varanda. Parecia o momento perfeito para conhecê-lo melhor. Então, enquanto os outros conversavam, escapei para conversar com o anfitrião na churrasqueira.

"Garry me falou muito sobre você", eu disse. "Ele me contou que você fez muito pela comunidade."

Era o tipo de quebra-gelo que homenageia duas pessoas, tanto meu amigo Garry quanto Bob. Mas eu não teria dito aquilo se não fosse verdade.

Bob reagiu como esperado. Ele era amigável, porém humilde. Apesar de eu achar que ele apreciou o elogio, Bob permaneceu modesto e despretensioso. Mas a frase de abertura preparou o terreno para uma pergunta que quase sempre faz com que as pessoas comecem a falar sobre si mesmas.

"Tudo bem se eu fizer uma pergunta pessoal?"

Se eu tivesse perguntado aquilo no estacionamento do estádio, desconfio que Bob teria me dado um olhar enviesado e dito: "Bem, acho que não". Mas, várias horas mais tarde, no conforto descontraído de seu lar, a pergunta era muito mais apropriada. Ele ainda não tinha como saber que tipo de pergunta "pessoal" eu planejava fazer, mas àquela altura confiava o suficiente em mim para querer descobrir.

Eu poderia ter queimado meu filme naquele momento. Ele concordou em me deixar fazer a pergunta, mas, como qualquer pessoa, ouviu atentamente antes de responder.

Minhas primeiras perguntas "pessoais" a alguém normalmente não são tão pessoais. Apenas quero conduzir a conversa aos poucos para o lado pessoal. Nesse caso, tudo o que fiquei sabendo sobre Bob por meio de Garry e de minhas pesquisas me levava a acreditar que Bob não nasceu em berço de ouro. Era um homem que venceu pelos próprios esforços. Então perguntei como ele acabou em Greenville e entrou no negócio de carros. Não era uma pergunta pessoal invasiva, mas o convidava a ir um passo além dos negócios; lhe dava uma oportunidade de contar algo sobre si mesmo, se ele estivesse aberto a isso. Mas deixava o próximo passo nas suas mãos.

Ele me contou um pouco de sua história. Perguntei se o pai dele trabalhava com carros. Não, ele disse, ele tinha 12 anos quando o pai morreu. Era o mais novo de três filhos, e a família tinha muito pouco dinheiro.

"Deve ter sido difícil", eu disse. "Como foi crescer sem o pai?"

Mais tarde falamos sobre a morte do filho dele, Robbie, em um acidente de carro aos 17 anos. Bob contou como foi difícil lidar com a perda.

Dá para ver aonde isso estava indo. Eu não estava pressionando, e estávamos estabelecendo uma relação de confiança. Eu não estava me concentrando nas coisas que ele tinha – a bela casa, as concessionárias de carros, o belo barco. Eu estava interessado nele, na pessoa. E ele estava me convidando a descascar as camadas de sua vida.

O que expressei foi um autêntico desejo de saber um pouco mais sobre ele. Tenho um parente que tende a mergulhar em perguntas pessoais profundas antes de conhecer alguém, sem qualquer noção do que é apropriado perguntar. E já vi mais de uma pessoa se esquivar emocionalmente dele. Elas simplesmente não estavam prontas para se disponibilizar tão emocionalmente.

Acho que Bob sentiu que eu estava verdadeiramente interessado nele em parte porque fui aberto e vulnerável em relação a minha vida e meus altos e baixos. Ouvi com atenção quando ele me contou sobre ele. Fiquei na casa de Bob até muito depois da meia-noite, descobrindo que ele começou a cortar grama para ganhar dinheiro depois que o pai morreu e que largou a escola aos 16 anos para ajudar a alimentar a família. Ele trabalhava das 7 da manhã às 9 da noite, de segunda a sábado, em um mercado para se sustentar. Todo sábado à noite o sr. Spence, o proprietário, lhe entregava um envelope com o pagamento – 33 dólares e 10 centavos em dinheiro.

Imagine o orgulho que ele sentiu anos mais tarde quando comprou a primeira concessionária, entrou com a mãe na loja e disse, grato por tudo o que ela fez por ele: "Escolha o que você quiser".

Bob tem dificuldade para ler e escrever; como eu, ele tem dislexia. Mesmo assim, tornou-se um dos revendedores de carros de maior sucesso da Carolina do Norte. Como você pode ver, a trajetória dele até aquele ponto é muito mais interessante do que aonde ele chegou. As pessoas hoje muitas vezes o veem pelo que ele tem e não por quem ele é. Elas estão perdendo o melhor de Bob Barbour.

Voltei a Greenville várias vezes ao longo dos oito meses seguintes, e sempre me encontrei com Bob. Em minha última visita como parte de meu contrato com a ECU, Bob me convidou para tomar café da manhã. Ele me disse: "Tommy, poucas pessoas me conhecem como você. Nunca me abri a um amigo tanto quanto me abri com você".

Não precisávamos mais nos esforçar – chega de notícias, esportes e clima; éramos amigos. Eu sabia que nosso relacionamento duraria mais do que uma vida inteira de jogos de futebol americano.

> **REVOLUCIONANDO OS RELACIONAMENTOS**
> Antes de mergulhar rápido demais em perguntas pessoais potencialmente delicadas, desenvolva uma ligação. Faça um pouco de "alongamento de relacionamento". Conheça a pessoa fazendo perguntas simples, não invasivas. Explore pacientemente o terreno mais profundo junto com ela.

Capítulo 9
No verso do cartão de visita

Eu não tinha cartão de visita aos 12 anos, mas, se tivesse, ele teria dito: TOMMY SPAULDING, CRIANÇA. Isso lhe diz alguma coisa sobre quem eu fui. Mas não lhe diz o suficiente para saber se você gostaria de me conhecer melhor. Que tipo de "criança" eu era? Do que eu gostava? Quais eram meus hobbies? O que eu sonhava em fazer da vida? Sinceramente, os cartões de visita que tive na idade adulta não proporcionaram muito mais informações para ajudá-lo a se decidir por me conhecer melhor ou não:

Gerente de vendas da IBM Lotus
Diretor de Afiliados Corporativos da Up with People
Fundador e Presidente da Leader's Challenge
CEO e Presidente da Up with People
Fundador e Presidente da The National Leadership Academy
Presidente da Spaulding Companies LLC

Dezenas de milhares de relacionamentos começam todos os anos com uma pessoa entregando um cartão de visita a outra. O que elas estão trocando? Nomes. Cargos. Organizações. Informações de contato. Não pode ser mais básico do que isso.

Nas culturas ocidentais, os cartões são a moeda do *networking* nos negócios. Mas eles atendem a um propósito limitado. Eles lhe dão dados para alimentar seu arquivo de contatos. Você enfia o cartão no bolso, carteira ou bolsa, com a intenção de encontrá-lo mais tarde para adicionar as informações à sua coleção computadorizada de nomes, números e endereços de *e-mail*. Ou, o mais provável, você começa com essa intenção, mas acaba jogando o cartão fora ou largando-o no fundo da gaveta, depois de já ter esquecido o rosto da pessoa e suas características distintivas.

Nas culturas orientais, um cartão de visita normalmente tem mais importância. No Japão, por exemplo, onde é chamado de *meishi*, ele é mais do que a moeda do *networking* – é o rosto da pessoa. Existe um ritual para trocar cartões. Ao dar ou receber um *meishi*, você segura o cartão com as duas mãos, nunca permitindo que seus dedos cubram o nome ou as informações de contato. Depois da troca, as duas partes se curvam em uma reverência. Mas, se o outro é considerado mais importante do que você, você se curva mais. Depois de pegar o cartão, você o analisa. Quanto mais tempo olha para ele, mais respeito demonstra à outra pessoa. Você não o enfia na carteira ou no bolso na frente da pessoa. Se estiver em uma reunião, você o coloca na mesa diante de você até o fim do encontro. Se estiver em um evento, você o segura até a pessoa se distanciar. E nunca se escreve em um cartão. Seria como escrever no rosto da pessoa.

No fim das contas, é claro, tanto a abordagem indiferente dos americanos (e europeus) como os elaborados rituais dos orientais o deixam exatamente com a mesma coisa: informações básicas.

Se você quiser desenvolver um relacionamento autêntico, precisa de muito, muito mais.

Veja o verso de um cartão de visita típico – tanto no Ocidente quanto no Oriente – e eis o que encontrará: nada.

No entanto, gosto de pensar no verso do cartão de visita como a parte mais importante. Ele representa tudo de valor que você sabe sobre a pessoa (nada) e, portanto, o quanto você ainda precisa saber (tudo). Quando conheço alguém, imediatamente começo a trabalhar para preencher o verso metafórico do cartão de visita – independentemente de a pessoa ter um cartão ou não – com todas as coisas que realmente importam.

Algumas informações provêm de pesquisa (veja o Capítulo 7), mas a maioria vem da observação e de perguntas.

Você pode aprender muito sobre alguém sem dizer uma única palavra, apenas prestando atenção aos títulos em suas estantes de livros, à mesa da pessoa, o que ela escolheu pendurar na parede ou o que está vestindo. Até os carros contam um pouco da nossa história. Um amigo meu costumava jogar um jogo com os filhos quando os levava para a escola. Eles olhavam para o carro da frente e tentavam imaginar o que pudessem sobre o motorista com base na placa, adesivos, o fabricante, modelo e acessórios e quaisquer outras características visíveis. "Ele é um democrata que gosta de esquiar, teve alguma experiência envolvendo um motorista embriagado ferindo alguém que ele ama e se orgulha das realizações acadêmicas do filho."

Pense em sua casa ou escritório. O quanto alguém poderia saber sobre você simplesmente percorrendo o ambiente por dez minutos e prestando atenção às coisas que visse? Eles saberiam onde você estudou? Quantos filhos você tem e quais são os interesses deles? O que seu ambiente de trabalho diz a seu respeito?

O que não aprendemos fazendo a lição de casa ou pela observação aprendemos perguntando e ouvindo. Quanto mais lição de casa e observação fizer, melhores serão as perguntas que poderá fazer. Em pouco tempo, você terá avançado além do nível da superfície de um relacionamento, entrando no que é realmente importante na vida da pessoa – suas paixões, seus sonhos, seus problemas, suas metas, as pessoas com as quais ela se importa, as coisas que lhe dão alegria e realização.

Quando penso nas pessoas que conheço, raramente penso em seu cartão de visita; penso nas informações no verso do cartão.

O cartão de visita de Mariner Kemper pode me dizer que ele é o presidente do conselho do UMB Bank em Denver, mas o verso de seu cartão me revela sobre sua devoção às artes.

O cartão de visita do guru dos negócios Ken Blanchard pode me dizer que ele é escritor e fundador de uma das melhores empresas de treinamento de gestão, mas o verso dele me diz que é apaixonado por golfe, por ajudar os outros e por estudar as lições de liderança de Jesus.

Noel Cunningham é dono de restaurante e chef renomado; mas uma de suas paixões é criar soluções para acabar com a fome na Etiópia.

Jerry Middel, fundador aposentado de uma empresa de benefícios e seguros corporativos, adora pescar e orientar crianças e jovens.

Chris Mygatt, presidente e COO da Coldwell Banker, no Colorado, pilota aviões.

Uma das paixões de Steve Farber, guru da liderança, consultor e palestrante, é tocar guitarra.

Thomas Spaulding Sr., meu pai, ex-professor de inglês, adora ficar com os filhos e tocar piano.

Meu cartão de visita pode lhe dizer que sou palestrante, consultor de negócios, orientador de desenvolvimento pessoal e empreendedor social. Mas, no verso desse cartão, as pessoas que me conhecem sabem que eu adoro viajar, especialmente com minha mulher; que adoro o trabalho voluntário; que sou um grande fã dos Yankees; que tenho três filhos; que sou disléxico e que minha dificuldade para ler ajudou a me transformar em um aficionado por cinema; que eu adoro os shows da Broadway, concertos, a história dos Estados Unidos e passo horas olhando o mapa-múndi.

Quando você pensa nas pessoas que está conhecendo, pegue uma folha de papel e anote as informações do verso do cartão. É isso que realmente ajuda a desenvolver o relacionamento.

Por exemplo, se você quisesse me mandar um presente de aniversário, pense em como seria mais significativo se escolhesse alguma coisa relacionada ao verso do meu cartão de visita – um mapa histórico de Denver ou uma bola de beisebol autografada por um dos Yankees, por exemplo.

Mesmo que só tenha alguns minutos, faça pelo menos uma pergunta exploratória que possa incluir no verso do cartão de visita da pessoa. Ao se concentrar na pessoa e não em seu cargo, você fica sabendo sobre aquele tipo de coisa que levará a um relacionamento mais profundo e mais significativo.

Revolucionando os relacionamentos

Os novos relacionamentos começam com o básico, mas você os desenvolve concentrando-se nas informações menos óbvias e mais pessoais, que não são encontradas em um cartão de visita. Analise seus relacionamentos. O que você não sabe? Agora, dedique-se ao agradável trabalho de descobrir as esperanças, sonhos e interesses das pessoas que estão em sua vida.

Capítulo 10

Alavancando a filantropia

Comprar um ingresso para um evento beneficente em um salão de festas repleto de gente desconhecida parecia uma ideia perfeitamente boa nas três ou quatro primeiras vezes que tentei. Muitas das experiências de minha vida, especialmente meu trabalho com a Up with People, alimentaram meu desejo de trabalhar como voluntário para organizações sem fins lucrativos. Quando decidi me enraizar em Denver, vi o trabalho voluntário e a participação em eventos beneficentes como uma estratégia de formação de relacionamentos. Com isso pude me envolver na comunidade, além de conhecer líderes influentes.

Denver, como a maioria das cidades, tem uma forte cultura filantrópica. O movimento da United Way começou há mais de 120 anos. Hoje existem mais de 20 mil entidades beneficentes públicas e fundações privadas no estado do Colorado. CEOs e outros executivos seniores normalmente atuam em vários conselhos de administração; eventos beneficentes atraem líderes dos negócios, de ONGs, da política e do entretenimento.

Eventos de *networking* tradicionais são altamente transacionais – você faz isso para mim e eu faço aquilo para você. Todos têm algo a vender; todos estão em busca de algo. As pessoas distribuem cartões de visita como o *dealer* de um jogo de 21 distribui as cartas. Mas construir relacionamentos autênticos requer um vislumbre no coração das pessoas. Quem se envolve em iniciativas filantrópicas normalmente o faz porque considera essas ações preciosas. Eu via o trabalho voluntário e a participação em eventos de caridade como maneiras inteligentes de me envolver na comunidade, ao mesmo tempo em que estabelecia relacionamentos que tinham o objetivo comum de ajudar o próximo.

O trabalho voluntário se comprovou uma excelente maneira de conhecer colegas. Eu procurava organizações que se adequassem às minhas paixões, dava um telefonema e nunca tentava ocultar minhas intenções. "Sou novo na cidade", eu dizia ao coordenador voluntário. "Você tem alguma oportunidade de trabalho que me permita ajudar e ao mesmo tempo conhecer pessoas da minha idade?" Não me lembro de nenhum grupo que tenha me negado uma chance, e logo me vi trabalhando lado a lado com colegas na distribuição de alimentos, em albergues de sem-teto e em projetos de construção da Habitat for Humanity. É fácil conversar com as pessoas e conhecê-las ao trabalhar em uma causa comum.

Alguns dos líderes mais influentes da cidade trabalhavam como voluntários em projetos como esses, e conheci alguns deles assim. Mas eu sabia que o melhor lugar para conhecer as pessoas que precisava conhecer eram os eventos beneficentes.

O problema era que a maioria das pessoas vai a esses eventos com amigos, o parceiro ou parceira ou colegas de trabalho. Eles já estão conectados. Se você for sozinho, acaba em uma mesa isolada, sentado no fundo da sala. A maioria de nós estava nos degraus inferiores da escada da influência na comunidade.

Eu podia conhecer as pessoas da minha mesa, mas eram em sua maioria relacionamentos aleatórios. Cada uma delas tinha potencial, mas a sala estava cheia de pessoas que eu sabia que precisava conhecer para avançar minhas ambições no terceiro setor.

Era difícil ir além daquela mesa, até para um extrovertido como eu. Sentia um nó se formar no meu estômago ao contemplar a intimidante multidão no salão e me perguntava como poderia entrar naquela comunidade.

Mesmo assim, minha estratégia estava certa. Para conhecer importantes líderes na comunidade, eu precisaria ir aos lugares onde esses líderes se reuniam. Eu não teria acesso aos portões de campos de golfe e country clubs, e é grosseiro interromper alguém durante o almoço ou jantar em um restaurante. Mas, se você tiver um ingresso, pode ir a um evento de caridade.

No entanto, não basta se colocar na mesma sala que as pessoas que você quer conhecer. Elas tendem a socializar com pessoas dos próprios grupos. Eu me vi do lado de fora olhando para dentro. Alavancar meu interesse pela filantropia para lançar novos relacionamentos estratégicos me fez dar de cara com a parede da realidade.

Foi quando Barry Hirschfeld me apresentou a Michael Smith.

Cada comunidade tem seus influentes. A maioria tem dezenas deles; grandes cidades como Denver têm centenas. A chave para conhecer e desenvolver relacionamentos com as pessoas capazes de influenciar seu futuro começa construindo um relacionamento com apenas um deles.

Para mim, essa pessoa foi Michael Smith. Ele me abriu as portas para me alavancar na filantropia. Conheci-o graças a Barry Hirschfeld. Barry tinha uma gráfica fundada mais de cem anos atrás pelo avô. Como proprietário de terceira geração do que se tornara um negócio familiar de enorme sucesso – que já esteve entre as maiores gráficas do oeste dos Estados Unidos –, Barry é influente em Denver.

Barry serviu no conselho de administração internacional da Up with People enquanto fui o diretor de afiliados corporativos. Quando deixou o cargo, ele teve a gentileza de me convidar para assistir a um jogo de futebol americano do Denver Broncos em seu camarote no estádio. Michael Smith também estava lá. A filha de Michael, Tara, uma talentosa cantora do colégio (que mais tarde trabalhou como atriz e hoje é produtora em Nova York), cantou o hino nacional antes do chute inicial. E, enquanto conversávamos sobre como ela cantara bem naquela ocasião, Michael me contou que algumas pessoas da Up with People a orientaram.

Aquele ponto em comum marcou o início do nosso relacionamento e levou a uma reunião na qual Michael concordou em me ajudar a lançar o Leader's Challenge. Ele não apenas me deu uma generosa doação como se tornou um mentor de confiança. Uma das primeiras coisas que fez foi me convidar para um evento beneficente.

Quando Michael e eu nos encontramos para falar sobre o Leader's Challenge, não pedi apenas dinheiro. Expliquei que ainda era novo na comunidade e que apreciaria qualquer ajuda que ele pudesse me dar para conhecer outros líderes.

Em outras palavras, pedi ajuda dele. Fui direto, sincero, depois descobri que era o tipo de pessoa com a qual Michael Smith se identificava.

Por sua vez, Michael se interessou o suficiente por mim e por minha missão para me ajudar a conhecer seu círculo de líderes de alto escalão. Ele reconheceu que a melhor maneira de fazer isso era me convidando para um evento beneficente para o National Jewish Health, um dos principais hospitais do país e uma de suas instituições de caridade preferidas.

Foi quando percebi o que estava faltando em minhas tentativas do conhecer pessoas alavancando a filantropia. Eu precisava de um defensor, alguém que os líderes da comunidade conhecessem e em quem confiassem.

Na primeira meia hora daquele evento, conheci o governador do Colorado, o prefeito de Denver e o sócio-diretor de uma das maiores firmas de advocacia do estado. Conheci mais pessoas naquela noite do que em todos os eventos beneficentes anteriores juntos.

Depois daquilo, em outros eventos, as pessoas se lembravam de mim como amigo de Michael. Passei a ter credibilidade, além de novas oportunidades de estender esses relacionamentos a algo mais. Além disso, no que chamo de Efeito Bola de Neve, cada novo relacionamento levava a contatos, oportunidades e relacionamentos adicionais.

Parei de ir a eventos beneficentes sozinho e comecei a ir como convidado de alguém. Isso me ajudava a conhecer pessoas influentes, mas também me permitia ir a mais eventos do que poderia ir sozinho.

Ao longo dos cinco anos subsequentes – até me casar –, compareci a algum evento beneficente quase cinco noites por semana, algumas vezes chegando a ir a vários deles na mesma noite. Fiz uma lista dos 50 eventos de caridade mais importantes de Denver e me esforçava para comparecer a todos. Eu ia a praticamente todos os eventos beneficentes que podia – o Baile do Children's Hospital, o Café da Manhã dos Boy Scouts, o Jantar da Children's Diabetes Foundation, o Baile do Boys and Girls Club, o Café da Manhã dos Campeões da Cruz Vermelha, o Baile à Fantasia dos Volunteers of America Western...

Algumas vezes eu pagava o ingresso. Em outras eu só ia à recepção (onde normalmente não pediam para ver o ingresso). Mas, com mais frequência, eu comparecia como convidado de alguém que conhecera em um evento anterior.

Eu não tinha muito dinheiro naquela época. No início, eu era presidente de uma organização sem fins lucrativos ainda sem verba, e havia usado todas as minhas economias. Eu não recebia muitas doações no começo, porque o Leader's Challenge ainda não tinha obtido o direito de oferecer isenção de impostos. Subloquei meu apartamento, deixei de usar o carro, porque não havia como pagar o seguro, e dormia em uma cama portátil em uma sala acima do meu escritório (até ser despejado do escritório). As coisas acabaram melhorando financeiramente, mas os dois primeiros anos foram apertados – e empolgantes.

Quando eu apresentava a minha visão do Leader's Challenge a doadores potenciais, muitos queriam assumir uma abordagem do tipo "esperar pra ver" antes de preencher o cheque. Então eu lhes dizia que eles podiam ajudar de outras maneiras – por exemplo, me levando como convidado a um evento beneficente.

Eventos de caridade normalmente vendem montes de ingressos a grandes patrocinadores, e essas organizações muitas vezes têm dificuldade para preencher as vagas. Eles compram uma mesa para dez, mas podem ter só oito pessoas que podem ir. Então, me dar um ingresso ao mesmo tempo me ajudava e os ajudava e preencher os lugares de sua mesa.

Cada evento me ajudava a fortalecer ou confirmar relacionamentos com pessoas que eu conhecera anteriormente, ao mesmo tempo que levava a novos relacionamentos e oportunidades.

Independentemente de quem eu conhecia, sempre tentava ser eu mesmo. Nunca fiquei deslumbrado por alguma pessoa influente, abastada ou famosa que me era apresentada, e nunca tentei ser alguém que não era. Eu tentava concentrar a conversa em nossas paixões em comum. E nunca pedia nada para as pessoas que conhecia. Nunca. Minha meta era conhecê-las, não vender alguma coisa.

Isso é particularmente importante se você trabalha em um ambiente que visa o lucro. Minha vantagem de trabalhar para uma ONG era que minhas intenções orbitavam ao redor de uma boa causa. Por natureza, meus esforços não objetivavam a autopromoção. A meta dessa estratégia é conhecer pessoas e iniciar relacionamentos, não fechar um negócio. Se você criar um relacionamento autêntico, os negócios serão uma consequência.

Eu normalmente fazia dez ou vinte novos contatos a cada evento. E sempre enviava pelo menos um bilhete manuscrito dizendo como gostara de conhecê-los. Na próxima vez que os visse (muitas vezes no próximo evento), eles me agradeciam pela mensagem, o que me dava um pretexto natural para reiniciar uma conversa.

Ao alavancar a filantropia, desenvolvi a reputação de ser alguém ativamente envolvido na comunidade. E, quanto mais me envolvia – não apenas indo a eventos de caridade, mas alocando meu tempo e energia ao trabalho voluntário –, mais conhecia líderes ativos na comunidade. Quando percebi, estava atuando em cinco ou seis conselhos de administração e tinha um relacionamento de coleguismo com muitos líderes influentes.

O resultado foi que me engajei para ajudar os necessitados e acabei tendo a chance de desenvolver dezenas de relacionamentos-chave.

Alavancar a filantropia, no entanto, não se resume a uma pessoa expandindo sua rede social. Isso pode se tornar o foco de organizações inteiras. O tradicional modelo corporativo para envolver organizações sem fins lucrativos na comunidade era basicamente limitado a uma empresa que reservava uma mesa em um evento beneficente e incentivava executivos seniores a atuar nos conselhos de administração. Hoje em dia, as organizações mais inovadoras e criativas incentivam sua força de trabalho a se envolver no serviço comunitário e na filantropia.

As melhores empresas de hoje dão aos empregados determinado número de dias pagos para que eles se envolvam em algum trabalho voluntário. Elas incentivam os empregados a se envolver em níveis de liderança de organizações sem fins lucrativos. Jim, do atendimento ao cliente, pode atuar no conselho de administração do Boys and Girls Club, onde é treinador do time de basquete do sobrinho. John, da contabilidade, pode liderar um programa do Watch Dog Dad para o distrito escolar da filha. Jenny, do RH, lê histórias para crianças uma vez por mês como parte de um programa de alfabetização na biblioteca, o que a faz lembrar-se da época em que ia à biblioteca com a avó, na infância. Mary, da faxina, participa do comitê de aconselhamento para o órgão de distribuição de alimento de seu distrito – o mesmo órgão que a ajudou quando ela passou por dificuldades. Preston, das vendas, pode atuar no conselho diretivo do abrigo para mulheres espancadas, que ajudou sua irmã a se livrar de um relacionamento abusivo.

Você não precisa de uma iniciativa organizacional para se envolver, é claro, mas as empresas que aproveitam essa oportunidade estão gerando capital relacional com seus empregados e com sua comunidade. Isso é alavancar a filantropia.

A maioria dos benefícios é clara. Mas algumas vezes um deles pode vir de maneira inesperada. Ele não faz parte de algum plano grandioso; ele chega como um presente inesperado pelo correio. Você o abre e ele transforma totalmente a sua vida.

Por exemplo, nenhum dos relacionamentos que desenvolvi foi mais importante para o meu futuro que aquele que se iniciou em dezembro de 2003 em um evento beneficente para o The Gathering Place, um albergue para mulheres e crianças sem-teto. Eu me ofereci para ser o mestre de cerimônias do evento. Uma das primeiras pessoas que conheci naquela noite foi uma voluntária que estava na recepção. Essa voluntária – Jill – acabaria se tornando minha esposa.

> **REVOLUCIONANDO OS RELACIONAMENTOS**
> Envolver-se em sua comunidade com o trabalho voluntário e participar de eventos beneficentes proporciona oportunidades para conhecer estrategicamente pessoas que você precisa conhecer e estabelecer as bases para um relacionamento significativo e duradouro.

Capítulo 11
Nunca beije no primeiro encontro

Eu adoraria poder dizer que minha mulher me olhou nos olhos quando nos conhecemos e soube imediatamente que eu era o cara. Mas não foi assim que aconteceu. Na verdade, foram tantas tentativas para convencê-la a sair comigo que fiquei preocupado que ela fosse providenciar uma medida cautelar para me manter afastado! Devo ter convidado umas 20 vezes antes de ela finalmente concordar em tomar um café comigo.

Na época, Jill era mãe solteira de um menino de 3 anos. Ela tinha se divorciado menos de um ano antes e era cautelosa em relação a namorar. Para mim, foi amor à primeira vista, o que me deixou ainda mais nervoso enquanto dirigia para me encontrar com ela no café. Senti que aquela era a minha única chance de um segundo encontro e não queria estragar as coisas.

No caminho, ensaiei tudo o que queria contar a ela sobre mim. Queria que ela soubesse de todos os detalhes positivos sobre mim. Eu queria me "vender". Eu me lembro nitidamente de rezar enquanto dirigia para encontrá-la.

Então percebi que, se quisesse desenvolver um relacionamento com Jill, nossa primeira conversa significativa não teria de girar ao meu redor.

Quando nos sentamos para o café, a primeira coisa que perguntei foi sobre a vida dela: "Fiquei sabendo que você tem um filho de 3 anos. Como é Anthony?"

Em um piscar de olhos, nosso encontro de 50 minutos durou três horas. E tudo começou comigo perguntando a Jill sobre a vida dela. Quando nos levantamos para ir embora, ela se desculpou.

"Nós só falamos sobre mim. Fale um pouco sobre você", ela disse.

"Preciso ir", eu disse. "Que tal deixarmos para a próxima vez?"

Acabamos tendo muitas outras "próximas" vezes, mas eu fui deliberadamente devagar. Pela primeira vez em minha vida eu estava saindo com uma garota só para conhecê-la melhor. Eu não fazia ideia do que estava perdendo antes.

Em certo sentido, eu sabia exatamente o que vinha perdendo. Porque era exatamente como sempre abordei meus outros relacionamentos pessoais e profissionais. Sair com uma garota foi a única área na qual eu tentava ir rápido demais ou levava o relacionamento de forma casual demais.

Em todos os meus outros relacionamentos, eu instintivamente sabia que era melhor, como alguns poderiam dizer, não beijar no primeiro encontro.

Dale Carnegie acertou o alvo quando falou de "seis maneiras de fazer as pessoas gostarem de você". Acho impossível "fazer as pessoas gostarem de você", pelo menos não no longo prazo. Mas os princípios de Dale sobre o tópico são valiosos no que diz respeito a entrar num relacionamento com o pé direito.

Ele disse coisas como "Seja um bom ouvinte", "Incentive os outros a falarem sobre si mesmos" e "Converse sobre os interesses do outro".

Ele também falou sobre ser "sincero" e "autêntico", o que é fundamental para fortalecer qualquer relacionamento. Se não tiver interesse suficiente para ouvir o que a pessoa tem a dizer, você não merece ter um relacionamento com essa pessoa – ou fazer negócios com ela.

O que Dale Carnegie estava dizendo, combinando seus seis princípios, é que não é de bom-tom "beijar" no primeiro encontro. Se você se apressar, pode ter uma satisfação imediata, mas provavelmente afastará a pessoa em vez de atraí-la. A melhor abordagem é ouvir – sincera e autenticamente.

Concentrar-se no outro é algo que eu faço naturalmente desde que consigo me lembrar. Eu nem sabia que era a melhor coisa a fazer – apenas sou naturalmente interessado nas pessoas.

Quando me formei em administração e saí em busca de um emprego na América corporativa, me decidi por um emprego bem remunerado em uma organização de alta visibilidade. Várias pessoas bem relacionadas conseguiram me colocar porta adentro em algumas empresas da Fortune 500. Então, tive seis ou sete reuniões com altos executivos corporativos.

Fui a todas as reuniões tentando saber o máximo possível sobre a pessoa do outro lado da mesa. Eu não falava sobre mim. Eu pesquisava sobre o executivo e sua empresa, e, munido daquelas informações, fazia milhares de perguntas.

No fim de cada reunião, o executivo inevitavelmente percebia que tinha falado mais do que eu. Então ele perguntava sobre mim. Eu não precisava me vender – a pessoa me convidava a contar minha história.

Cada uma dessas reuniões levou a entrevistas de emprego formais na empresa. "Encontre um lugar para este jovem", o executivo dizia, e, com a bênção e o apoio dele, as pessoas sempre encontravam. Tive a sorte de ter portas abertas para mim, mas também sabia que precisava me beneficiar dessas oportunidades. E eu ainda precisava passar pela entrevista – no nível departamental. Não queria que eles voltassem ao chefe dizendo "Nós o contrataremos se você nos obrigar, mas ele não tem o perfil". As pessoas que realizam as contratações foram sempre mais focadas do que o executivo de nível mais elevado em me fazer perguntas sobre minha formação, habilidades e experiências, de forma que eu as respondi. Mas também fiz muitas perguntas sobre elas, tentando não ser invasivo.

Eu queria mostrar primeiro que fiz minha pesquisa sobre a empresa, e segundo que me interessava por quem elas eram. Eu instintivamente sabia que se lembrariam de mim tanto pelas perguntas que fiz quanto pelas respostas que dei. Não era questão de conseguir um primeiro beijo – ou primeiro emprego. Era questão de conquistar corações e mentes.

Deu certo?

Recebi uma oferta de emprego de cada uma daquelas empresas.

REVOLUCIONANDO OS RELACIONAMENTOS

Construir um relacionamento começa com você concentrando sua atenção autêntica e sincera no outro. O mais importante não é você. Vá com calma. Conheça a pessoa. Não se apresse em obter as coisas que pode querer; descubra o que as pessoas precisam.

Capítulo 12
Não seja esfomeado

Trabalhando no último andar do centro de operações da campanha presidencial de 1996 do senador Bob Dole, conheci algumas das pessoas mais famosas e influentes do país. Foi lá que coloquei em prática alguns dos melhores conselhos que já me deram sobre desenvolver relacionamentos. Eu havia voltado do Japão, onde dava aulas de inglês, mas tinha seis meses antes de partir para a Austrália para começar meu MBA. Então me mudei para Washington, onde minha amiga Carolyn Gay me ajudou a conseguir um emprego na campanha de Dole. Você deve se lembrar que Carolyn me incentivou a me inscrever para a Rotary Ambassadorial Scholarship. Ela me disse que, se eu subisse na hierarquia, provavelmente entraria em contato com políticos influentes, funcionários de alto escalão e doadores abastados de todo tipo. "Não peça autógrafos e não peça para tirar foto com eles. Eles vão te olhar diferente. Você quer que o vejam como profissional, não como turista."

Ao longo dos anos, esse conselho me privou de vários autógrafos e fotos. Mas também me ajudou a dar início a alguns dos relacionamentos mais incríveis que já tive.

Um dos erros mais comuns que cometemos quando conhecemos alguém que sabemos que pode ser influente em nossa vida ou carreira é ser agressivo demais. É uma abordagem de curto prazo capaz de prejudicar nossas metas de longo prazo.

Todos nós entramos em alguns relacionamentos com pouca ou nenhuma expectativa sobre o que eles podem fazer por nós. Mas alguns relacionamentos são mais estratégicos. Todos nós conhecemos seu potencial de nos ajudar a atingir nossas metas pessoais ou profissionais. Em consequência, desenvolver conscientemente o relacionamento passa a ser uma parte intencional dos nossos planos. Não há nada de errado em entrar em contato com pessoas que possam ajudá-lo. Independentemente de estarmos tentando avançar na carreira ou nos desenvolver pessoalmente, certas pessoas estão em posição melhor do que outras para ajudar em nosso progresso. Seria tolice não procurá-las.

Então, apesar de todos nós alavancarmos relacionamentos existentes – para fechar uma venda, firmar uma parceria de negócios ou possibilitar novos relacionamentos –, é a maneira como fazemos isso que pode significar o sucesso ou o fracasso dos relacionamentos. E, pela minha experiência, uma chave para alavancar os relacionamentos sem abusar deles é: não seja esfomeado.

Quando uma mãe pássaro volta ao ninho, o que ela encontra? Um ninho cheio de filhotes esfomeados, famintos e exigindo o que querem sem se importar com nada mais. Os pássaros acabam aprendendo a ser independentes. Algumas pessoas, por outro lado, saem do ninho mas nunca param de exigir mais. As necessidades delas são tão grandes, tão insaciáveis, que sua atenção está sempre, antes de mais nada, focada no que os outros podem fazer por ela. Me dê. Me dê. Me dê. Deixe-me dar um exemplo do setor de seguros. Os corretores que estão entre os meus melhores amigos têm uma coisa em comum: eles não são esfomeados. Nunca me pedem para apresentá-los a alguém para que possam fechar uma venda ou fazer negócios. São bons amigos, e eu não veria problema algum se pedissem. Mas eles não o fazem porque não é por isso que somos amigos. Mesmo assim, eu os recomendo efusivamente sempre que o assunto vem à tona.

Outros só querem uma indicação visando fechar uma venda.

Um vendedor que conheço pegou um relatório anual do Leader's Challenge, procurou a lista de doadores e marcou os nomes de várias pessoas. Eram as pessoas que ele ainda não conhecia.

"Tommy", ele disse, "você poderia me apresentar a algumas delas?"

Uau. Será que ele queria minha ajuda para construir relacionamentos duradouros? Não. Será que ele planejava alavancar esses relacionamentos para ajudar a comunidade? Não. Ele estava tentando usar nossa relação para obter indicações visando fechar negócios e ganhar dinheiro.

Quando apresento duas pessoas, eu o faço porque acredito que elas podem ajudar uma à outra; é uma satisfação para mim atuar como a ponte. Minha meta é agregar valor à vida delas e ao mundo em geral. Então, adoro apresentar boas pessoas a outras boas pessoas.

Mas sei que apresentar um pássaro esfomeado – um abutre ou outro pássaro predatório – a alguém pode prejudicar meu amigo, bem como o meu próprio relacionamento com ele. Eles provavelmente se perguntarão "O que é que atraiu Tommy para essa pessoa? O que essa pessoa tem que fez Tommy pensar em mim? Por que Tommy acha que deveríamos nos conhecer?" E, se a resposta a essas perguntas não for satisfatória, eu falhei.

Valorizo profundamente a confiança que depositam em mim. A última coisa que quero fazer é subestimar essa confiança, apresentando-os a alguém que só quer usá-los. A confiança dos outros em mim os levará a procurar respostas positivas para essas perguntas. Se, no curto ou no longo prazo, o comportamento de alguém criar uma experiência negativa, a confiança do outro em mim diminuirá e a oportunidade de levar nosso relacionamento a um nível mais elevado sofrerá um golpe.

Se eu ficar sabendo que você foi esfomeado, que abusou do relacionamento em vez de agregar valor a ele, você acha que vou continuar a ajudá-lo em seus relacionamentos? De maneira alguma.

O que quero dizer com isso? Nunca abuse de uma indicação. Honre seus relacionamentos. É assim que você os desenvolve e os mantém.

Se alguém lhe pedir uma indicação, certifique-se das intenções da pessoa. Siga seus instintos – só permita que os outros usem seu nome ao entrar em contato com alguém quando eles tiverem os interesses da pessoa em mente. Se tiver dúvida, não faça a apresentação. E, se não estiver certo quanto a seus instintos, espere até conhecer melhor a pessoa.

Agora, não há nada de errado em fazer uma apresentação visando exclusivamente a promover os negócios. Se eu conhecer um amigo ou colega de profissão que tiver determinada necessidade, como o seguro, ficarei feliz em apresentá-lo a alguém que conheça e em quem confie que possa ajudá-lo – alguém cuja prioridade seja desenvolver um novo relacionamento. E eles entrarão nesse relacionamento sabendo que, profissionalmente falando, têm uma habilidade ou área de especialidade de que o outro precisa.

Afinal, alavancar meus relacionamentos para construir outros é parte importante de como criei uma rede social tão extensa.

Todo mundo tem um círculo íntimo – um "Time do Quinto Andar" –, e eu sempre fiz questão de saber quem está no círculo íntimo das pessoas que conheço. Não acredito em contatos não solicitados; eles não funcionam bem. Quando alguém me aborda do nada, essa pessoa tem pouca credibilidade. E, quanto mais ocupada e mais influente ela for, menos chances terá de ser aberta a um contato não solicitado; essas pessoas simplesmente não têm tempo, e é fácil descartar um contato vindo do nada. Por outro lado, se alguém do meu Time do Quinto Andar sugerir que eu conheça uma pessoa, sempre concordo em fazê-lo. Sempre. Da mesma forma, sei que, se eu quiser conhecer determinada pessoa, a melhor maneira de conseguir isso é sendo apresentado por um amigo comum.

Mas sempre deixo uma coisa clara: não me transformarei em um esfomeado. Não serei agressivo na tentativa de conseguir o que preciso ou quero. Em outras palavras, construirei o novo relacionamento antes de pedir alguma coisa. Não parto para o ataque pedindo favores ou tentando vender alguma coisa. Desenvolvo confiança e invisto no relacionamento antes de me preocupar com o que receberei dele, se for o caso.

Pessoas influentes – na política, Igreja, negócios, esportes, entretenimento ou qualquer outra área – se acostumam com pessoas entrando em contato com elas por quererem alguma coisa. Onde quer que elas vão, encontram outro ninho cheio de passarinhos esfomeados. Então, quando conhecem pessoas novas, elas naturalmente assumem uma postura cautelosa.

O proprietário do Colorado Rockies e o presidente do clube são bons amigos meus. Mas nunca peço ingressos a eles a não ser que seja uma doação para a caridade. Tenho um amigo que é dono da maior rede de concessionárias de automóveis do Arizona. Mas nunca pedi um desconto para comprar um carro. Tenho um amigo que é um músico famoso. Mas nunca pedi ingressos grátis para seus shows.

Minha abordagem nada afoita se pagou várias vezes, de diversas maneiras. Uma delas foi por meio de minha amizade com Jennifer Holtz. Jennifer é casada com Skip Holtz, ex-técnico de futebol americano da East Carolina University e filho do lendário técnico Lou Holtz.

Eu me formei pela East Carolina University e passei anos envolvido nas atividades da universidade. Em 2008, quando aceitei o cargo de líder residente da ECU na qualidade de consultor, parte de minhas funções era conhecer a comunidade e os líderes da faculdade. Nada disso abriu as portas do escritório do técnico, mas eu tinha um relacionamento com Lynda Spofford. Ela é a melhor amiga de Jennifer Holtz, desde a época em que elas estudaram juntas na Florida State. E Jennifer é casada com Skip.

Quando eu era presidente da Up with People, enviamos um elenco em uma turnê pelo sul dos Estados Unidos. Procurei o finado Millard Fuller, um de meus mentores e fundador do Habitat for Humanity, para falar sobre um patrocínio. Sua nova organização, o Fuller Center for Housing, apoiou nossa turnê, e nossos membros do elenco trabalhavam como voluntários em projetos nas cidades que visitavam. Na posição de vice-presidente de comunicações e desenvolvimento do centro, Lynda era nossa interface, de forma que nos conhecemos e passamos a nos respeitar. Alguns anos depois, quando ela ficou sabendo que passaria uma semana por mês na ECU, sugeriu que eu conhecesse sua amiga Jennifer.

Jennifer e eu almoçamos juntos na próxima vez que visitei Greenville e ficamos amigos rapidamente. Mas meu relacionamento com Jen nunca se concentrou em conhecer o marido ou o sogro dela (embora meu sogro seja um grande fã de Lou Holtz). Apesar de eu gostar, admirar e respeitar Skip e Lou, meu relacionamento com Jennifer não teve nenhuma outra intenção além de desenvolver uma amizade com ela e sua família.

Passarinhos esfomeados sempre querem alguma coisa – ingressos, autógrafos, influência, favores –, e sacrificam os relacionamentos para conseguir o que querem. Concentrar-se no relacionamento implica o risco de você nunca conseguir algumas das coisas que quer. Mas, independentemente de conseguir ou não essas "coisas", você sempre sai ganhando porque tem um relacionamento fundamentado em interesses e respeito mútuo. Esses relacionamentos sempre compensam.

> **REVOLUCIONANDO OS RELACIONAMENTOS**
> Os pássaros esfomeados só pensam no seu próprio interesse. Isso os impede de desenvolver relacionamentos significativos fundamentados em autenticidade e confiança. Não seja esfomeado. A vida como um pássaro afoito pode gerar alguns resultados no curto prazo, mas acabará prejudicando seus relacionamentos e o desviando do caminho para o verdadeiro sucesso.

Capítulo 13
Com licença enquanto eu converso com sua esposa

Jill e eu jantamos quatro ou cinco vezes por mês com alguém que estou conhecendo profissionalmente. Algumas vezes a pessoa me convida para jantar, e algumas vezes quem convida sou eu. Sempre peço para Jill me acompanhar. E, se a pessoa for casada ou estiver em um relacionamento especial, também convido seu companheiro ou companheira.

Jill e eu temos agendas cheias, então adoro ter a companhia dela nesses encontros de negócios, em parte porque isso me dá a chance de passar mais tempo com ela. Mas também saímos bastante com amigos e comparecemos a vários eventos beneficentes. Dessa forma, nosso relacionamento sobreviveria se ela não pudesse me acompanhar àquele jantar de negócios. Mas gosto de tê-la por perto por outra razão: Jill é a pessoa mais importante da minha vida, de forma que o modo como a pessoa a recebe é um grande indicador do potencial do meu relacionamento com essa pessoa.

As pessoas que respeitam Jill e valorizam suas opiniões e ideias ganham muito capital de relacionamento comigo. Descobri com o tempo que a maioria das pessoas perde a oportunidade – não só de cair em minhas boas graças, mas, o mais importante, de conhecer a minha melhor metade.

Se você quiser conhecer Jill, pergunte a ela como é criar três filhos pequenos. Ou se ela sente falta de sua carreira como professora primária, agora que tem uma carreira em casa como mãe. Ou o que ela gosta – e acha ser mais desafiador – do trabalho voluntário com tantas organizações diferentes. Pergunte sobre seus sonhos ou seus desafios diários. Pergunte a ela sobre seu mundo.

A maioria das pessoas, contudo, se atém a perguntas relacionadas a notícias, esportes e clima com Jill enquanto faz as perguntas mais profundas para mim. Por quê? Porque elas me veem como o tomador de decisões. Elas acham que precisam me impressionar – e não a ela – para fechar aquele negócio ou estabelecer um relacionamento profissional.

Mas o que acontece quando o jantar chega ao fim e entramos no carro para voltar para casa?

Quase sempre pergunto a Jill o que ela achou da pessoa com a qual saímos. Jill é excelente em julgar as pessoas e seu caráter. Se a pessoa se dedicou a saber alguma coisa sobre minha esposa, não foi egocêntrica e a envolveu em um diálogo significativo, isso me diz muito sobre ela. Jill não costuma falar mal dos outros, mas não é difícil para mim saber se ela se sentiu ignorada ou negligenciada.

Reconheço que minha esposa é um reflexo meu. Quando as pessoas conhecem Jill, sei que o valor de minhas ações sobe. Elas pensam: "Tommy deve ser especial se conseguiu se casar com uma mulher tão autêntica e inteligente, doce e sincera quanto Jill. Ele deve estar fazendo alguma coisa certa".

De forma similar, quando estou construindo um relacionamento com alguém, quero identificar o que é importante para essa pessoa. Se a pessoa é casada, muitas vezes seu companheiro ou companheira é muito importante. Mas pode ser algum outro membro da família, ou um supervisor no trabalho, um mentor ou amigo, um assistente administrativo ou até uma causa.

Se ela não parece respeitar o companheiro ou assistente administrativo ou os colegas de trabalho, isso também revela muito. Normalmente significa que nosso relacionamento ficará nos andares inferiores ou nem sairá do térreo. Se sua maior paixão é ganhar dinheiro com a exclusão de todo o resto, isso me diz algo. Se ela dedica tempo para ajudar os destituídos, isso também revela algo. Independentemente de seus interesses e personalidade, isso se revela na forma como ela trata os outros. Se você quiser ter uma visão realista do caráter de uma pessoa, observe como ela trata o porteiro, a garçonete, o comissário de bordo, a recepcionista, o motorista de táxi – qualquer pessoa com a qual ela interaja e que não ocupe uma posição de influência. Se ela não os tratar com respeito, uma bandeira vermelha deve subir imediatamente.

Mas, se desenvolver um relacionamento com alguém for importante para mim, o que essa pessoa considera importante instantaneamente assume um novo nível de importância. Dito de forma mais simples: se é importante para o outro, é importante para mim.

Quando estamos em um jantar ou em algum outro ambiente social com alguém com quem estou tentando construir um relacionamento, quase sempre dou mais atenção ao parceiro ou parceira da pessoa. Como é o trabalho dela? O que gosta de fazer para passar o tempo? O que é importante para ela? Quais são seus sonhos, seus desafios? O que considera suas maiores realizações?

Um dos maiores elogios que já recebi foi de um amigo que me contou por que gosta de sair comigo e com Jill: "Vocês fazem minha esposa se sentir tão bem", ele disse. "Vocês lhe perguntam coisas que ninguém perguntou antes. Na maioria das vezes que saímos juntos, eu e ela, as pessoas só perguntam sobre mim."

Os relacionamentos raramente envolvem apenas duas pessoas. Os melhores são mais complexos, mais robustos. Então, se se interessar por alguém, invista nas pessoas que interessam a elas. Escolha dez relacionamentos que tem agora. Pense em alguns que gostaria de melhorar. Em seguida, pergunte-se quem são as pessoas mais significativas da vida deles. O que você pode fazer para reverenciar não apenas as pessoas com as quais tem um relacionamento, mas também as que são importantes para ele?

Vejo essa ideia em prática entre os membros do conselho de administração de uma organização sem fins lucrativos que ajudo. Quando entrei no conselho, me vi entre alguns líderes respeitados em suas respectivas áreas. Mesmo assim, o conselho de administração inclui intencionalmente o parceiro ou parceira de seus membros em todos os eventos e reuniões. Ele quer os parceiros envolvidos em sua missão. Quer honrar as pessoas mais importantes na vida dos outros membros. É uma visão incrível e um exemplo que vale a pena seguir – nos negócios e na vida.

Revolucionando os relacionamentos

Se você está construindo um relacionamento com alguém, também está construindo um relacionamento com a pessoa mais importante para esse alguém. O que eles pensam de você faz diferença. Isso pode ajudar muito, influenciar seu relacionamento. O modo como você trata os outros diz muito sobre quem você é.

Capítulo 14
Comunicação implacável

Brad Billingsly trabalha na Lockton, a maior corretora de seguros privada independente. Brad exemplifica o que chamo de "comunicação implacável" nos relacionamentos – a ideia de que, se quisermos criar, construir e manter relacionamentos significativos, precisamos nos envolver repetida e persistentemente com as pessoas de maneiras criativas e individualizadas.

Brad ouviu um discurso meu alguns anos atrás durante um café da manhã beneficente do Leader's Challenge, e alguma coisa que eu disse deve tê-lo tocado profundamente. Dias depois recebi uma carta manuscrita de Brad dizendo como ele ficou emocionado com minha missão de ajudar os jovens e com o trabalho voluntário em geral. Meu discurso o inspirou, ele disse, a se envolver mais. Ele me escreveu para me incentivar e me agradecer.

A carta de uma página, simples porém sincera, me tocou tão profundamente que a mostrei a minha esposa. Eu a coloquei em uma pasta onde guardo os cartões e cartas que mais prezo. Quando me pediram para fazer uma palestra para os empregados da Lockton, em Denver, sobre a criação de uma cultura que valoriza os relacionamentos autênticos, levei a carta e a li para a plateia.

"Como vocês podem ver, já tem alguém em sua equipe que conhece o valor dos relacionamentos autênticos", eu disse ao grupo. Depois expliquei o impacto que a carta teve ao dar início a meu relacionamento com Brad.

Brad concluiu a carta sugerindo que nos encontrássemos para um café. Foi o que fizemos. Eu soube pela carta que Brad se importava com as pessoas não apenas superficialmente, mas com autêntico interesse. Ele foi honesto em relação aos próprios defeitos – sentia que não passava tempo suficiente ajudando os outros – e se preocupou, tanto que me enviou o manuscrito. Ele era o tipo de pessoa de quem gosto. Sua carta foi a fagulha que acendeu o fogo de uma das melhores amizades da minha vida.

Aquele foi o primeiro de muitos cartões, cartas, telefonemas e encontros entre nós.

Numa idade na qual tantas pessoas veem o *networking* social através dos pixels de um computador ou na tela de um celular, Brad continua a escrever cartas à mão e a mandá-las pelo correio. Muitas das correspondências de Brad incluem desenhos a lápis.

Se você quiser se comunicar implacavelmente, não há nada de errado com celulares e *e-mails*. Eu envio e recebo mais de cem mensagens de texto e *e-mails* todos os dias. Sou viciado no meu BlackBerry. Mas algumas vezes são os toques pessoais que o destacam dos outros e criam as maiores oportunidades de relacionamentos duradouros.

Recebemos uma avalanche de SMS e *e-mails* todos os dias; enquanto isso, nossas caixas de correio estão cheias de contas, propaganda e solicitações. É justamente por isso que cartas e bilhetes escritos à mão são tão especiais – eles representam uma nota pessoal rara em um mar de mensagens impessoais e contas. Ver o meu nome escrito à mão no envelope me traz um sorriso ao rosto. Não importa muito se a carta é curta ou longa ou o que ela diz. Apesar de ser um clichê, o que importa é a intenção, porque nos lembramos da carta muito depois de termos nos esquecido das palavras que ela contém.

Quando percorro minha lista de contatos, sei quem se comunica com cartas escritas à mão. Recebo um bilhete manuscrito sempre que encontro meu amigo Wil Armstrong. Susan Stanton, irmã da minha mulher, é o exemplo ideal dessa espécie em extinção. Se eu fizer alguma coisa por Susan, não importa quão pequeno ou rotineiro esse ato possa parecer para mim, ela me envia uma nota de agradecimento redigida à mão. Devo receber uns dez ou mais todos os anos. Se alguma coisa importante acontecer em minha vida – como o meu time de hóquei vencer o jogo ou eu fechar um novo negócio –, ela fica sabendo e envia uma nota me cumprimentando ou me incentivando.

Mensagens escritas à mão, é claro, são apenas uma das várias formas de comunicação implacável. Tenho um amigo no Minnesota que coloca uma bandeira dos Estados Unidos no quintal de seus clientes todo dia 4 de julho, para celebrar o Dia da Independência. Outro amigo dá abóboras aos clientes no Dia das Bruxas. Eles também telefonam e visitam, mas são coisas como essas que os diferenciam. Eles dão às pessoas da comunidade uma razão para pensar neles e sorrir.

Brad se diferencia por meio de seus desenhos. Uma vez Jill e eu planejávamos tirar férias em Cabo San Lucas, México, e convidamos Brad e a esposa, Amy, para ir conosco. Ao voltar, Brad nos deu um desenho emoldurado feito por ele da praia onde ficamos. Tirando minha irmã, que é uma artista profissional, ninguém mais tinha me dado um desenho representando um momento significativo de nossa vida. Que mensagem!

O que você pode fazer para se distinguir da multidão? Como você pode praticar a comunicação implacável? O que pode fazer ao iniciar novos relacionamentos – o tipo de coisa que eu fazia ao enviar notas de agradecimento a todas as pessoas que me convidaram a um evento beneficente nos meus primeiros anos em Denver? O que você pode fazer para manter saudáveis os seus relacionamentos? Ligo para meus melhores amigos no aniversário deles e canto "Parabéns" para eles (algumas vezes fazendo-os querer morrer de vergonha!) ou lhes envio uma mensagem escrita à mão para que saibam que me lembrei deles.

Meu amigo Scot Wetzel, um banqueiro proeminente, muitas vezes dá flores aos clientes em ocasiões especiais. Nunca me esqueci das flores que ele mandou para mim e Jill quando Caroline nasceu.

O que você tem feito para seus colegas de trabalho? Seus clientes? Seus compradores? Seus doadores?

Atualmente meu trabalho envolve empreitadas beneficentes ou não. Na parte beneficente, eu me certifico de enviar coisas como recibos fiscais, *newsletters* e cartas de agradecimento a todos os nossos doadores. Mas, para construir relacionamentos mais profundos e fortes com esses doadores, vou além dessas obrigações. O mesmo se aplica a clientes, compradores, fornecedores, empregados e qualquer outro *stakeholder* em nosso mundo profissional. Instituições beneficentes sugerem que as organizações sem fins lucrativos precisam encontrar pelo menos sete oportunidades de agradecer um doador para cada vez que você pede uma doação. Acredito que o mesmo padrão se aplique nos negócios e em nossa vida pessoal. Uma nota de agradecimento em uma fatura ou um cartão no Natal simplesmente não bastam.

A comunicação implacável é uma prática intencional. É jogar no ataque, não se restringindo à defesa. Não é algo que simplesmente acontece – você precisa fazer acontecer. Divido isso em termos de o Programado, o Espontâneo e a Super-rotina.

O Programado

Quando conheço alguém, não me limito a incluir seu número de telefone e endereço de *e-mail* em meu arquivo de contatos. Também incluo aniversários e datas comemorativas. Mas não paro por aí. Incluo praticamente qualquer informação na qual possa pensar – nome do parceiro ou parceira, onde eles estudaram, as atividades de que gostam.

Se o filho de um de meus amigos ou contatos importantes estiver se formando no colegial ou faculdade ou se apresentando em um musical ou peça de teatro, tento enviar um presente, uma mensagem ou *e-mail* ou dar um telefonema. Quando trabalhava em vendas na IBM Lotus, eu costumava ir aos jogos de futebol de jovens e shows de bandas do colégio só para que meus clientes soubessem que eu estava interessado em quem eles eram e não só nas coisas que poderiam fazer por mim ou comprar de mim.

Quanto você sabe sobre a vida dos seus clientes, colegas, compradores e outros relacionamentos-chave? O que pode fazer para incentivá-los, agradecer-lhes e ajudá-los?

O Espontâneo

Naturalmente, nem toda comunicação se encaixa em um calendário ou agenda. Os contatos espontâneos podem ser significativos. Mas até com a espontaneidade você precisa ser decidido no que se refere a se manter na vida das pessoas. Não acontece por mágica. Você precisa se manter intencionalmente em contato com o mundo ao seu redor ou perderá algumas das maiores oportunidades de se comunicar espontaneamente com pessoas interessantes ou que gostaria de conhecer.

Uma maneira fácil de fazer isso é lendo o jornal. Recorte artigos e destaque quaisquer informações que as pessoas que você conhece (ou que gostaria de conhecer) poderiam apreciar. Envie o artigo para elas com uma mensagem. É um bom começo.

Mas, se você realmente sabe quais são as coisas que mais importam para seus amigos, encontrará outras razões para lhes enviar uma mensagem ou fazer uma ligação. Talvez você saiba que um amigo deseja comprar um novo taco de golfe e tenha acabado de ver uma promoção de artigos esportivos. Você pode contar na próxima vez que o vir – ou pegar o celular e ligar na hora.

Escrevi centenas de cartas para pessoas que não conheço simplesmente para agradecer por algo que elas fizeram ou mesmo encorajá-las. Quando leio um bom livro, escrevo para o autor. Quando vejo que alguém ganhou um prêmio, envio uma mensagem de congratulações – algumas vezes mesmo sem conhecer a pessoa. Não é raro uma carta ou mensagem como essa ser o ponto de partida de um relacionamento.

A Super-rotina

Eu faço da comunicação uma "super-rotina". Não é simplesmente algo agendado ou programado. Faz parte do meu estilo de vida. É como escovar os dentes – alguém precisou me ensinar a fazer isso, mas agora faz parte da minha vida diária.

Deixe-me contar sobre certas rotinas que desenvolvi, caso você queira adotar algumas.

Primeiro, costumo fazer uma lista de todas as pessoas que encontrei durante a semana. Então envio pelo menos 20 mensagens individuais para pessoas dessa lista. As que não encontrei durante a semana inevitavelmente me vêm à mente e eu incluo mensagens para algumas delas também. Alguns podem ver isso como *networking* ou manutenção de relacionamentos. Mas não penso dessa forma. Apenas acho que é uma boa coisa a fazer para as pessoas com as quais me importo. Eu mesmo preencho os envelopes com os nomes e endereços e colo os selos, depois os coloco na minha pasta. Todos os dias reservo entre dez e quinze minutos para escrever as mensagens. Nunca peço para um assistente endereçá-los ou enviá-los. Eu mesmo faço.

Tenho papel de carta com meu nome impresso. Nunca envio mensagens pessoais em papel timbrado da empresa ou num papel em branco. No Natal, minha esposa e eu enviamos centenas de cartões. Não escrevemos todos os cartões à mão, mas sobrescritamos todos os envelopes. E fazemos questão de pensar em cada pessoa ou família a quem mandamos um cartão.

Também gosto de dar presentes e mostrar que estou pensando em alguém – presentes que mostram que levo em consideração os interesses e a vida da pessoa. Alan Holman e eu estávamos jogando golfe quando ele comentou que gostou do meu relógio. Era um Calloway que ganhei de presente por jogar no torneio de golfe de uma instituição beneficente. Mais ou menos um mês depois, convidei Alan para um evento to de caridade em prol do time de hóquei de Anthony. Alan estava combatendo uma doença e passando por um divórcio, e eu queria fazer alguma coisa para animá-lo. Então coloquei o relógio na mesa à sua frente e disse: "Já faz algum tempo que quero lhe dar isso". Não era um objeto caro. Mas ele soube que eu me lembrei do quanto ele gostara do relógio e que vinha pensando nele.

Os livros dão excelentes presentes para fortalecer relacionamentos. Minha esposa e eu lemos o *best-seller Somos todos iguais*, de Ron Hall e Denver Moore (Landscape, 2008), e gostamos tanto que demos mais de cem exemplares de presente a amigos. Dou livros o tempo todo para pessoas com as quais tenho relacionamentos profissionais. Na verdade, tenho várias caixas de livros no escritório, que posso dar a pessoas que estiverem enfrentando diferentes tipos de desafios. Sempre tenho exemplares de *Empresas feitas para vencer*, de Jim Collins (Campus, 2001), *Os cinco desafios das equipes*, de Patrick Lencioni (Campus, 2009), *O que aprendi com meu carteiro sobre o trabalho e a vida*, de Mark Sanborn (Sextante, 2007), *Liderança radical*, de Steve Farber (Sextante, 2006) e *O gerente minuto*, o clássico de Ken Blanchard (Record, 1999). Provavelmente dou várias centenas de livros por ano.

Esse tipo de presente transmite a mensagem de que estou atento às necessidades pessoais e/ou profissionais dos outros e que me interesso o suficiente para agir a respeito. O único presente do qual me arrependi foi aquele que nunca dei.

O que quero dizer é: descubra maneiras de avançar no relacionamento.

Quando converso com alguém, estou sempre em busca de pelo menos uma oportunidade para enviar um *e-mail*, fazer uma ligação, mandar um cartão ou me encontrar com a pessoa depois. Algumas vezes envio um *e-mail* ou telefono recomendando um restaurante. Assim a pessoa sabe que estou pensando nela. Se escrevo uma mensagem ou carta depois de conhecer alguém em um jantar, esse alguém sabe que me importei o suficiente para dar prosseguimento imediato ao relacionamento. Ele percebe que deixou uma impressão positiva e que eu estava sendo sincero quando disse que gostei de conhecê-lo. Se eu passar no escritório de alguém com uma cesta de sua fruta favorita e uma nota de agradecimento, ele saberá que lembrei que ele disse que adorava os pêssegos do Colorado e que valorizo tanto o relacionamento que fiz tudo aquilo para agradecer.

Penso no impacto da comunicação. Existe uma hierarquia. OK enviar um SMS, mas um *e-mail* é melhor. Um telefonema é melhor ainda. Algumas vezes, contudo, um bilhete escrito à mão supera tudo. Um presente com uma mensagem manuscrita é algo especial. Mas entregar um cartão em mãos acompanhado de um presente é melhor ainda.

Todas essas coisas – toda essa comunicação implacável – mostram que você se importa, que quer continuar a construir e desenvolver o relacionamento. Na maioria dos casos isso leva ao próximo passo – um encontro com a pessoa que você quer ou precisa conhecer.

Sentar-se com alguém depois de um encontro inicial é fundamental ao tentar conduzir um relacionamento profissional ou pessoal além do Primeiro ou Segundo Andar. As pessoas são ocupadas. Cabe a você fazer o relacionamento florescer. Isso não pode ser feito por *e-mail*. Descubra uma razão para o próximo encontro – para tomar um café, almoçar ou para uma reunião mais formal, se for o que o seu negócio exigir.

Quando eu estava convencendo as pessoas sobre a missão do Leader's Challenge, houve ocasiões em que levei doadores potenciais de carro ao aeroporto só para ter algum tempo com eles. Eu não tinha vergonha. Se tínhamos dificuldade para agendar um encontro, muitas vezes era porque eles viajavam muito. Então eu me oferecia para levá-los ao aeroporto para podermos conversar. (Eu normalmente sugeria isso em uma mensagem escrita à mão.) Isso não apenas me proporcionava um tempo com elas para cultivar o relacionamento como acho que elas apreciavam minha tenacidade e minha criatividade.

Sim, sou zeloso demais no que diz respeito a essas coisas. Mas é por essa razão que chamo a isso de "comunicação implacável". Requer tempo e energia e às vezes algum dinheiro. Os cartões e livros não são de graça. Nem os correios. Mas para mim esse investimento vale muito o custo.

Se você quiser criar e cultivar relacionamentos, invista na comunicação implacável. Você não precisa enviar 20 mensagens escritas à mão por semana, mas por que não mandar cinco? Ou encontrar outras maneiras únicas de expressar sua gratidão às pessoas que conhece – uma bandeira no Dia da Independência, uma rosa amarela como presente de aniversário. Incorpore isso à sua vida, a seu DNA relacional. As pessoas pensarão em você e sorrirão. E vão querer conhecê-lo melhor, o que é o coração de qualquer relacionamento.

Revolucionando os relacionamentos

Independentemente de você estar tentando dar início a um novo relacionamento ou desenvolver um existente, mantenha contato com a pessoa. Encontre maneiras únicas e coerentes de permanecer conectado com elas. Sempre que fizer isso, especialmente de maneiras pessoais, elas saberão que você se importa. E vão querer conhecê-lo melhor.

Capítulo 15
Jogue xadrez, não Banco Imobiliário

Meu pai me ensinou a jogar xadrez quando eu estava no primário. Meus problemas de aprendizado me dificultavam a leitura, mas por alguma razão eu conseguia visualizar o tabuleiro, as jogadas possíveis para cada jogador e como todas as peças formavam um contexto – para mim e para o meu adversário.

Meu pai e eu jogávamos o tempo todo; o xadrez se transformou em uma das atividades que definiam nosso relacionamento. Ainda jogo sempre que posso e não vejo a hora de ensinar meus filhos. Apesar de não ser nenhum Bobby Fischer, eu normalmente ganho.

O que mais adoro no xadrez é que o jogo me ensina a pensar estrategicamente e me desafia a me adiantar aos acontecimentos. Os grandes jogadores estão sempre pensando e se adiantando aos vários cenários aos quais precisarão reagir com base nas jogadas prováveis – algumas vezes improváveis – dos adversários. Um bom enxadrista não é reativo. Não baseia a próxima jogada somente no último lance do adversário. Ele joga para se preparar para lances futuros; ele joga se adiantando à estratégia do adversário. Ele tenta ver o quadro geral e agir de acordo com ele.

As lições do xadrez podem ser aplicadas aos nossos relacionamentos. Você pode olhar para cada relacionamento que tem e ver como ele se conecta com todos os outros, e ver como esses relacionamentos podem ajudar uns aos outros com base em suas ações ou nas ações das outras pessoas.

Você chamar de xadrez dos relacionamentos. Mas, em vez de capturar um peão ou aprisionar um rei, estamos conectando pessoas de vários relacionamentos de formas que beneficiem a todos os envolvidos. Fazer isso funcionar requer atenção às necessidades e interesses das pessoas ao nosso redor. Como no xadrez, precisamos saber o que cada um pode oferecer ao outro – e precisamos saber como as pessoas podem ajudar ou melhorar sua comunidade. Isso requer que antecipemos – cinco ou seis lances adiante – como todos os interesses e necessidades das pessoas que conhecemos podem se encaixar com a nossa ajuda.

Posso dar dezenas de exemplos. Uma conexão leva naturalmente à próxima.

Vamos começar com um editor que conheço.

Ele e eu estávamos trabalhando em um projeto e eu queria encontrar uma maneira de expressar minha apreciação. Passei os olhos pelo tabuleiro de xadrez, em busca de uma maneira de mostrar o quanto estava grato por suas sugestões.

Um dia falávamos ao telefone e ele mencionou que tiraria uma semana de férias com a família no mês seguinte, no balneário Hilton Head Island, na Carolina do Sul. Perguntei onde ele ficaria e ouvi que ainda estava tentando reservar o hotel. Notei uma oportunidade.

Para mim o melhor hotel de Hilton Head Island é o Westin. Eu conhecia Mike Hanson, presidente do Westin e sócio da empresa proprietária do hotel. Mike também é dono do Westin La Paloma, em Tucson, Arizona; quando eu era CEO e presidente da Up with People, fazíamos reuniões em Tucson e reservávamos o resort inteiro. Mike mora em Tucson e nos tornamos bons amigos ao longo dos anos.

Conheço Mike o suficiente para lhe telefonar e pedir um favor. Ele me conhece o suficiente para saber que não sou um passarinho esfomeado – não estou sempre pedindo favores. Contei sobre o editor, o projeto no qual estávamos trabalhando e que eu gostaria de ajudá-lo em suas férias.

"Você me ajudaria a cuidar do meu amigo?", perguntei.

Mike concordou em lhe ceder um quarto de cortesia durante sua estadia. Em seguida, enviei um *e-mail* ao editor: "Outro dia você disse que iria a Hilton Head. Quando pretende ir?" Ele respondeu com as datas e uma pergunta: "Por quê?" Depois de confirmar com Mike, enviei outro *e-mail*: "Um amigo meu é presidente do Westin, o melhor hotel de Hilton Head. Fiz um telefonema e está tudo certo. Segue o seu número de confirmação".

O editor, é claro, me ligou para me agradecer, antes e depois da viagem. Mas não fiz isso pelos agradecimentos. Na verdade, eu é que queria agradecer a ele.

Com muita frequência as pessoas fazem um favor esperando conquistar elogios e gratidão do outro. Para mim, uma boa ação perde um pouco do brilho quando o foco se volta para quem dá.

Encontrar maneiras de fazer uma gentileza a alguém importante em sua vida é uma boa lição por si só. Mas o xadrez dos relacionamentos requer mais. Requer pensar vários lances adiante.

Eu queria agradecer a Mike Hanson também. Eu sabia que Mike gostava de jogar golfe e assistir futebol americano e que tinha um filho estudando na University of Colorado.

Então, quando liguei de volta a Mike para agradecer pelo quarto, perguntei sobre seu filho. "Quando vierem visitá-lo neste outono, por que você não escolhe um final de semana quando os Broncos vão jogar em casa e vamos todos juntos para o jogo?", eu disse.

Mike aceitou a oferta e escolheu um fim de semana no qual os Broncos estariam jogando contra os Dallas Cowboys. Em seguida perguntei se ele queria jogar golfe quando estivesse na cidade, se planejava ficar em Boulder com o filho ou se queria um hotel em Denver. Ele disse que o apartamento do filho era pequeno, então, sim, achava que ficaria em um hotel. E, sim, ele adoraria jogar uma partida de golfe.

Então liguei para meus amigos Mark Urich e Marcel Pitton.

Eu havia apresentado Mark e Mike Hanson durante uma visita ao Arizona para o treinamento do Major League Baseball na primavera daquele ano. Eu sabia que, quanto mais eles se conhecessem, mais gostariam um do outro. Eu também suspeitava de que Mike poderia muito bem acabar se tornando cliente dos serviços da seguradora de Mark. Então perguntei a este se não estaria interessado em levar Mike para uma partida de golfe. Eu sabia que Mark não tentaria vender nada a meu amigo. Mark se concentraria em Mike, no relacionamento deles e em uma boa partida de golfe, independentemente de isso levar a mais negócios.

Meu outro telefonema foi a Marcel, o gerente-geral do Brown Palace, um hotel histórico quatro estrelas no centro de Denver. Contei que um amigo viria a Denver e que iríamos ao jogo dos Broncos. Ele gostaria de ir também? E será que poderia dar um quarto de cortesia a Mike durante sua estadia?

Tenho vários amigos no setor hoteleiro em Denver; a maioria deles teria feito esse favor com satisfação. Mas pensei em Marcel por uma razão específica; eu sentia que ele precisava conhecer Mike Hanson.

Marcel e a esposa têm uma casa em Hilton Head Island, onde planejam se aposentar. Por enquanto a casa está alugada. Quando vão a Hilton Head para checar a propriedade, todos os anos, precisam ficar em um hotel. Para mim fazia sentido que Marcel ficasse no Westin quando visitasse Hilton Head e Mike ficasse no Brown Palace quando estivesse em Denver. Esse tipo de troca não é comum no setor hoteleiro. Mike e Marcel só precisavam ser apresentados.

Ao ajudar o editor com quem estava trabalhando, consegui ajudar a cultivar o relacionamento entre Mike Hanson e Mark Urich e dar início a um relacionamento entre Mike Hanson e Marcel Pitton – com benefícios para todos os envolvidos. E pude conhecer o filho de Mike, Greg, no jogo de futebol americano. Ele é um jovem incrível que sonha em estudar na Nova Zelândia. Greg e eu continuamos nos falando e eu o ajudei a entrar em contato com a maior empresa do mundo especializada em programas de intercâmbio na Nova Zelândia. A empresa tem matriz em Denver.

Então, no fim das contas, o que eu ganho com todo esse xadrez dos relacionamentos? Será que "ganhei" o jogo? É claro que sim! Mas não é fácil quantificar o que ganhei. Isso vem na forma de capital de relacionamento. Na verdade, se eu esperasse qualquer outra coisa, teria perdido.

Vejo o exemplo de outro jogo de tabuleiro: o Banco Imobiliário. Você precisa de uma estratégia para jogar Banco Imobiliário, mas o jogo é muito mais reativo do que o xadrez. Você reage ao rolar dos dados, às cartas que tirar ou de acordo com o lugar onde cair no tabuleiro. Cada um joga na sua vez e o objetivo é dominar o mundo – comprar todas as propriedades, ganhar todo o dinheiro, ter todas as casas, hotéis, ferrovias e empresas de serviços públicos.

Quando você aborda os relacionamentos concentrado em seu próprio benefício, voltado a seus próprios interesses e com segundas intenções, todo mundo vê isso. É como jogar Banco Imobiliário; mesmo se você comprar todos os terrenos e enchê-los de hotéis, nunca irá construir relacionamentos significativos e duradouros. Seus relacionamentos serão tão falidos quanto os adversários que derrotou no jogo.

Minha meta no xadrez dos relacionamentos é simples: ajudar e servir as pessoas. Quando aqueles que me conhecem passarem os olhos pelo seu BlackBerry e virem meu nome, quero que me marquem como alguém que dá, não que recebe. E isso só acontece se minhas intenções forem puras. Nesse caso, não tenho como perder. Tudo retorna de maneiras positivas – mas de maneiras que eu posso não conseguir prever ou planejar. Quando jogo xadrez ou Banco Imobiliário, jogo para vencer. Mas, quando construo relacionamentos pessoais, jogo para dar. Jogo para servir. Não quero ficar com todas as propriedades e todo o dinheiro, nem quero capturar o rei alheio. Só quero ajudar a melhorar um pouco o mundo deles.

Revolucionando os relacionamentos

Desenvolver relacionamentos orientados ao valor requer estratégias de antecipação que levem a maneiras criativas de ajudar os outros, apresentá-los às pessoas que podem satisfazer suas necessidades e ser uma influência positiva em sua vida. Reveja seus relacionamentos olhando não apenas para a forma como você pode ajudar cada um como também todas as pessoas que você sabe que podem ajudar umas às outras. Seja um facilitador – ajude a fazer isso acontecer.

Capítulo 16
Procure receber conselhos, não fechar negócios

As perguntas mais valiosas que já fiz tinham pouca relação com o que as pessoas poderiam fazer por mim ou pelas minhas organizações e tudo a ver com o que elas pensavam sobre alguma coisa.

Foram perguntas desse tipo que me levaram a ficar no Colorado em vez de voltar a Nova York. Ao mapear ideias para lançar o Leader's Challenge, pedi conselhos a amigos e mentores que não só me ajudaram a ajustar meu modelo de negócios como sugeriram que eu começasse em Denver.

Aprendi uma lição similar sobre o desenvolvimento de relacionamentos dez anos mais tarde, quando o Leader's Challenge fechou as portas.

O princípio é simples: pergunte aos outros o que eles acham, e não o que podem fazer.

Isso funciona em qualquer setor da economia – corporativo, sem fins lucrativos e público. E o ajudará a fortalecer relacionamentos em todos os níveis. Esses relacionamentos se desenvolvem em parcerias criativas e colaborações de formas que você jamais esperaria. Em uma organização, levam a equipes melhores e mais eficazes. Entre organizações, eles levam a negócios que ajudam os dois lados a prosperar. Não importa se você lida com produtos, serviços ou ideias, suas chances de desenvolvê-los aumentam acentuadamente com relacionamentos fundamentados em uma visão compartilhada.

Todos nós queremos ser valorizados pelas nossas opiniões, de forma que sempre gostamos quando alguém nos pergunta o que achamos. Mas perguntar o que alguém acha não é uma tática para massagear o ego da pessoa e manipulá-la para que ela goste de você. É importante saber o que ela acha por razões muito maiores do que isso: primeiro, mostra que você valoriza e respeita outras opiniões e pontos de vista; segundo, você precisa da ajuda; e, terceiro, você precisa que acreditem no que está fazendo.

Se você acha que tem todas as respostas, bem, está enganado. Não importa quais desafios esteja enfrentando, você sempre pode se beneficiar das sugestões e opiniões dos outros. Pode precisar do conhecimento técnico ou do ponto de vista imparcial deles. Sempre há quem possa acrescentar algo a seu conhecimento e *expertise*.

O *feedback* tem valor inestimável para gerar apoio pelo seu trabalho. O Leader's Challenge não começou com um programa para ensinar liderança aos jovens, mas com uma missão para ensinar liderança aos jovens. O programa veio quase um ano mais tarde, depois de eu ter passado inúmeras horas visitando diretores de escola, professores, superintendentes, doadores e outros líderes para obter suas opiniões e sugestões sobre o que seria necessário fazer e o que funcionaria e não funcionaria. Centenas de pessoas leram as páginas do plano de negócios do Leader's Challenge dando a todas essas pessoas um senso de participação no programa que acabamos concebendo. Uma dessas pessoas foi K. C. Gallagher, diretor-geral da Gallagher Enterprises. Nós nos conhecemos em agosto de 2000. Quando contei que queria montar uma academia de férias e trazer estudantes de todo o estado, ele me disse: "Não seria incrível se você pegasse um jovem pobre e o colocasse no mesmo quarto com um jovem rico? Vocês poderiam colocá-los em quartos com outros jovens de etnias, formações e condições socioeconômicas diferentes".

Eu planejava fazer justamente o contrário. Pretendia agrupar os alunos por escola. Mas K.C. tinha uma visão maior e melhor, que permitia que os estudantes se expusessem à diferença enquanto trocavam ideias.

Quando me encontrei com K.C. no ano seguinte, disse que aceitara o conselho dele e que estava funcionando maravilhosamente. Minha visão e a dele se transformaram em uma visão compartilhada – junto com a visão de mais de uma dezena de outras pessoas que me ajudaram a criar o programa. Você acha que K.C. nos ajudou financeiramente? Sim. Ele fez doações anuais durante dez anos. Quando você cria uma visão compartilhada, cria um investimento compartilhado.

Mesmo se não utilizar todos os conselhos que receber – e não vai –, ainda terá dado um importante passo para obter o apoio de pessoas que podem fazer a diferença.

Quando você se concentra no relacionamento e não nos negócios, os negócios prosperam – mesmo quando a sugestão é a última coisa que você acha que quer fazer. Se você tem um interesse pessoal em jogo – uma venda a ser fechada, uma ideia de negócios ou uma ONG que precisa de financiamento precisa estar muito motivado para desenvolver relacionamentos e procurar saber a opinião dos outros. Mas algumas vezes você precisa ouvir o que as pessoas têm a dizer só porque é a coisa certa a fazer. E nunca é mais difícil fazer isso do que quando as pessoas estão descontentes com sua empresa.

Passei por isso em 2009, quando o conselho de administração do Leader's Challenge votou para fechar a organização de dez anos que eu havia fundado. Quando saí do Leader's Challenge para me tornar presidente e CEO da Up with People, o Leader's era o maior programa de liderança estudantil do estado. Infelizmente, em poucos anos a instituição começou a passar por problemas administrativos, e o ambiente econômico hostil só piorou as coisas.

Cerca de um ano depois que saí da Up with People para abrir a Spaulding Companies, o conselho do Leader's Challenge me pediu para voltar, primeiro como consultor e depois como diretor-executivo interino de meio expediente. Mas nossas tentativas de reviver a organização não renderam frutos. No outono de 2009 o conselho de administração, apesar das minhas objeções, tomou a difícil decisão de fechar a instituição. Fizeram como se faz no mundo dos negócios. Assim que a decisão foi tomada, as operações foram descontinuadas. Não olharam para trás e deram poucas explicações para o fechamento. Simplesmente fecharam a instituição e seguiram em frente.

A decisão estava além do meu controle, mas eu obviamente tinha um enorme vínculo emocional com a organização e as pessoas envolvidas nela. Nunca perdi minha paixão por sua missão. Vê-la sendo fechada foi um dos momentos mais difíceis da minha vida. Apesar de o conselho ter agido estritamente de acordo com as regras durante o fechamento, senti uma profunda dívida em relação às pessoas – não só os empregados como também os voluntários, alunos, parentes, ex-participantes, credores, doadores e diretores de escolas. Então fui falar com eles. Fiz uma lista de mais de cem pessoas e fiz questão de visitar cada uma delas, por mais que pudessem estar contrariadas com o fechamento. Fui olhá-las nos olhos e agradecer por tudo o que fizeram pela instituição. Não fui pedir nada.

Com isso, várias coisas aconteceram.

Em primeiro lugar, muitas pessoas da minha lista estavam contrariadas, mas ficaram gratas com minha atitude de conversar com elas.

Em segundo lugar, os pais, alunos e voluntários mostraram a incrível determinação de manter o programa vivo até o final daquele ano escolar. Passei seis meses recrutando e liderando um comitê de voluntários composto de pais, professores e diretores de escolas e ajudando-os a coordenar um programa de liderança. Ironicamente, esse comitê concebeu e implementou melhorias que fizeram com que o programa fosse melhor do que nunca. A lição foi clara: quando você faz o que é certo em seus relacionamentos – não só o que é certo "de acordo com as regras" –, coisas extraordinárias podem acontecer.

Em terceiro lugar, vários relacionamentos foram resgatados antes de despencar para o porão. É fácil evitar o confronto, mas o preço é alto. Foi difícil para mim conversar com os credores e doadores do Leader's Challenge, mas teria sido pior se eu perdesse o respeito deles.

E uma quarta coisa aconteceu. Todas as pessoas com quem conversei me disseram a mesma coisa: "Seu trabalho ainda não terminou". Por meio da boa vontade, das preces e dos conselhos e opiniões sinceras de todas as pessoas daquela lista com as quais conversei, percebi que algumas vezes, quando algo morre, algo novo nasce.

O Leader's Challenge se perdeu. Mas ainda há a necessidade de ensinar a liderança servidora, o voluntariado e a cidadania para a nossa juventude. Essa necessidade sempre existe. O que surgiu das cinzas do Leader's Challenge foi o nascimento de uma nova iniciativa chamada National Leadership Academy – uma versão maior e melhor da visão original.

O Leader's Challenge nasceu porque eu tinha uma visão e passei a desenvolver relacionamentos centrados nos conselhos que recebi das pessoas para torná-lo uma realidade. O National Leadership Academy nasceu porque procurei reparar relacionamentos e fui aonde esses relacionamentos naturalmente nos conduziram. Em ambos os casos, pedir os conselhos – e o perdão – das pessoas fez toda a diferença no fortalecimento dos relacionamentos e no desenvolvimento do negócio.

REVOLUCIONANDO OS RELACIONAMENTOS

Se você quiser desenvolver relacionamentos que façam a diferença, honre a pessoa. Ouça seus conselhos – ou suas reclamações. Descubra o que a pessoa pensa em vez de dizer o que quer. E, se a situação exigir, peça desculpas.

CAPÍTULO 17
Ele simplesmente não está na minha

A vida não é perfeita – nem os relacionamentos. Pode acontecer de os relacionamentos que desejamos – seja por razões pessoais, profissionais ou ambas – simplesmente não se desenvolverem. Alguns nunca chegam a decolar. Por mais que façamos, não conseguimos fazer com que saiam do Primeiro ou Segundo Andar. Algumas pessoas não retornam minhas ligações nem respondem minhas cartas. Outros relacionamentos acabam enterrados abaixo do Primeiro Andar, no porão escuro e lúgubre. E outros decolam bem, mas depois caem e queimam. Todos nós tivemos colegas que nos traíram, que deixaram marcas de faca em nossas costas ou não cumpriram o que prometeram. Tive mentores – pessoas nas quais eu confiava totalmente – que se voltaram contra mim. Fui magoado, incompreendido e decepcionado. Infelizmente, sei que fiz o mesmo com outras pessoas.

Aprendi a lidar com essas mágoas e decepções respeitando a LEI DE MADRE TERESA: apesar de os resultados serem importantes, eles vêm depois de fazer a coisa certa do jeito certo.

Madre Teresa viveu com as almas mais desesperadas de Calcutá, na Índia, e as ajudou durante 45 anos. Poucos de nós temos vocação para seguir esse estilo de vida ou missão, mas acredito que todos podemos nos beneficiar ao adotar sua atitude e paixão por colocar o amor dos outros acima dos resultados desse amor.

Não posso impedir um mentor, amigo ou parente de confiança de me decepcionar, mas posso controlar minha atitude em relação a essas pessoas. Não posso forçar clientes, colegas e colaboradores a entrar em um relacionamento de Segundo, Terceiro, Quarto ou Quinto Andar, mas posso lhes dar as oportunidade e razões para que subam comigo. E posso ter prazer no relacionamento, não importa em que nível ele esteja.

Naturalmente, é mais fácil dizer do que fazer, e tenho tanta dificuldade quanto qualquer pessoa (e algumas vezes mais). Todos nós queremos ser amados e apreciados. Ninguém gosta de ser rejeitado. Mas, quando você se vê tentando construir um relacionamento com alguém que demonstra pouco interesse, pode fazer algumas coisas para reduzir o potencial de acabar se decepcionando. Em alguns casos essas coisas até podem estabelecer as bases para colocar o relacionamento nos eixos.

Primeiro, exercite a paciência. Nem sempre é fácil para mim. Sou o tipo de cara que quer ver as ideias implementadas ontem. Tendo a me mover em velocidade máxima e às vezes tropeço em meus próprios pés ou piso nos calos dos outros. Mas a paciência é fundamental ao construir relacionamentos. Se você for agressivo ou rápido demais, pode ofender os outros e fazê-los se afastar. Você quer ser persistente sem ser inconveniente. Você precisa reconhecer quando é hora de partir para a próxima. Precisei chamar Jill para sair umas 20 vezes antes de ela aceitar. Mas eu sabia que ela era o amor da minha vida. Nos negócios, se vejo que o relacionamento não vai a lugar algum depois de uma série de tentativas, parto para outra – apesar de estar sempre disposto a voltar se tiver a chance.

Você não pode levar a rejeição para o lado pessoal. É verdade que algumas vezes você comete erros ao construir um relacionamento. Se sua tentativa de entrar em contato for recebida com rejeição, faça uma rápida avaliação de sua abordagem. Tente aprender com seus erros. Mas também haverá ocasiões nas quais a rejeição não terá absolutamente nada a ver com você.

Uma pessoa pode não ser receptiva a ter um relacionamento com você por várias razões. A personalidade ou os interesses de vocês podem ser simplesmente diferentes demais. Não é por acaso que você normalmente encontra uma lanchonete, uma pizzaria e um restaurante chinês em um raio de três ou quatro quadras. As pessoas têm gostos diferentes

Pode estar acontecendo alguma coisa na vida da pessoa – fora do seu controle – que a impeça de investir em um relacionamento no momento. O vice-presidente de marketing da lista de pessoas que você "precisa conhecer" pode estar distraído com uma filha adolescente problemática. O empreiteiro que você quer conhecer pode estar sobrecarregado com o impacto de vendas em queda ou pela falência de seu plano de previdência. O CEO que promete almoçar com você mas nunca consegue uma vaga na agenda pode estar sob extrema pressão do conselho de administração ou lutando contra uma tentativa de aquisição hostil.

Quando me vejo repetidamente sem resposta em minhas tentativas de entrar em contato com alguém, algumas vezes envio uma mensagem dizendo algo como "É uma pena não estarmos conseguindo nos encontrar. Imagino que muita coisa esteja acontecendo com você agora. Quando a poeira assentar, talvez possamos conversar". Então sigo adiante. Com muita frequência descubro que simplesmente não era o momento certo.

Outra coisa a manter em mente é que algumas pessoas não são naturalmente inclinadas a criar novos relacionamentos. Sim, elas podem melhorar, mas você não pode forçar alguém a se conectar com os outros. Em alguns relacionamentos, você precisará ser a pessoa que faz a maioria dos contatos.

Tenho amigos a quem telefono o tempo todo e que sei que me amam incondicionalmente, mas nunca me ligam. Na verdade, meu pai é assim.

Meu pai é meu herói. Ele é a definição do amor incondicional para mim. É meu mentor e meu melhor amigo. Mas posso contar nos dedos das duas mãos quantas vezes ele pegou o telefone para me ligar ou quantas vezes me escreveu uma carta fora do meu aniversário ou do Natal.

Mas, quando eu ligo para ele, sei pela empolgação em sua voz que ele está feliz por falar comigo. Conversamos duas ou três vezes por semana, e ele fica ao telefone comigo pelo tempo que eu quiser conversar. Devo me ofender porque ele raramente me liga? Devo passar um mês sem ligar para ele só para lhe dar uma lição, para puni-lo? Claro que não! Conheço o coração do meu pai. Mas também conheço sua personalidade. Ele é autêntico, honesto e modesto, mas também é muito introvertido.

Nem todo mundo é aquele que convida as pessoas para sua casa ou faz ligações ou é a alma da festa. Você não pode esperar que os outros sejam como você, nem pode ceder à pressão injusta de ser uma pessoa que não é. É uma lição que aprendi a duras penas ao longo dos anos. Sem dúvida tive minha parcela de expectativas injustas e fantasiosas das pessoas. Eu queria que as pessoas me tratassem como eu as tratava. Quando isso não acontecia, ficava magoado e decepcionado. Mas não era culpa das pessoas – a culpa era minha.

Viver com expectativas injustas – para nós mesmos e para os outros – pode levar à paralisia do relacionamento. Achamos que os outros não gostam de nós ou que não estão fazendo o suficiente para cultivar um relacionamento conosco, então simplesmente paramos de tentar. E isso garante uma coisa: o fracasso do relacionamento. Como disse a lenda do hóquei Wayne Gretzky, "Você erra 100% das tentativas que deixa de fazer". No que diz respeito a construir relacionamentos, erramos em algumas tentativas e algumas são rejeitadas ou desviadas. Mas quem não arrisca não petisca.

> **REVOLUCIONANDO OS RELACIONAMENTOS**
> Quando um relacionamento simplesmente não vai para a frente, siga adiante. Tudo o que você pode fazer é entrar em contato com a pessoa do jeito certo e esperar para ver no que dá. Exercite a paciência. Não leve a rejeição como algo pessoal – você pode não saber o que está acontecendo na vida da outra pessoa.

Parte 3

O poder da generosidade

Capítulo 18
Levando os negócios ao âmbito pessoal

Descobri rapidamente que uma das coisas mais difíceis de escrever um livro sobre relacionamentos é a tendência a transformá-lo em outra obra sobre *networking*. Quando eu dizia às pessoas que estava trabalhando em um livro, alguns amigos e colegas bem-intencionados diziam coisas como "Tommy, você é um dos caras mais bem relacionados que conheço. Acho que não conheço ninguém que conheça mais pessoas que você. Você poderia escrever um livro incrível sobre *networking*".

Apesar de eu não saber exatamente o que você acha disso, não discordo totalmente. Posso desembarcar em praticamente qualquer grande cidade americana, bem como em muitos países estrangeiros, e encontrar contatos que desenvolvi ao longo dos anos, pessoas que me conhecem e que me receberiam bem sem qualquer aviso prévio – pessoas, você diria, que fazem parte da "rede social de Tommy Spaulding".

Então eu poderia escrever um livro somente sobre o desenvolvimento de redes sociais. E poderia criar um negócio somente sobre ajudar os outros a desenvolver suas habilidades de *networking*. Como disse um amigo, "Tommy, você pode ficar rico ensinando às pessoas a fazer os outros gostarem delas".

A ideia de escrever um livro sobre *networking*, contudo, me atraía tanto quanto um longo banho em uma banheira cheia de óleo fervente. Isso porque, apesar de eu ser extremamente bem relacionado e bom em *networking*, decididamente detesto o conceito moderno de *networking*.

Eis o problema: o *networking* é superficial.

Se você o considera só como uma estratégia, ele é superficial. As táticas que fazem essa estratégia funcionar também são superficiais. O *networking*, no sentido popular dos negócios, limita-se a relacionamentos transacionais de Primeiro e Segundo Andares. Em resumo, não tem nada a ver comigo.

Decidi escrever um livro sobre algo mais no que diz respeito a criar e consolidar relacionamentos pessoais e profissionais. Mas sempre me via em dificuldade quando começava a escrever sobre as partes práticas do desenvolvimento de relacionamentos. E, depois de várias noites em claro durante uma viagem de negócios à Carolina do Norte, percebi por quê. Aquilo que meu amigo me disse quando contei que estava escrevendo um livro ficava ecoando na minha cabeça: "Você pode ficar rico ensinando as pessoas a fazer os outros gostarem delas".

O que há de errado com isso?

Duas coisas. Primeiro, não estou escrevendo para ajudar as pessoas a "enriquecer". A serem mais bem-sucedidas, sim. Mas a ganhar mais dinheiro... isso nunca me motivou. E, segundo, e ainda mais importante, não tenho desejo algum de ensinar as pessoas a "fazerem" os outros gostarem delas.

Muitos livros oferecem listas de táticas que ensinam a

fazer amigos para ganhar mais dinheiro. Eu quero oferecer algo mais – algo melhor. Algo que vai mudar sua carreira, mudar seu negócio e mudar sua vida. Você pode (e deve) ganhar dinheiro ao longo do caminho. Certamente não sou contra a riqueza. Todos nós precisamos sustentar a família e, quanto mais ganharmos, mais poderemos dar. Só acredito que, se "ganhar" for sua principal meta, você estará deixando passar algo muito, muito maior.

A verdade é que você não pode fazer as pessoas gostarem de você.

Você pode pendurar um osso no pescoço e fazer com que os cachorros brinquem com você. E pode usar táticas similares com as pessoas. Você conquistará alguns amigos e clientes do Segundo Andar e talvez até do Terceiro Andar, seus negócios podem melhorar, você provavelmente ganhará mais dinheiro e poderá dizer às pessoas que é incrivelmente "bem relacionado". Tudo parecerá excelente no início, mas uma noite você acordará (como eu acordei anos atrás) e perceberá que tudo isso não tem muita importância.

O *networking* por si só não é ruim. Só não é suficiente. Com um pincel e uma lata de tinta você pode criar caos ou beleza; tudo depende do que está em seu coração. O mesmo se aplica ao *networking*. Quando um coração voltado aos outros orienta suas ações, o *networking* é substituído por algo muito, muito mais poderoso: a generosidade.

O *networking* se concentra em você. A generosidade se concentra nos outros. O *networking* se concentra em colecionar contatos e usar esses contatos para o ganho pessoal. A generosidade se concentra em desenvolver relacionamentos que ajudem os outros a ter sucesso. O *networking* se concentra em fazer amigos e influenciar pessoas visando ao ganho pessoal. A generosidade se concentra em influenciar amigos para fazer a diferença. O *networking* se concentra em negócios em um mundo em que os negócios não são pessoais. A generosidade se concentra em levar intencionalmente os negócios ao âmbito pessoal.

Em resumo, a generosidade se concentra no amor. Esse é o ingrediente mais importante no desenvolvimento de relacionamentos que fazem da vida e dos negócios algo mais do que simplesmente quem nós conhecemos.

Sem amor você jamais levará um relacionamento ao Quarto Andar, muito menos ao Quinto. Todos os seus relacionamentos parecerão vazios. Os cartões de visita que você pegar em uma conferência ou evento de *networking* típico nunca passarão de um monte de pedaços de papel.

Essa é a mensagem que o mundo dos negócios muitas vezes não parece aceitar. Nos relacionamentos individuais, o que importa é o amor. É uma grande ideia para ONGs idealistas ou novatos deslumbrados, mas não tem lugar nos negócios.

Quando Tina Turner ganhou um Grammy em 1985 por "What's Love Got to Do with It?" – o que o amor tem a ver com isso? –, ela provavelmente não percebeu que gravou a música-tema do mundo linha-dura dos negócios dos dias de hoje. Mas muitos dos líderes de negócios mais bem-sucedidos financeiramente dirão exatamente isso sobre os negócios: o que o amor tem a ver com isso?

Nas palavras de Donald Trump: "A essência dos negócios é ganhar dinheiro. São os resultados financeiros. Quanto antes você perceber que não é nada pessoal, e sim negócios, mais cedo chegará ao topo. Muitas vezes me surpreendo com pessoas que acham que o mundo dos negócios é mais do que isso. Elas chegam com ideias grandiosas e propósitos filantrópicos que são absolutamente inapropriados para uma reunião corporativa. É total perda de tempo".[8]

Se você só tiver interesse em ganhar dinheiro, o conselho de Trump faz todo o sentido. Você pode pegar todas as dicas, táticas e estratégias que ofereci nos capítulos anteriores e se restringir a elas. Mas os líderes como Trump deixam passar uma grande realidade no que se refere ao lado humano dos negócios. Eles veem o lado "pessoal" como um obstáculo para o sucesso, porque o "pessoal" pode perturbar o processo de tomada de decisões de um líder. A ironia é que os líderes que deixam o "pessoal" perturbar suas decisões de negócios normalmente estão "amando" de menos, não demais.

Muitos líderes se equivocam sobre o sentido do "amor". Quando realmente amamos alguém, nos comprometemos com os melhores interesses da pessoa. Isso se aplica aos nossos empregados, colegas de trabalho, fornecedores, clientes – todos os nossos contatos, até aqueles que mal conhecemos.

Como assim?

Digamos que sua esposa lhe conte que o primo Jimmy precisa de um emprego. O primo Jimmy não está qualificado para nenhuma vaga na sua empresa, mas você ama sua esposa e quer manter a paz na família. Donald Trump diria para não empregar o primo Jimmy porque isso seria ruim para os negócios. Você pode dizer a mesma coisa a Jimmy e a sua esposa. "Não é nada pessoal, são negócios." Eu diria algo ligeiramente diferente: não lhe dê um emprego, porque não é do melhor interesse dele trabalhar em algo para o que não

---

8 – *Inside Trump Tower*, Episódio 14: http://www.trumpuniversity.com/mynetwork/inside-trump-tower/issue14.cfm

tem vocação e não está qualificado. Você se importa muito com ele para permitir isso. Em vez disso, ajude-o a encontrar o emprego certo em algum outro lugar. São negócios, mas ao mesmo tempo é absolutamente pessoal.

Capítulo 19
Além do *networking*

A verdadeira resposta para a pergunta de Tina Turner – O que o amor tem a ver com isso? – é bastante simples: tudo. A maioria de nós aceita bem a ideia de que amamos nossa família e amigos. No entanto, passamos pelo menos tanto tempo no trabalho quanto com a família e os amigos. Por que não amaríamos também as pessoas desse círculo da nossa vida? Por que excluímos a emoção mais poderosa do universo de uma parte de nossa vida à qual dedicamos tanto tempo, recursos e energia?

Então, se os negócios são pessoais e o amor é a parte mais importante do desenvolvimento de relacionamentos significativos nos negócios, o que é necessário, dentro de nós, para levá-los ao âmbito pessoal? O que é necessário para fazer do amor uma parte de quem somos profissionalmente? O que é necessário para adotar a generosidade e fazer do *networking* um produto secundário de quem somos, não uma função do que fazemos? O que é necessário para ir além dos relacionamentos transacionais? O que é necessário para colocar os outros em primeiro lugar e acreditar que nossas necessidades não ficarão insatisfeitas? O que é necessário para ser altruísta e não egoísta? O que é necessário para que os relacionamentos sejam significativos no Primeiro, Segundo e Terceiro Andares e conduzi-los ao Quarto Andar e até a Cobertura?

Para responder a essas perguntas críticas, precisamos transcender o *networking*, porque o *networking*, por si só, envolve apenas habilidades e técnicas manipuladoras e em causa própria para fazer as pessoas gostarem de nós. A boa notícia é que qualquer um pode aprender a transcender o *networking*. Não é algo só para os seletos extrovertidos que nasceram com determinadas qualidades ou dons.

Mas eis o "x" da questão: trata-se de uma escolha.

Antes de qualquer um de nós conseguir avançar no que diz respeito a construir relacionamentos profundos e significativos, precisamos fazer a escolha de amar os outros – nos negócios e na vida pessoal. Isso significa que colocamos as necessidades alheias acima das nossas. Significa que estamos dispostos a nos sacrificar. Significa que nosso processo de tomada de decisões começa com "Como posso ajudar" e não com "O que você tem para me dar?" Significa que nossa prova de fogo deve ser lutar por algo significativo e não apenas o sucesso.

Se não fizermos essa escolha, todo o esforço para desenvolver relacionamentos acabará fracassando.

Dito de forma simples, precisamos ser autênticos.

A autenticidade é uma das chaves para desenvolver com sucesso relacionamentos autênticos. As outras chaves são humildade, empatia, sigilo, vulnerabilidade, curiosidade, generosidade, senso de humor e gratidão. São características que dizem respeito a "quem você é" e são as coisas que dão sentido e propósito ao que você faz. Elas dão sentido e poder a todos os seus relacionamentos. Na verdade, você não pode levar um relacionamento à Cobertura sem elas.

Concentrar-nos em quem somos requer certo nível de autoconhecimento. Por exemplo, eu adoro abraçar as pessoas. Quando as encontro, mesmo as que não conheço há muito tempo, muitas vezes lhes dou um abraço. Eu sou assim. Muitas pessoas não gostam de abraçar. Se você for uma delas, não finja. Em outras palavras, conheça a si mesmo. Seja autêntico.

Eu acredito, contudo, que todos nós podemos desenvolver níveis mínimos de competência em todas essas áreas essenciais. Você não pode fingir autenticidade, humildade, empatia ou gratidão, e não pode contemporizar o sigilo. Mas pode crescer em termos de vulnerabilidade, curiosidade, generosidade e senso de humor. Você pode se comprometer a fazer de todas essas áreas uma prioridade em sua vida.

Você pode nunca contar piadas como Jerry Seinfeld ou Jimmy Fallon, mas pode aprender a ver o lado mais leve da vida e desenvolver seu próprio senso de humor. Você não precisa agir e pensar como Ebenezer Scrooge. Você tem dificuldade para se abrir? Não estou sugerindo que se force a contar para todo mundo seus segredos mais negros. Mas qualquer um pode ser aberto e vulnerável com as pessoas certas nas circunstâncias certas; isso aprofundará seus relacionamentos e provocará uma mudança positiva em sua vida.

Então vamos analisar essas nove características.

Capítulo 20

Autenticidade: desenvolvendo relacionamentos reais

A autenticidade costuma ser o primeiro obstáculo no desenvolvimento de um relacionamento significativo. A ideia de que você verdadeiramente se importa com os outros deve ser real e pura, e os outros devem ver e acreditar nisso.

Infelizmente, esse tipo de abnegação se tornou tão raro em nossa cultura que muitas pessoas não acreditam quando o veem. Elas se tornam céticas, desconfiadas e cautelosas. Algumas parecem dar, dar, dar, e nossa reação não é "Nossa, que pessoa especial!" Em vez disso, pensamos "Onde está a armadilha? Quais são as segundas intenções? O que ela ganha com isso?"

Mark Urich, vice-presidente executivo de uma grande seguradora que apresentei a você anteriormente, é uma das pessoas mais autênticas que conheço. Ele não finge ser algo que não é. Ele gosta de quem é. Dessa forma, ele naturalmente busca relacionamentos com outras pessoas autênticas, e algumas vezes leva tempo para descobrir quem é real e quem está fingindo.

Na verdade, Mark tinha dúvidas quanto as minhas intenções quando nos conhecemos. E ele não é o único. Isso não me incomoda mais; sei com que frequência as pessoas – inclusive eu – são magoadas por gente que finge ser algo que não é. Todos nós já caímos em relacionamentos do tipo bom demais para ser verdade.

Conheci Mark em 2008, por meio do Leader's Challenge. Não demorou muito para que ele e a esposa, Kate, convidassem a Jill e a mim para jantar. No caminho para o restaurante, ele se voltou para a esposa e disse "Não vejo a hora de você conhecer Tommy. Quero saber o que acha dele. Ou ele é a pessoa mais autêntica que já conheci ou o maior impostor do planeta".

Sem que eu soubesse, o jantar se tornara uma espécie de teste da minha autenticidade.

À medida que o jantar se desenrolava, fiz dezenas de perguntas. Tanto Mark quanto Kate mais tarde confessaram que descobriram coisas um sobre o outro que nunca souberam.

Eu também acabei tendo uma maravilhosa conversa com Kate sobre as coisas que estavam acontecendo na vida dela. Contei partes da minha vida, especialmente as que se relacionavam com a situação dela.

Ela me contou sobre um evento estressante que estava por vir – a visita de um parente difícil com o qual ela não tinha um bom relacionamento. Só de pensar na visita ela ficava nervosa.

Uma semana mais tarde, no dia marcado para o parente chegar, liguei para Kate e deixei um recado. Disse que estava pensando nela e que vinha rezando a semana inteira para que a estadia transcorresse tranquilamente e sem percalços.

Não fiz nada disso para marcar pontos com ela ou com Mark. Telefonei apenas porque me importava com ela. Queria que ela soubesse que nossa conversa no jantar não tinha passado em branco. Algumas vezes faz diferença saber que alguém sabe o que você está passando e se importa com você. Tendo a fazer dezenas de ligações como essas durante a semana. Nenhuma delas tem a intenção de "fazer as pessoas gostarem de mim". Eu telefono porque me importo, e descobri que as pessoas acabam vendo isso.

Foi o que Mark disse na próxima vez que conversamos. "Quando você se deu o trabalho de ligar para a minha esposa", ele disse, "eu soube que você era real."

Mas a autenticidade não é algo que consolidamos ou comprovamos com um ato isolado de gentileza. É algo que as pessoas veem em nós quando estão ao nosso redor. E o fato de elas perceberem isso, ou não, não é o mais importante. O importante é: a autenticidade deve ser colocada em prática. Basta nos importarmos de verdade com os outros e viver de acordo. Mas, se não passar de um fingimento, as pessoas certamente perceberão a fachada, e os relacionamentos que construirmos sobre essa fundação acabarão desmoronando.

Capítulo 21

Empatia: estabelecendo as bases para a confiança

Não é possível liderar com excelência sem se importar verdadeiramente com os outros, e não é possível se importar com os outros se você não aprender a vê-los com empatia. Não é algo que se pode fingir.

Demonstrar empatia deixa claro que você se importa. Cria confiança. E a confiança é um passo fundamental no desenvolvimento de equipes eficazes e na criação de relacionamentos transformacionais.

A empatia nos permite entender as pessoas para quem trabalhamos, as pessoas que trabalham para nós, nossos clientes, nossos compradores, nossos fornecedores – todas as pessoas com as quais entramos em contato. Isso possibilita dois resultados importantes: em primeiro lugar, conquistamos um nível de confiança e respeito que nos permite dizer a verdade a alguém, honestamente, mesmo quando se tratar de uma verdade dura; em segundo lugar, nos possibilita enxergar o quadro geral, o que é especialmente importante nos negócios.

Na maior parte do tempo a empatia beneficia os resultados financeiros. Se você for um varejista que demonstra empatia em relação a seus clientes idosos, terá em estoque as mercadorias que eles querem comprar e as disponibilizará nas prateleiras mais baixas, para que possam ser alcançadas com mais facilidade. Você faz isso porque se importa. Mas quer saber? Suas vendas também crescerão.

A empatia algumas vezes nos leva a tomar uma decisão que vai contra as recomendações dos resultados financeiros resultantes de um relatório de análise de custos. Nos anos 1970, por exemplo, o diretor de *recalls* da Ford avaliou o que alguns viam como um defeito no design do carro subcompacto deles, o Pinto, e chegou a algumas conclusões claras: primeiro, que uma colisão traseira a 50 quilômetros por hora ou mais romperia o tanque de gasolina; segundo, que um tanque rompido provavelmente levaria a ferimentos significativos ou morte ao motorista e aos passageiros; terceiro, que o defeito poderia ser consertado por cerca de 11 dólares por veículo; e, quarto, que o custo total de um *recall* como esse seria superior ao custo previsto com processos jurídicos que poderiam resultar dos acidentes.

Siga a ideia linha-dura que levar os negócios ao âmbito pessoal é uma "total perda de tempo" e a escolha é simples: não faça o *recall* do Pinto. Mas, se você tiver empatia pelos clientes – se conseguir imaginar seu melhor amigo dirigindo um carro defeituoso –, a escolha é igualmente clara: conserte o problema. (A Ford acabou emitindo um *recall* para o Pinto, mas só depois de considerável pressão da Administração de Segurança do Trânsito dos Estados Unidos.)

Quando a empatia sugere irmos contra o que parece ser o melhor para os resultados financeiros, nos vemos diante de um dilema que muitos líderes de negócios linha-dura não querem enfrentar: se você não puder fazer a coisa certa e ainda gerar lucros, a resposta não é fazer a coisa errada; a resposta é encontrar um novo negócio.

Nenhum negócio sobreviverá por muito tempo se não puder gerar lucros; mas nenhum negócio merece sobreviver se não puder fazer uma diferença positiva na vida de seus empregados, clientes e comunidade.

Capítulo 22

Vulnerabilidade: abrindo uma janela para o seu mundo interior

Humberto Lopez mora em Tucson, Arizona, onde é proprietário e líder da HSL Properties. A HSL tem prédios residenciais, comerciais e hotéis em seis estados. É a maior proprietária de apartamentos do sul do Arizona. Em outras palavras, Humberto está muito bem financeiramente; está acostumado com pessoas lhe pedindo para investir em novos talentos ou fazer doações para a caridade.

Quando Humberto e eu nos conhecemos, nós dois sabíamos que eu estava em busca do seu apoio para a Up with People. Fomos apresentados por Jim Click, um amigo em comum. Nós nos encontramos uma ou duas vezes com o objetivo expresso de eu apresentar a visão das Up with People para que ele pudesse decidir se e como se envolveria.

Em geral, Humberto é uma pessoa amigável porém "cautelosa". Isso ficou bastante claro já em nossos primeiros encontros de negócios. Ele não falava sobre sua vida pessoal.

Então me vi em uma encruzilhada. Por um lado, eu me sentia confiante em que ele acreditava o suficiente na Up with People para apoiar a organização. Nós jantaríamos e jogaríamos golfe uma ou duas vezes por ano. Nosso relacionamento encontraria um lar confortável no Terceiro Andar.

Por outro lado, eu sentia que Humberto poderia se interessar em ser muito, muito mais do que um doador. Eu sentia que ele precisava de uma verdadeira amizade em sua vida, e não mais uma causa. Eu achava que o nosso relacionamento tinha potencial para ir além das notícias, esportes e clima – e até dos negócios.

Então nunca cheguei a pedir uma doação a Humberto. Em vez disso, eu me abri com ele e pedi conselhos.

Minhas maiores dificuldades na época giravam em torno de minha agenda de viagens. Meu trabalho com a Up with People me mantinha constantemente na estrada, o que implicava ficar longe de minha esposa e filhos pequenos. Nunca achei que pudesse gostar de algo mais do que trabalhar e viajar, mas tinha passado para um novo estágio da vida. Eu sentia falta de Jill, Anthony, Caroline e Tate, e queria passar mais tempo com eles.

Contei isso a Humberto. Na verdade, ele foi uma das primeiras pessoas a quem contei que estava pensando em sair da Up with People e que as viagens eram uma grande razão para isso.

Naquele ponto, Humberto precisou decidir como reagir à minha franqueza e vulnerabilidade. Ele não apenas ouviu com empatia meus problemas e me encorajou como também se abriu e contou alguns de seus problemas pessoais. Pelo fato de ser um proeminente líder corporativo, alguns dos problemas de seu casamento foram a público. Sua disposição para falar sobre aspectos mais privados daquela questão ajudou a levar nosso relacionamento ao Quinto Andar.

Nossas conversas passaram de NEC a CAP – Cascatas à Parte. Acho que nenhum outro amigo meu fala com mais honestidade comigo sobre o que estou ou não fazendo ou que me permita falar com tanta honestidade com ele.

Muitas pessoas – especialmente homens – têm dificuldade com a noção de vulnerabilidade. Mas, pela minha experiência, até mesmo as pessoas mais reservadas podem se permitir ser extremamente vulneráveis quando se veem em um ambiente seguro e de confiança. Nossos primeiros encontros se transformaram nas bases para criar esse ambiente.

Pouco tempo atrás Humberto me enviou uma série de mensagens de texto. Em uma delas, ele disse que eu era um dos seus poucos amigos que nunca o julgavam. Eu sei como é se sentir julgado. Todos nós sabemos. Aquele foi um dos elogios mais gentis que já recebi.

Somos mais vulneráveis com pessoas que não nos julgam – ou, dito de outra forma, com quem estende sua benevolência a nós. Quando oferecemos a benevolência – e quando a encontramos nos outros –, conseguimos largar nosso orgulho e assumir alguns riscos no que diz respeito a deixar outras pessoas nos verem por quem realmente somos – não só as partes que gostaríamos que elas vissem.

Esse tipo de vulnerabilidade não é fácil – e outra coisa que não pode ser fingida. Mas é essencial no estabelecimento de relacionamentos profundos e significativos.

É impossível passar de um relacionamento transacional a um transformacional sem a vulnerabilidade. Precisamos estar dispostos a nos abrir – ir além das notícias, dos esportes e do clima – e falar sobre o que é realmente importante, até mesmo doloroso, em nossa vida.

Se mostrarmos uma mentalidade do tipo "tudo está perfeito", as pessoas não confiarão em nós nem nos seguirão.

Por quê? Porque sabemos que nada é perfeito. Conquistamos a confiança mostrando nosso lado menos lisonjeiro, nossa dor e nosso progresso – algumas vezes até mesmo nosso lado "negro". É essencial ouvir os outros, mas também falar do coração movido pela humildade. Quanto mais profundo for o nível de vulnerabilidade entre duas pessoas, mais profundamente o relacionamento cresce e mais chances você tem de chegar ao Quinto Andar.

Capítulo 23
Sigilo: vivendo a lei da caixa-forte

Informação é poder. Quando amigos, clientes e colegas de trabalho nos revelam informações confidenciais e sensíveis, estão dando um salto de fé – fé em nosso compromisso de pôr em prática o que chamo de "responsabilidade da vulnerabilidade", ou a Lei da Caixa-Forte. Segundo a Lei da Caixa-Forte, nos relacionamentos de Quarto e Quinto Andares você guarda informações confidenciais e particulares sobre os outros como ouro no Forte Knox.

Isso se aplica não apenas a relacionamentos pessoais como a relacionamentos profissionais com clientes, fornecedores e colegas. Podemos reforçá-los confiando uns nos outros e revelando informações sigilosas. Mas o relacionamento é tão seguro quanto a caixa-forte que mantém essas informações guardadas.

É difícil subestimar o valor da vulnerabilidade e do sigilo no desenvolvimento de relacionamento com o líder de uma organização. É por isso que essas características se tornaram uma parte tão importante do meu relacionamento com Steve Ballard, o reitor da East Carolina University.

O reitor Ballard e eu nos conhecemos em 2007, quando recebi o Prêmio de Ex-Aluno de Maior Destaque da ECU. Jill e eu fomos à Carolina do Norte com meu pai e a esposa dele, Angie. Recebi o prêmio durante um banquete oferecido pela associação de Ex-Alunos da ECU e fiz um breve discurso de agradecimento aos administradores, professores e funcionários. Steve gostou do meu discurso o suficiente para me convidar no ano seguinte para fazer o discurso de abertura para a cerimônia de cem anos da universidade.

Em visita à cidade para o discurso, Steve e eu tivemos a chance de nos encontrar e conversar de verdade. Ele me falou sobre sua visão para a East Carolina. Ele vive e pratica o tipo de liderança que eu admiro e espero um dia desenvolver. Ele me contou que queria que a East Carolina se tornasse a melhor "universidade de liderança" da nação – onde todos os quase 28 mil alunos se formarão com experiência em desenvolvimento de lideranças. Criamos um vínculo quase imediato e passamos horas conversando sobre nossas ideias e sonhos.

Mais tarde, quando aceitei o cargo de "líder residente" na ECU, passei a ir ao campus uma semana por mês para ajudar a equipe sênior de Steve a desenvolver o instituto de liderança da universidade. Sempre que eu estava na cidade, Steve e eu almoçávamos ou jantávamos juntos.

Logo desenvolvemos um relacionamento que nos permitiu trocar informações que não trocaríamos com outras pessoas. A vida como CEO de uma grande organização pode ser bastante solitária, e um reitor de universidade conhece bem essa realidade. Os medos e desafios que um reitor enfrenta podem ser muito pesados, especialmente quando ele tem poucas pessoas com quem trocar confidências. Quando Steve se abriu para mim, foi uma oportunidade para nosso relacionamento crescer.

Na ocasião, Steve tinha feito uma entrevista para ocupar o cargo mais alto da Kansas State University. Como poucas pessoas sabiam que a Kansas State estava cortejando Steve, eu ligava para ele quase todos os dias para que soubesse que tinha um amigo confiável com o qual podia conversar enquanto ponderava sobre a decisão. No caminho para a entrevista, ele me chamou para me contar o quanto gostava da ECU e que sentia que seu trabalho lá ainda não tinha sido concluído, especialmente com o instituto de liderança. Mas a Kansas State era uma excelente universidade que estava lhe oferecendo uma oportunidade maravilhosa.

Eu não disse a Steve o que fazer – só ouvi, fiz perguntas e me esforcei ao máximo para ajudá-lo a tomar essa difícil decisão. Ele acabou decidindo ficar na ECU. Mais tarde, o fato de ter sido entrevistado veio a público, mas os detalhes que ele me contou durante aquele momento difícil continuam resguardados – trancados em segurança em uma caixa-forte de sigilo.

Esse é o tipo de promessa que você deve fazer – e cumprir – a qualquer pessoa que lhe revelar informações confidenciais. É o tipo de compromisso que espero antes de contar algo que não quero que o mundo inteiro fique sabendo. A L<small>EI DA</small> C<small>AIXA</small>-F<small>ORTE</small> tem o poder de fortalecer ou destruir relacionamentos. Todos nós conhecemos alguém em nossa vida pessoal e profissional que revelou informações confidenciais. Por outro lado, quando conseguimos manter esse nível de confiança e sigilo, o poder do relacionamento cresce exponencialmente.

Capítulo 24
Curiosidade: o poder das perguntas

Nós nascemos curiosos. Mas, em algum ponto do caminho, nos acomodamos nas rotinas confortáveis da vida e só perguntamos quem, o que, quando, onde e por que se precisamos de uma resposta ou solução para um problema.

Quando eu tinha 4 anos de idade, estava passeando com meu pai e o importunando com todo tipo de pergunta. Então parei e disse: "Papai, estou fazendo perguntas demais?" Ele me olhou: "Você nunca fará perguntas demais, Tommy. É assim que se aprende".

Quando eu estava no primário, minha irmã Lisa – dois anos mais velha – era bandeirante e minha mãe era a líder da tropa. Ela levava as meninas ao tribunal de justiça, ao corpo de bombeiros, à fábrica de laticínios local – qualquer lugar onde achasse que elas poderiam aprender algo interessante. E me levava junto.

Eu ficava sentado nos fundos – o único menino em um grupo só de meninas – e observava e ouvia até o momento de fazer perguntas. Normalmente eu levantava a mão e perguntava alguma coisa. Depois fazia outra pergunta. E outra. As escoteiras quase nunca tinham chance de perguntar. Mas minha mãe nunca me disse que eu estava passando dos limites. Ela ecoava as palavras do meu pai: "Tommy, é assim que você fica esperto", ela dizia. "Nunca pare de perguntar."

Então nunca parei de fazer perguntas às pessoas e nunca parei de ouvir as respostas. Meu pai me chama de "ouvinte intenso". Acredito que isso venha da minha curiosidade – o desejo não apenas de perguntar como também de ouvir, entender e lembrar as respostas.

Desenvolver relacionamentos de Cobertura é mais uma questão dos depósitos que fazemos do que da duração dos nossos investimentos, e não há modo mais fácil de fazer depósitos do que desenvolver – ou redesenvolver – a curiosidade. Consolidar relacionamentos significativos é mais uma questão de fazer perguntas do que de respondê-las. Quando fazemos perguntas e ouvimos, fazemos depósitos e não saques.

Quando conversei com o barman enquanto esperava para ser entrevistado na Rotary International Ambassadorial Scholarship, tudo o que fiz foi demonstrar curiosidade natural sobre quem ele era e como era sua vida. Quando percebi, ele estava com o álbum de fotografias da família aberto no balcão e ríamos das suas histórias da juventude. Quando jantamos com Mark e Kate, não comecei pedindo que Kate me contasse sobre seus problemas na vida. Comecei com perguntas simples, dando-lhe espaço para responder o que quisesse. Mas não parei por aí. Continuamos descascando a cebola até chegar ao que realmente importava.

Esse tipo de curiosidade prepara o terreno para a vulnerabilidade e permite que os relacionamentos se elevem dos andares inferiores e se tornem mais importantes.

Capítulo 25
Generosidade: oriente-se pela sua consciência

O espírito da generosidade leva a atos simples de bondade em relação a pessoas em necessidade – seja ajudando um colega a concluir um projeto, um vizinho a tirar neve da calçada ou doando tempo ou dinheiro para a compra de sapatos para uma criança da Etiópia.

Nos negócios, a generosidade corporativa é planejada. Mas a generosidade também pode envolver dotar os empregados de poder e tomar a iniciativa de "fazer a coisa certa" quando tiver a chance.

Agir com generosidade intensifica sua consciência das necessidades alheias (empatia) e desenvolve a confiança das pessoas que o cercam. Se quisermos que nossos colegas, clientes e fornecedores confiem em nós, precisamos mostrar que nos importamos com eles. Mas também precisamos mostrar que nos importamos com os outros – pessoas que não nos oferecem nada além de um sincero agradecimento (e algumas vezes nem isso).

Essa é a atitude que Kurt e Brenda Warner incorporam quando saem para jantar com os sete filhos.

Houve uma época na qual os Warners eram forçados a fazer cada centavo de cada pagamento render o máximo, com Kurt reabastecendo as prateleiras de um supermercado quando não estava jogando na mal remunerada Arena Football League. Então, em 1998, ele recebeu um telefonema. O St. Louis Rams precisava de um *quarterback* de reserva. Logo Kurt estava na escalação do Rams. E quando o *quarterback* sofreu uma lesão em 1999, Kurt assumiu seu lugar. O ex-abastecedor de prateleiras de supermercado estava a caminho de se tornar campeão do Super Bowl, nomeado duas vezes Jogador Mais Valioso da National Football League.

Quando Kurt se tornou uma celebridade da NFL, ele e a esposa repararam que gerentes de restaurante muitas vezes ofereciam o jantar de graça. Isso não fazia muito sentido considerando o quanto um *quarterback* da NFL ganhava. Então os Warners viraram a mesa, dando aos filhos uma lição de generosidade no processo. Agora, quando a família sai para jantar, paga o jantar de alguém. Eles fazem o possível para que isso seja feito anonimamente. Um dos filhos escolhe quem vai ganhar a refeição.

Depois de sair de St. Louis e ter jogado um pouco com os New York Giants, Warner acabou no Arizona Cardinals, que iria jogar no Super Bowl em 2009 contra os Pittsburgh Steelers. Na noite de sexta-feira, antes do Super Bowl, ele e a família estavam jantando fora e, seguindo a tradição, pagaram o jantar da mesa ao lado – vinte torcedores dos Steelers.

Duvido que Kurt tenha convertido os torcedores dos Steelers a torcedores 20 dos Cardinals, mas provavelmente ganhou uma boa reputação. E, o mais importante, respeitou a escolha dos filhos e mostrou um exemplo de como dar incondicionalmente – até para fãs do adversário.

Capítulo 26
Humildade: o dom da perspectiva

Uma das histórias mais engraçadas que já ouvi sobre humildade é atribuída a Don Shula, o técnico de futebol americano que entrou no Hall da Fama. Shula foi técnico durante 33 anos na National Football League, e seu recorde de 347-173-6 é o melhor da história da liga. A maior parte desses anos foi passada com os Miami Dolphins, um time que ele levou ao Super Bowl cinco vezes. Seus Dolphins venceram o Super Bowl duas vezes, tornando-se, em 1973, o único campeão invicto da NFL.

Desnecessário dizer que Don Shula é uma celebridade nacional. No sul da Flórida, são poucos os lugares públicos que ele pode frequentar sem ser reconhecido pelos fãs.

De acordo com a história, um dia, quando estava de férias em uma região remota de New Hampshire, Shula levou a família para um cinema à moda antiga. Quando entraram e começaram a se sentar perto dos fundos, um pequeno grupo da frente se levantou e aplaudiu por alguns segundos.

"Não consigo nem vir para uma cidadezinha de New Hampshire sem ser reconhecido", Shula sussurrou à esposa.

Depois do filme, ele começou a conversar com um dos habitantes locais enquanto saíam do cinema. Shula decidiu perguntar sobre os aplausos.

"Quando eu entrei, vocês me aplaudiram de pé. Fiquei surpreso pela forma como vocês me reconheceram."

"Amigo, não sei quem você é", o homem disse. "Só sei que havia apenas oito pessoas no cinema e eles só começam a passar o filme com pelo menos dez espectadores pagantes."

Quando nos levamos a sério demais, quase sempre alguma coisa acontece para nos trazer de volta à realidade! É fácil deixar o sucesso subir à cabeça. Quando tudo dá certo, tendemos a assumir os créditos – especialmente se os outros se mostram dispostos a nos dar crédito.

Com o tempo, contudo, a arrogância envenena os relacionamentos.

As pessoas seguem líderes com corações modestos. Se não tivermos humildade, os outros podem respeitar nossas realizações, mas não se envolverão verdadeiramente conosco nem nos seguirão. E elas certamente não irão conosco ao Quinto Andar. Podemos ter uma posição de autoridade, mas não teremos a autoridade relacional. E a autoridade posicional nos leva só até certo ponto.

Não é fácil manter a humildade quando estamos subindo na hierarquia corporativa, abrindo uma empresa e tentando nos destacar em um mundo que muitas vezes só dá atenção a pessoas exibicionistas e ostentadoras. Mas, quanto mais modestos somos, melhor podemos liderar os outros.

Isso é particularmente importante em épocas de conflito ou fracasso. O modo como lidamos com os desafios demonstra nossa humildade e nosso caráter. Bons líderes apontam o dedo para as equipes e colegas quando têm sucesso. Excelentes líderes apontam o dedo para si mesmos quando a equipe fracassa.

John Wooden, talvez o maior técnico de basquete da história da Associação de Atletismo Colegial dos Estados Unidos, diz isso da seguinte forma: "O talento é um dom de Deus; seja modesto. A fama é dada pelo homem; seja grato. A arrogância é dada por si mesmo; seja cuidadoso".

Capítulo 27
Senso de humor: viva com leveza

A humildade nos ajuda a assumir a responsabilidade pelos nossos erros e fracassos, e podemos fazer isso com um senso de humor saudável. Para que nos torturar com nossos fracassos e arriscar perder a autoconfiança? Para que projetar uma visão negativa de nós mesmos? Ninguém quer seguir Bisonho, o burro cinzento da turma do Ursinho Puff, que está sempre de orelhas caídas e resmungando.

Enxergar graça em nossas deficiências e no mundo ao nosso redor pode agir como um excelente redutor de estresse. Isso nos permite transformar situações ruins em algo bom ou pelo menos suportável. E pode ser utilizado como ferramenta para desenvolver relacionamentos.

Quando eu era "líder residente" na East Carolina, sempre ficava no mesmo hotel – o Hilton de Greenville, Carolina do Norte. Quando você se hospeda no mesmo lugar por uma semana a cada mês durante um ano, passa a conhecer bem os empregados e eles o conhecem.

Durante uma determinada estadia, as coisas não iam particularmente bem. Eu sempre pedia um quarto de não fumantes, mas naquela vez me deram um quarto que fedia a cigarro. Me mudaram de quarto, mas, de novo, ele cheirava a fumaça. Foi só na terceira vez que encontrei um verdadeiro quarto de não fumantes.

No mês seguinte, fiz o *check-in,* fui ao quarto e notei a ausência do cheiro de cigarro. Depois notei outra coisa – uma cesta de presentes na cama. O gerente queria mostrar que me apreciava como cliente, se desculpar pelos problemas que encontrei na estadia anterior e se certificar de que tudo estava em ordem daquela vez.

Mas ele também mostrou senso de humor. Na cesta, ao lado dos doces, frutas e outras delicadezas, havia um bilhete, além de um cinzeiro e de um maço de cigarros!

Fiquei rindo sozinho. Depois interfonei para agradecer. Ganhei mais um amigo e ele tem um cliente fiel.

Capítulo 28
Gratidão: a arte de ser grato

Quero concluir esta seção sobre as "características" para construir relacionamentos com o que pode muito bem ser a qualidade mais importante de todas.

É simplesmente impossível desenvolver relacionamentos profundos e significativos sem um senso de gratidão bem desenvolvido. Nada é garantido neste mundo. Cada relacionamento é um presente que deve ser valorizado, bem como os benefícios que acompanham esses relacionamentos.

Melody Beattie, autora de *best-sellers* de desenvolvimento pessoal, diz: "A gratidão libera a vida em sua plenitude. Ela transforma o que temos em mais do que o suficiente. Ela transforma rejeição em aceitação, caos em ordem, confusão em clareza. Ela pode transformar uma refeição em um banquete, uma casa em um lar, um estranho em um amigo. A gratidão dá sentido ao nosso passado, traz paz ao hoje e cria uma visão para o amanhã".

Quando somos gratos por cada momento e cada relacionamento, nós os apreciamos e não abusamos deles. A gratidão nos permite nos beneficiar ao máximo deles, não apenas para nós mesmos, mas para todos ao nosso redor.

Não conheço uma pessoa que incorpore essa ideia com mais naturalidade e profundidade que Joel Mauney. Quando estávamos no primeiro ano da East Carolina University, Joel e eu trabalhávamos como ajudantes de garçom. Ficamos em fraternidades diferentes, mas logo nos tornamos amigos. No último ano, fui eleito presidente do Conselho de Fraternidades e Joel foi eleito vice-presidente. Depois de nos formarmos, eu disse a Joel que faria uma viagem de algumas horas para assistir a um show da Up with People e fazer uma entrevista para trabalhar como membro do pessoal de apoio. Joel me acompanhou, porque nunca tinha visto um espetáculo da Up with People. Depois da entrevista, procurei Joel por toda parte. Finalmente o encontrei – sendo entrevistado para atuar no elenco. Ele conseguiu um lugar e, no ano seguinte, eu estava trabalhando na equipe de apoio do elenco no qual ele foi alocado. Passamos dois anos viajando pelo mundo juntos com a Up with People. Joel acabou em Denver, onde trabalhou comigo e me ajudou a lançar o Leader's Challenge. É um dos empregados mais talentosos que já contratei e um amigo melhor ainda. Hoje é vice-presidente da Spaulding Companies e diretor de programas do Spaulding Leadership Institute, a holding de quatro ONGs que fundei.

Joel passou grande parte da vida como meu braço direito. Ele sabe que nos complementamos. E, apesar de o mundo poder me ver como o líder e o visionário, nunca deixei de valorizar o que Joel fez e continua fazendo para assegurar o sucesso das organizações nas quais nos envolvemos. Joel tem sido uma enorme parte do sucesso de cada organização que já fundei.

Sempre que pude, tentei me certificar de que Joel compartilhava comigo as recompensas. Fomos juntos ao Super Bowl e ao Major League All-Star Game. Joel é fanático por esportes – ele adora qualquer coisa que envolva um gol, uma rede, uma bola ou bastão. Procuro oportunidades de convidá-lo para viajar comigo a lugares interessantes.

Joel é uma das pessoas que podem me olhar nos olhos e dizer sinceramente "Você me deve, Spaulding". Mas nunca me pediu um favor. E nunca tratou um favor ou um presente como algo a que tivesse direito. Ele simplesmente aprecia cada momento, cada presente que recebe.

Quando dou palestras para grupos ao redor do mundo, especialmente jovens, uma das coisas sobre as quais sempre falo é o senso de direito adquirido – o contrário da gratidão. Especialmente na América, esse é um vírus que está se espalhando pelas organizações e corroendo nossa cultura. Quando as crianças chegam à adolescência, muitas aprenderam que o mundo lhes deve praticamente tudo – educação, um emprego do qual elas gostem e em que sejam bem remuneradas, um cargo impressionante, um carro de luxo, uma grande sala envidraçada.

Todas essas coisas são possíveis para qualquer um, mas não são garantidas. Requerem empenho e perseverança.

Então, eu lhe digo a mesma coisa que digo a esses jovens: retire do coração o senso de direito adquirido. Pare de ler agora e faça isso. Substitua por aquilo sem o que nenhum relacionamento pode sobreviver – a gratidão.

PARTE 4

Revolucionando os relacionamentos: a vida na Cobertura

Capítulo 29
A jornada para a Cobertura

As coisas mais fáceis da vida são as coisas seguras, que parecem ser as mais óbvias. São os caminhos mais percorridos. Mas a maioria de nós acaba se acomodando na rotina do óbvio. É por isso que deixamos de aproveitar grande parte do que a vida tem a nos oferecer. Vemos um executivo júnior que poderíamos orientar, um empreendedor que poderia se beneficiar de nossos conselhos ou um cliente que se beneficiaria de conhecer um de nossos contatos, mas decidimos não fazer nada porque estamos ocupados demais ou simplesmente não queremos perturbar nossa rotina, nossa vida segura.

Os relacionamentos do Primeiro Andar são rotineiros. Os do Segundo e Terceiro Andares são menos rotineiros, mas envolvem muito pouco risco e, dessa forma, geram um retorno limitado. Se nossos relacionamentos pararem no Terceiro Andar, ou até mesmo no Quarto, estaremos deixando de viver as melhores coisas da vida: a chance de fazer a diferença, não apenas em nossa própria carreira, mas pela nossa empresa e nossa comunidade. Esses são os nossos relacionamentos de Quinto Andar – a Cobertura, o melhor do melhor.

Tenho a sorte de ter relacionamentos de Quinto Andar com muitos empresários, CEOs e outros executivos. Mas a Cobertura não é um clube exclusivo. Se fosse, duvido que me deixassem entrar! A essência dos relacionamentos de Quinto Andar vai além de quem você conhece; a essência desses relacionamentos são os próprios relacionamentos. A Cobertura não distingue raça, sexo, cargo, origem ou *status* social ou econômico. Ela é aberta a todos.

Por exemplo, tenho um relacionamento de Cobertura com Mike Chambers – ex-marido da minha esposa. Mike e Jill passaram por um divórcio amargo, difícil e doloroso, mas um de meus mentores, Jerry Middel, me deu o seguinte conselho: eu precisaria me esforçar para gostar de Mike Chambers.

Minha esposa e Mike tiveram um filho juntos – Anthony –, de forma que eu fiz de tudo para fazer amizade com Mike e mostrar que me importava com ele e com Anthony sem querer ocupar o lugar do pai.

Mike naturalmente foi cauteloso no início. Levou um tempo para superarmos as mágoas. Mas hoje Mike passa o Natal em nossa casa. Ele tem uma meia pendurada em nossa lareira. Vamos juntos levar Anthony para assistir a jogos. Meus filhos, Caroline e Tate, o chamam de Tio Mike. Para comemorar seu aniversário de 40 anos, ele convidou Jill, Anthony e a mim para um jantar na casa de sua mãe. Dois anos depois, quando Jill perguntou como eu queria celebrar meu aniversário de 40 anos, sugeri um jantar agradável com quatro outros casais – incluindo Mike e sua namorada.

Em 2008, Mike foi internado e fui vê-lo todos os dias. Eu me sentava com ele, o alimentava e conversava com ele. Depois que ele melhorou, eu algumas vezes contrabandeava hambúrgueres e seu tabaco de mascar. Não vejo Mike como um "ex". Eu o vejo como parte da família e o amo como a um irmão.

Improvável? Talvez. Impossível? De jeito nenhum!

O pior erro que podemos cometer na vida é fechar nosso coração e mente ao potencial dos relacionamentos simplesmente porque a tradição e os estereótipos nos dizem que nada de bom pode vir deles. Em algumas ocasiões precisamos nos transformar em "rebeldes relacionais" – rejeitando o fácil, o ordinário e o seguro ao lidar com as pessoas que entram e saem de nossa vida. Não podemos ter relacionamentos de Quinto Andar com todo mundo, mas podemos ter relacionamentos de Quinto Andar com qualquer um. A questão é: quem escolhemos para levar à Cobertura?

Muitas vezes tomamos essa decisão rapidamente, quase instintivamente. Conhecemos alguém e se forma um vínculo que é difícil explicar – algo parece se encaixar. Sentimos isso e sabemos que queremos investir mais tempo e energia no desenvolvimento desse relacionamento. E há aqueles relacionamentos que sabemos que serão difíceis desde o início – como Mike e eu. Mas decidimos, por alguma razão, que devemos nos arriscar mesmo assim.

Normalmente o problema é que nos restringimos ao fácil e rápido. Queremos a maçã no galho mais baixo. Assim, qualquer relacionamento que não puder ser preparado no micro-ondas fica largado na prateleira. Não temos tempo. Dá muito trabalho. Demanda muita energia. Mas muitas vezes a maçã que não está no galho mais baixo é a mais saborosa e doce.

A ironia é que a única maneira de descobrir quais relacionamentos deveríamos tentar levar à Cobertura é dedicando tempo e energia a eles.

Deixe-me contar duas histórias verídicas que ilustram como podemos levar os relacionamentos de Primeiro Andar em uma jornada ascendente até a Cobertura.

A primeira é a história de meu relacionamento com Jerry Middel, o mentor que me aconselhou a gostar de Mike Chambers. Ela ilustra como alguém pode se concentrar deliberadamente na construção de um relacionamento e como, com o tempo, esse relacionamento pode se transformar em algo incrivelmente especial.

A segunda história envolve Ron Hall e Denver Moore, dois homens que nunca conheci pessoalmente, mas a quem admiro profundamente. A história deles ilustra o poder de dar uma chance a um relacionamento mesmo quando a crença dominante dita que ele não tem como sair do Primeiro Andar.

Esses dois relatos tão diferentes podem lhe dar uma ideia de como os relacionamentos de Quinto Andar podem se desenvolver. Mas também espero que elas expandam sua concepção da Cobertura e os tipos de relacionamentos que podem florescer lá.

Capítulo 30
O filantropo silencioso

Jerry Middel tem uma grande casa de campo nas Montanhas Rochosas, no Blue River, em Silverthorne, Colorado, não muito longe de Breckenridge. A varanda e as grandes janelas oferecem uma vista espetacular do rio, dos vales e dos picos cobertos de neve das montanhas Buffalo, Red e Keller.

O "barraco nas montanhas", como Jerry o chama, é o ambiente ideal para descansar, descontrair e recarregar as baterias. Ter uma casa como essa é uma daquelas imagens que muitos de nós vislumbramos em nossa versão particular do sonho americano.

Tudo indica que Jerry está vivendo esse sonho. Mas é muito fácil se concentrar na grande casa de campo e deixar de ver os aspectos mais importantes de sua vida. Suas verdadeiras medidas de sucesso são definidas pelas pessoas que conhece e pelo impacto que tem sobre elas.

Jerry, ou "Pops", como o chamo, começou sua carreira como vendedor porta a porta, mas sempre se dedicou em período integral ao negócio de ajudar os outros. À medida que sua fortuna cresceu, o mesmo aconteceu com sua generosidade. Mesmo depois de vender sua empresa alguns anos atrás, aos 61 anos, Jerry não se aposentou. Ele ainda trabalha, mas agora doa 100% do que ganha. Jerry come, dorme e respira generosidade – e não só do tipo que requer preencher cheques para causas dignas. Quando lhe telefono, ele muitas vezes está no cinema, assistindo a um jogo, pescando ou jogando golfe. Mas é quase sempre com algum jovem que está orientando.

Jerry incorpora tudo o que quero dizer com relacionamentos que transcendem fronteiras. Ele incorpora a excelência nos relacionamentos da mesma forma que Alex Rodriguez incorpora um excelente swing de beisebol. Na verdade, no que diz respeito à excelência nos relacionamentos, Jerry é o guru, o maharishi, o swami, o sábio, o virtuoso, o... bem, você entendeu. Ele é muito bom nisso.

Para Jerry, tudo começa com os relacionamentos. Todo o resto – dinheiro, casas e assim por diante – são subprodutos, não para seu prazer pessoal (apesar de ele apreciar a vida), mas para ajudar os outros e para construir mais relacionamentos significativos. Sua paixão são as pessoas, não as posses. Sua vida é um testemunho de abnegação em um mundo materialista.

Podemos ter relacionamentos de Cobertura com colegas, protegidos e mentores. Para mim, Jerry está na última categoria. Ele foi o mentor em diversas áreas de minha vida, e uma delas é minha visão dos relacionamentos.

Na adolescência, eu contava com a estratégia de Dale Carnegie para fazer amigos e influenciar pessoas, mas a mensagem deles se concentra principalmente em como usar os relacionamentos para o ganho pessoal e profissional. Acabei percebendo que meu ganho pessoal e profissional não tinha muito sentido se eu não estivesse fazendo diferença na vida dos outros. Jerry me ajudou a descobrir uma verdade ainda mais profunda: meu ganho pessoal e profissional na verdade aumentava quando eu me concentrava em ajudar os outros.

Essa foi a revolução. A maioria dos livros populares sobre *networking* ou o poder dos relacionamentos só chega até o Quarto Andar – até mesmo os livros que falam sobre o poder de criar um círculo íntimo de amigos de confiança (que discutirei em mais detalhes no Capítulo 32). Isso acontece porque a meta final na maioria desses livros restringe *seu* avanço. Funciona bem nos andares de Um a Quatro. A Cobertura é reservada para relacionamentos totalmente abnegados. É um relacionamento de servir ao outro – e funciona nas duas direções. Isso se aplica a todos os meus relacionamentos da Cobertura.

As táticas e estratégias do tipo "o que você faz" e as características que definem "quem você é" se combinam para nos ajudar a elevar os relacionamentos do Primeiro Andar a posições em que eles ganham importância; alguns desses relacionamentos podem se tornar altruístas a ponto de se tornarem a definição de um relacionamento de Cobertura.

Jerry me ensinou grande parte disso fazendo apenas uma coisa: vivendo a lição na prática.

Quando entrei no Rotary Club de Denver, seis meses depois de me mudar para o Colorado, achava que seria um bom jeito de conhecer outros líderes, ajudar a comunidade e retribuir à organização que tanto me ajudou com a Rotary Ambassadorial Scholarship.

Com mais de 400 membros, o clube é um dos maiores do mundo. Isso me proporcionava uma enorme oportunidade.

Em certos sentidos, contudo, conhecer pessoas foi mais difícil do que eu esperava. Eu chegava para o almoço, olhava para o mar de mesas e homens e mulheres impecavelmente vestidos e usando crachá e me perguntava se um dia conseguiria ir além do *networking* superficial.

Foi quando conheci Jerry.

Pouco depois de nos conhecermos, recebi um telefonema do "rotariano Jerry" me convidando para almoçar. Depois de aceitar, dei uma olhada na lista de membros do clube para saber mais sobre ele. Ao lado da "profissão" estava a palavra "seguros". Então me preparei para a inevitável promoção de vendas.

Que bom vê-lo novamente, Tommy! ... Como vai você e a família? ... Ótimo, ótimo! ... Então, Tommy, meu amigo, se você morresse esta noite, em que situação deixaria sua família? ...

Bem, nos encontramos para almoçar – lembro que nós dois pedimos salada de salmão – e conversamos sobre isso, aquilo e aquilo mais, mas o tema dos seguros nunca veio à tona. Nem uma única vez.

Eu esperava um relacionamento de Primeiro Andar no qual Jerry tentaria fechar uma transação como qualquer outro vendedor de seguros que já conheci. Achava que eu é quem conduziria o relacionamento a outra direção. Mas descobri que Jerry não estava construindo nosso relacionamento com base em uma transação. Meu garfo mal tinha tocado a salada de salmão quando percebi que ele não era um homem qualquer e que não teríamos uma amizade qualquer.

Seu propósito original ao me convidar para almoçar, como ele me contou depois, era que eu poderia ser um bom mentor para o Denver Kids, um programa para jovens em risco. Mas ele não mencionou isso durante nosso primeiro almoço. Queria me conhecer melhor – minhas paixões, minhas esperanças, meus sonhos, minha história – e tirar nosso relacionamento do Primeiro Andar.

Algumas semanas depois tivemos outro almoço e mais uma vez os seguros nunca foram mencionados, nem o Denver Kids.

Continuamos a nos encontrar e a conversar e desenvolvemos confiança um no outro à medida que falávamos cada vez mais sobre nossas vidas. Acho que nos encontramos umas 15 ou 20 vezes antes de Jerry finalmente fazer um pedido. Foi então que ele perguntou se eu levaria em consideração ajudar os Denver Kids. (E ainda, nada de seguros.)

Àquela altura, Jerry sabia que nós tínhamos potencial para desenvolver um relacionamento mais profundo.

Como ele sabia? Porque ele ouvia.

Se você perguntar a Jerry sobre seus relacionamentos de negócios, ele lhe dirá que a maioria deles reside no Terceiro ou Quarto Andar – que é o lugar deles. Alguns relacionamentos simplesmente perdem o profissionalismo se ficarem íntimos demais. Eles podem – e devem – ter confiança e respeito mútuos, mas não necessariamente intimidade. Uma maneira de descobrir se um relacionamento pode se aprofundar é conhecer a pessoa o máximo que puder. Isso é feito não apenas por meio das perguntas certas, mas prestando atenção de verdade às respostas.

Jerry gosta de dizer que a maioria das pessoas, especialmente os homens, não ouve quando faz uma pergunta. Normalmente já estão pensando no que dizer. Então, quando perguntam: "Como vai a família?", elas começam a pensar na própria família ou no que querem dizer quando o outro parar de falar.

Quando você ouve, descobre as pequenas coisas que lhe permitem saber se existe a química que ajudará um relacionamento a se transformar em algo mais íntimo. É uma espécie de viagem interior.

Jerry está envolvido em um sacerdócio cristão cujo fundador gosta de sugerir às pessoas "fazer perguntas significativas, escutar com atenção e se apaixonar pela alma das pessoas. Depois compartilhe com elas sua fé, por amor, não por obrigação".

Deixe-me parar um pouco e mencionar que Jerry tem sido uma influência espiritual em minha vida, mas nunca tentou me vender uma religião, assim como nunca tentou me vender um seguro. Não estou pregando o evangelismo ou o proselitismo, mas desenvolver relacionamentos ouvindo com atenção e descobrindo a alma da pessoa de forma que possa compartilhar sua vida com elas por amor, não por dever.

"Acho que essa é a chave para os relacionamentos", diz Jerry. "Fazer perguntas e ouvir com atenção o que as pessoas têm a dizer – seus problemas, seus interesses."

Como Jerry ouviu meus problemas com atenção, reconheceu o que faltava em minha vida. Quando eu pedia, ele me oferecia suas opiniões e sugestões, algumas vezes contando histórias da própria vida, como a época na qual ele lutava para abrir seu negócio, e algumas vezes recomendando livros. E, sinceramente, algumas vezes zombando de mim. Eu era solteiro quando conheci Jerry; ele adorava zombar de mim devido às mulheres que eu namorava. Depois que passou a me conhecer melhor, quando eu contava sobre uma nova namorada com quem estava saindo, ele levantava um certo número de dedos para representar quantas semanas achava que o relacionamento duraria.

O mais importante, ele exemplificava o amor e o respeito aos outros – incluindo sua esposa e filhos criados, o que ajudou a me inspirar a abordagem da minha vida de um jeito um pouco diferente. Eu tinha relacionamentos intensos – exceto com aquelas que namorava. Jerry me ajudou a ver que isso não fazia sentido algum. Influenciado por Jerry, reavaliei meus valores e comecei a levar os namoros mais a sério. Se não fosse por isso, eu não teria nenhuma chance com Jill!

Jerry não me deixa escapar com amenidades superficiais. Ele quer saber não apenas o que estou fazendo e no que acredito como quer saber por quê. Como dizia Sócrates, a vida não analisada não vale a pena ser vivida. Jerry me ajudou a analisar minha vida. Não importa o tema, Jerry sempre chega ao cerne da questão.

Entro na maioria dos relacionamentos com um desejo de ser positivo em relação a mim mesmo – quero mostrar meus pontos fortes. A maioria de nós é assim, e não há nada de errado com isso. Mas Jerry foi uma das primeiras pessoas que conheci que não queriam saber só o lado bom. Quanto mais nos conhecemos, mais perguntas profundas ele fazia. Ele queria saber o que estava acontecendo em minha vida. E eu me sentia muito à vontade revelando meus temores, minhas ansiedades – meu lado mais negro –, porque Jerry tem o dom de não julgar as pessoas.

Jerry faz isso praticando o conceito de dar sem expectativas. Faço coisas para Jerry o tempo todo, e algumas vezes o faço atendendo a um pedido dele. Mas ele nunca me pede alguma coisa para si. Quando me pede algum favor, é quase sempre para ajudar outra pessoa.

Quando perguntei a Jerry o que ele ganha em nosso relacionamento, eis o que ele disse: "Nunca pensei dessa forma. Nunca pretendi ganhar alguma coisa com isso". Então ele parou para pensar um pouco e acrescentou: "Eu me orgulho de ver alguém crescer. Você era meio selvagem quando o conheci e hoje tem uma esposa e uma família maravilhosas. Sinto certo orgulho por ver uma pessoa com a qual me importo crescer tanto".

O assunto dos seguros só veio à tona quatro anos depois que nos conhecemos. E mesmo assim quando eu o olhei nos olhos e disse: "Não aguento mais. Quando você vai tentar me vender um seguro de vida?"

Foi quando ele me falou sobre seus produtos e eu comprei uma apólice, que renovo todos os anos.

Àquela altura, Jerry já era um amigo de confiança. Ele foi um dos membros do conselho de administração original do Leader's Challenge, a ONG que fundei em 2000, apesar de eu nunca ter pedido a ele nenhum centavo para a organização. Mas de vez em quando nós almoçávamos juntos e em algum ponto, de modo quase casual, ele me entregava um grande cheque e dizia: "Não conte a ninguém".

Nosso relacionamento cresceu ao longo de semanas e meses, e o crescimento foi tão sutil que quase passou despercebido. Um dia estávamos almoçando e sem perceber eu me oferecia para trabalhar como voluntário nas iniciativas de caridade dele, ele me ajudava a lançar uma ONG e conversávamos sobre o que eu queria em um relacionamento de longo prazo com uma mulher. Em retrospecto, vejo a vulnerabilidade dele, a abnegação dele e sua disposição para fazer perguntas profundas e ouvir as respostas como os passos críticos que levaram nosso relacionamento a avançar.

Não sei exatamente quando nosso relacionamento chegou ao que eu descreveria como a Cobertura, mas posso olhar para trás e dizer quando percebi que estávamos lá.

Quando eu liderava o Leader's Challenge, o marido de uma de nossas colaboradoras era o CEO da Major League

Baseball Alumni Association. Nós sempre estávamos em busca de maneiras de retribuir nossos doadores, de forma que ele doou alguns ingressos para o jogo do All-Star daquele ano em Chicago. Eu levei Jerry Middel.

Na época, Jerry e eu tínhamos um relacionamento no qual sabíamos intuitivamente quando o outro estava com uma dificuldade ou necessidade, e nosso respeito e confiança mútuos nos permitiam fazer as perguntas mais difíceis. Também celebrávamos as vitórias um do outro. Quando algo de bom acontecia na vida de Jerry, eu também me sentia um vencedor. E ele se sentia da mesma forma quando as coisas iam bem para mim.

Tínhamos coisas diferentes a oferecer um ao outro, porque estávamos em estágios diferentes da vida e tínhamos formações e histórias distintas, com diferentes habilidades e experiências. Mas nossos valores e princípios se alinhavam muito bem. Depois de passar um tempo com Jerry, eu sempre me sentia uma pessoa melhor. E as necessidades dele se tornavam tão importantes quanto as minhas.

Durante aquela viagem a Chicago, Jerry e eu fomos jantar no restaurante de Mike Ditka. Enquanto falávamos sobre nossa amizade, percebi que não tinha vergonha de dizer que eu o amava. Era o tipo de amor recíproco que marca os relacionamentos mais significativos. Mais tarde eu daria um nome a esse amor: um relacionamento de Quinto Andar ou Cobertura.

Capítulo 31
Mais do que os olhos podem ver

Ron Hall conheceu Denver Moore em uma noite de terça-feira na Union Gospel Mission, um abrigo de sem-tetos no centro de Forth Worth, Texas. Ron, homem branco de meia-idade, negociador de arte bem-sucedido, estava realizando trabalho voluntário com a esposa, servindo o jantar. Denver, negro de 1,90 metro e 104 quilos, chamou a atenção do casal quando jogou uma cadeira pela sala, gritando obscenidades e prometendo "matar o maldito que roubou meus sapatos!", enquanto mostrava seus enormes punhos para qualquer pessoa que não tivesse o bom senso de sair de perto.

Enquanto Ron percorreu os olhos pela sala em busca de alguém que pudesse intervir, sua mulher, Deborah, inclinou-se e disse que achava que ele deveria tentar fazer amizade com o homem.

Ron, compreensivelmente, não estava muito disposto a fazer parte daquele relacionamento.

"Provavelmente na faixa dos 60, ele parecia mais jovem e, de certa forma, ao mesmo tempo mais velho também", Ron lembrou. "Ele estava maltrapilho. O branco de seus olhos parecia amarelado. Ele nunca sorria e raramente falava. Também não vimos ninguém que reconhecesse sua presença. Mas ele não era excluído pelos outros; era mais como se eles mantivessem uma distância respeitosa, como alguém que fica longe de um pitbull".[9]

Durante semanas depois daquele primeiro encontro, Ron viu Denver na missão ou nas proximidades. Denver esperava até que todo mundo recebesse a comida, entrava e pedia dois pratos, um para ele e um para um senhor idoso que morava por perto. Ron achava que Denver só queria mais comida e sabia que dar dois pratos contrariava a política da missão. Mas ele não era a polícia da missão, então simplesmente dava dois pratos a Denver e lhe dizia que era um prazer vê-lo de novo.

Ron ainda não tinha desejo algum de fazer amizade com o homem, mas sua esposa continuava insistindo, e de tempos em tempos ele puxava papo com Denver. O risco parecia ser mínimo, já que Denver claramente não se mostrava disposto a interagir com Ron mais do que Ron queria interagir com Denver. Quando Ron falava com Denver, normalmente não recebia resposta alguma. E, quando recebia uma resposta, em geral era uma única frase: "Me deixe em paz".

Ron e Deborah Hall ficaram sabendo de um concerto

---

9 – Ron Hall e Denver Moore contam sua história em seu *best-seller* da lista do New York Times, *Somos todos iguais* (Landscape, 2008). Esse livro mudou minha vida, me desafiando em vários níveis. É um livro que darei aos meus filhos e insistirei para que leiam. A descrição que apresento de forma resumida neste capítulo é contada em minhas palavras, não nas deles; só os diálogos são citações do livro deles. Apesar de eu contar uma boa parte da história, está longe de ser o relato completo. Então, por favor, leia o livro deles.

gratuito no Caravan, um teatro pomposo no centro de Fort Worth, e decidiram levar quem da Union Gospel Mission quisesse ir.

Eles já trabalhavam como voluntários na missão por alguns meses e passaram a conhecer vários dos frequentadores regulares. Mas não Denver Moore. Por isso Ron se surpreendeu quando viu Denver se levantando e se aproximando do grupo de homens que esperavam Ron para levá-los ao concerto. Depois que os outros se apinharam na parte de trás do utilitário de Ron, Denver ficou por perto, olhando fixamente para o carro antes de se sentar no banco do passageiro ao lado de Ron, mantendo-se impassível e em silêncio durante todo o percurso até o teatro.

Quando todos os outros entraram no teatro, Denver ficou do lado de fora, fumando um cigarro até Ron voltar e perguntar se ele não queria entrar.

Denver não disse uma palavra sequer. Ficou em silêncio durante vários minutos, passou por Ron e entrou no teatro sem dizer nada. Ron o seguiu, sentou-se a seu lado e mais tarde lhe deu um tapinha no joelho, sorriu e disse que estava feliz por ele ter decidido acompanhá-los.

Denver se levantou e foi se sentar em outro lugar, sozinho.

Depois do concerto, todo mundo entrou nos carros – as mulheres no carro de Deborah e os homens no carro de Ron. Todo mundo menos Denver. Como de costume, ele ficou vários minutos para trás. Depois se aproximou de Ron – com um pedido de desculpas.

"Já faz um tempo que você e sua esposa vêm tentando ser gentis comigo e eu evito vocês de propósito", ele disse. "Desculpe."

"Da próxima vez que você estiver na missão", Denver acrescentou, "me procure e vamos tomar um café e bater um papo."

Ron se certificou de que a "próxima vez" fosse a manhã seguinte. A proposta parecia bastante simples. Mas, quando ele apanhou Denver Moore e o levou para tomar o café da manhã, fora a primeira vez que Denver tinha comido em um restaurante em seus mais de 60 anos de vida.

No café da manhã, Denver Moore pediu permissão para fazer a Ron Hall uma pergunta pessoal. Ron disse: "Pode perguntar".

"Qual é o seu nome?", Denver disse.

Era isso? Essa era a pergunta "pessoal"? Em seus círculos, Denver explicou, não se pergunta o nome das pessoas. Simplesmente ninguém faz isso.

Ron deu de ombros, sorriu e lhe disse seu nome.

Denver comeu lentamente e aos poucos começou a contar um pouco sobre sua vida. Tinha fugido dos campos de algodão de Louisiana, onde o sistema de grandes plantações mantinha muitos negros como ele presos na miséria nas fazendas de latifundiários abastados. Um dia um trem passou por perto e ele pulou a bordo. Então tentou a vida na selva de pedra. Era tudo o que sabia. Quando finalmente terminou sua refeição, o que levou bem mais de uma hora, Denver olhou para Ron com uma outra pergunta, desta vez um pouco mais penetrante: "O que você quer de mim?"

"Eu só quero ser seu amigo", Ron disse.

Denver mostrou surpresa e refletiu durante vários segundos.

"Vou pensar a respeito", ele disse.

No caminho de volta para a missão, Denver começou a rir alto sem razão aparente e Ron olhou para ele, desamparado, na esperança de que revelasse a piada. Depois de um tempo, ele contou a Ron que ele e os outros da missão achavam que Ron e sua esposa fossem da CIA.

"A maioria dos sujeitos que trabalham para a missão vem uma ou duas vezes e nunca mais aparece", Denver explicou. "Mas você e sua mulher vêm toda semana... e sua mulher está sempre perguntando qual é o nome das pessoas e quando elas fazem aniversário... você sabe, coletando informações. Agora, pense nisso: quem iria querer saber o nome de um sem-teto e quando ele faz aniversário além de um agente da CIA?"

Várias semanas depois que Ron Hall pagou o primeiro café da manhã de Denver Moore em um restaurante, os dois saíram de novo. Dessa vez, Denver disse a Ron que pensara no que ele pedira. "O que eu pedi?", Ron perguntou.

"Para eu ser seu amigo."

O que Ron viu como um comentário de certa forma desrespeitoso Denver via como um ponto decisivo no relacionamento deles. Ele levava a questão a sério e queria ter certeza. Então, para ter certeza, fez a Ron uma pergunta sobre pescaria.

Isso mesmo, sobre pescaria.

Ele disse a Ron que não entendia por que os "brancos" praticavam a pesca esportiva – pegar e soltar os peixes. Por que se davam ao trabalho de pegar um peixe para depois soltá-lo? Era mais uma afirmação do que uma pergunta, e ele deixou a questão pairando no ar por um tempo para que Ron pudesse entender o sentido mais profundo da coisa.

"Se você estiver pescando um amigo que só vai pescar e soltar, então eu não quero ser seu amigo. Mas, se você quiser um amigo de verdade, então eu aceito. Para sempre."

Quando Denver e Ron se tornaram oficialmente amigos, começaram a passar cada vez mais tempo juntos. Ron levava Denver a museus e bons restaurantes e Denver dava a Ron uma visão privilegiada da vida da população de sem-tetos de Fort Worth.

A vida de Denver mudou rapidamente. Ele passou a beber e a xingar cada vez menos e começou a ajudar cada vez mais na missão. Mental e espiritualmente, ele começou a ver o mundo de forma diferente – não como um lobo solitário que crescera praticamente como um escravo em uma plantação de algodão de Louisiana, mas como uma pessoa com um valor intrínseco que tinha algo a oferecer às pessoas ao seu redor. Em pouco tempo, o mesmo homem que jogava cadeiras na missão estava cantando nas missas na capela.

Ele se aproximou cada vez mais de Ron e Deborah Hall, aprendendo com eles tanto quanto eles aprenderam com ele. Algumas lições foram profundas lições de vida espirituais e filosóficas. Outras eram abertamente práticas. Mas até o lado prático acabou mostrando um sentido mais profundo.

Por exemplo, Denver, aos 62 anos de idade, nunca tinha tirado uma carta de motorista, então Ron o ajudou. E, algumas semanas depois, ele retribuiu o favor. Regan, filha de Ron e Deborah, tinha aceitado um emprego em um acampamento de jovens no Colorado, mas a maioria de seus pertences ainda estava no apartamento dela em Dallas. Então Ron perguntou a Denver se ele queria dirigir sozinho até o Colorado para levar as coisas de Regan para ela.

Ron perguntou meio de brincadeira, mas Denver gostou da ideia – especialmente quando ficou sabendo que a viagem o levaria a passar pela cidade de mesmo nome que ele. Então Ron e Denver passaram três dias planejando a viagem, com Ron fazendo mapas porque Denver podia ler um mapa feito à mão mas não o atlas. Então eles encheram a picape Ford F-350 cabine dupla quase nova de Ron com as roupas, móveis e eletroeletrônicos de Regan e Denver saiu dirigindo em busca de Winter Park, Colorado. Enquanto via o carro se distanciando, Ron se perguntou se aquele fora um grande ato de fé ou uma grande ingenuidade da parte dele. Denver se perguntou a mesma coisa. Ele sabia que era confiável, "mas o sr. Ron não sabia disso".

Denver sabia que Ron era um homem inteligente, mas não entendia por que alguém lhe daria 700 dólares em dinheiro e as chaves de uma picape de 30 mil dólares carregada de eletroeletrônicos, roupas e móveis.

"Ser inteligente não quer dizer que ele vai ver sua picape de novo – isso requer fé", ele disse.

Ron só teve notícias de Denver quando ele se apresentou em sua casa vários dias depois, com a picape lavada e encerada depois de entregar os pertences de Regan. Ele entregou a Ron as chaves da picape e o dinheiro restante – uns 400 dólares. Denver tinha dormido na picape e comido só em lanchonetes e lojas de conveniência.

Quando Ron sugeriu que Denver ficasse com o dinheiro como pagamento pela viagem, Denver recusou.

"Isso não foi um serviço", Denver lhe disse. "Eu fiz isso para abençoar você e a sua família. Dinheiro não compra bênçãos."

Duas semanas depois, Ron contratou Denver para dirigir um caminhão alugado até Baton Rouge, Louisiana, para entregar pinturas e esculturas estimadas em mais de 1 milhão de dólares. E, quando uma tragédia se abateu sobre a família de Ron, Denver esteve entre seus amigos mais próximos, indo vê-los dia após dia, semana após semana. Ron cumpriu sua promessa de não fazer de Denver um amigo de "pesca esportiva". E Denver cumpriu sua promessa de ser amigo de Ron – para sempre.

Esses dois homens improváveis, um branco e um negro, um bem de vida e bem-sucedido e um sem-teto, um com a melhor educação do país e um analfabeto de uma família de trabalhadores rurais miseráveis, conduziram seu relacionamento juntos até a Cobertura.

Capítulo 32
Colecionando o que importa

Quando eu era criança, colecionava cartões de beisebol. Nada de incomum nisso. Mas eu os colecionava no estilo clássico do *Como fazer amigos e influenciar pessoas.* Quanto mais, melhor. Da mesma forma como eu queria mais amigos, queria mais cartões de beisebol. O mais era sempre melhor.

Eu, naturalmente, estava errado. Com cartões de beisebol, como nos relacionamentos, qualidade é mais importante do que quantidade. É fácil encher um BlackBerry de contatos, mas isso não passa de *networking*, é só uma coleção de nomes. O que importa é colecionar coisas de valor duradouro. No que diz respeito a cartões de beisebol, precisamos de um 1933 Babe Ruth ou um 1952 Mickey Mantle. Precisamos de um 1914 "Shoeless" Joe Jackson ou um 1951 Willie Mays. Precisamos de um 1909 Honus Wagner.

Quando a American Tobacco Company lançou seus cartões de beisebol de 1909, o grande Honus Wagner reclamou que eles usaram sua imagem em um dos cartões. Alguns dizem que foi porque ele queria ser pago por isso; outros dizem que ele não queria sua imagem usada para promover o tabagismo. De qualquer forma, o resultado foi que a empresa parou de produzir o cartão dele. Somente cerca de cem cartões do Wagner foram feitos naquele ano. Menos de 60 existem hoje e só cerca de dez deles estão em excelentes condições. Todos são valiosos, mas um cartão de Honus Wagner foi vendido por um recorde de 2,8 milhões de dólares em 2007, fazendo com que ele fosse significativamente mais valioso do que as caixas de sapatos cheias de cartões acumulando pó no porão da casa dos meus pais.

Nunca cheguei a contá-los, mas tenho centenas, talvez milhares de cartões naquelas caixas. É claro que nenhum vale milhares, muito menos milhões, de dólares, e só 50 ou 60 tiveram alguma importância para mim. Eu adorava os cartões de Johnny Bench, Mike Schmidt e George Brett, mas, acima de tudo, os cartões de beisebol dos New York Yankees.

Serei um fã dos Yankees até morrer. Nunca me esquecerei dos três homers de Reggie Jackson no jogo da World Series de 1977 contra os Dodgers, que lhe rendeu o apelido "Mr. October". Ou do *home run* de Buck Dent sobre o Green Monster[10] no dia 2 de outubro de 1978, derrotando o Red Sox e vencendo o American League. E passei meses deprimido quando o avião de Thurman Munson caiu em Canton, Ohio, no dia 2 de agosto de 1979.

Quando ficamos sabendo que eles demoliriam o Yankee Stadium para construir um novo estádio, Jill e eu levamos nosso filho, Tate, ainda um bebê, ao antigo estádio só para que ele absorvesse parte daquela tradição dos Yankees.

---

10 – N.T.: Green Monster, um muro de mais de 11 metros de altura no Fenwey Park do lado esquerdo do campo onde as bolas parecem desaparecer.

Nenhum cartão de beisebol é mais importante para mim do que os meus cartões dos Yankees e nenhum cartão dos Yankees é mais importante para mim do que meu Phil Rizzuto – o jogador de 1,67 metro que entrou no Hall da Fama ajudando os Yankees a conquistar nove títulos da World Series entre 1941 e 1956. Meu pai ganhou o cartão quando era criança e o passou para mim.

Todos esses cartões, contudo, estão em uma caixa em um porão. O que eu quero dizer com isso? Eles não têm comparação com relacionamentos de carne e osso. E meus relacionamentos mais valorizados são os que chegam ao Quinto Andar. São os que valem a pena ser colecionados.

Neste ponto da minha vida, tenho a sorte de ter um time de estrelas do Quinto Andar. Esse time equivale ao que algumas pessoas chamam de seu "círculo íntimo" de amigos ou seu conselho de administração pessoal. É aquele grupo de amigos totalmente confiáveis com os quais você trabalha ao longo da sua vida. Quando estou tentando resolver desafios no trabalho, quando estou diante de grandes decisões em casa, quando preciso fazer uma análise do caos que ameaça me tirar do meu caminho espiritual, eu recorro a um ou mais jogadores do meu time do Quinto Andar. Alguns deles não se conhecem. Eles têm diversas formações, habilidades e talentos.

Sei que esses mentores e amigos me darão um *feedback* e conselhos sinceros. Eles me dirão o que eu preciso ouvir, não o que eu quero ouvir. E eles sabem que, quando precisarem de um ombro amigo, de um empurrãozinho, de uma orientação, eu estarei sempre presente. Nós nos amamos incondicionalmente. E, o mais importante, somos absolutamente fiéis um ao outro, independente do que acontecer.

Essas pessoas tão diferentes trazem coisas diferentes a nosso relacionamento, mas em cada caso nos dedicamos a fazer o possível para elevar o outro ao máximo – no trabalho, com a família e na vida espiritual.

É por isso que a Cobertura é um lugar tão especial. Você não tem como chegar a esse nível concentrando-se no que o outro pode ou vai lhe dar. Quando você se vê num daqueles relacionamentos, descobre que está dando mais do que imaginava e recebendo mais do que poderia.

Meu time de estrelas do Quinto Andar é como a escalação dos Yankees de 1977, mas, em vez de ter Chris Chambliss na primeira base, tenho Linda Childears. Em vez de Willie Randolph na segunda, tenho Steve Farber. Em vez de Bucky Dent como *shortstop*, tenho Scott Bemis. Na terceira base não tenho Graig Nettles, mas sim Mark Urich. Meus *outfielders* não incluem Reggie Jackson, Roy White, Mickey Rivers e Lou Pinella; ela é composta por Dick Eakin, Joel Mauney, Kerry Caldwell e Chris Hennessy. Meu batedor designado é Keith Wegen, e não Carlos May. Thurman Munson não é meu receptor, mas sim Scott Lynn. Meus arremessadores, em vez de incluir Ed Figueroa, Mike Torrez, Ron Guidry, Don Gullett, Catfish Hunter, Dick Tidrow e Sparky Lyle, têm Mark Burke, Rob Harter, Steve Demby, Cynthia Madden Leitner, Humberto Lopez, Doug Miller e Jim Warner. E meu técnico é Jerry Middel, não Billy Martin.

Rizzuto não jogou nos Yankees em 1977, é claro, mas não posso ter um time de estrelas do Quinto Andar sem Rizzuto.

Ele seria o meu pai, Tom Spaulding Sr.

Todo mundo deveria ter um time de estrelas do Quinto Andar – não tanto pelo que esse time pode fazer por você, mas pelo que você e esse time podem fazer juntos. Esse é o poder dos relacionamentos na Cobertura.

Quem compõe o seu time de estrelas do Quinto Andar e por quê?

A esta altura você pode estar jogando uma bola para o ar e pegando-a você mesmo. Ou talvez tenha uma ou duas pessoas que realmente classifica nesse nível de Cobertura. Ou pode ter um time completo no Quinto Andar.

Ao fazer uma lista dos membros de seu time de estrelas, lembre-se de que não é uma lista de seus melhores amigos nem inclui necessariamente todas as pessoas do seu Quinto Andar. Eles não são os amigos com os quais você sai para beber ou assistir a um jogo. Algumas dessas pessoas podem estar em seu time, outras não. É mais uma questão do papel que elas exercem em sua vida e do que você exerce na vida delas. Meu time inclui mentores, meu advogado, empregados, membros do conselho, pastores, meu orientador pessoal, meus parceiros de negócios – e alguns de meus amigos.

Reserve um tempo para realmente pensar no seu time. Quem está nele e por quê? O que eles trazem ao relacionamento? O que você dá a eles? Eles podem contar com você? Divido meu time em três categorias da vida: crescimento espiritual, família e saúde, crescimento profissional. Escolha as categorias importantes para você. Anote os nomes das pessoas que se encaixam em cada categoria. Em seguida, converse com essas pessoas sobre como vocês podem servir a um propósito mais elevado na vida um do outro. Se elas já não souberem que estão no seu time, na verdade ainda não estarão no seu time.

Não existe um número máximo nem um mínimo. Quantos relacionamentos de Quinto Andar você pode cultivar? Provavelmente mais do que acha que pode. Quase certamente mais do que tem hoje.

Valorizo meus relacionamentos do Quinto Andar como algumas pessoas valorizam cartões de beisebol raros. Mas isso não significa que eu só valorize relacionamentos que acabam na Cobertura. Os colecionadores de cartões de beisebol cuidam de todos os seus cartões porque nem sempre sabem qual deles acabará sendo o próximo Nap Lajoie de 1933 e qual será aquela celebridade efêmera que tem uma temporada excelente e nunca mais joga nas grandes ligas. O mesmo se aplica aos relacionamentos – você nem sempre sabe quais serão os mais importantes.

É claro que coisas boas podem vir de relacionamentos em todos os cinco níveis ou andares. Relacionamentos de vida inteira, do tipo "você tem minha fidelidade nos negócios ou na vida, não importa o que acontecer" são relacionamentos de Cobertura. Meu relacionamento com o barman que mencionei no início do livro nunca chegou a ir tão longe, porque nossa interação só durou algumas horas. Nem me lembro do nome dele. Mas ele absolutamente mudou minha vida para melhor. Tudo porque nenhum de nós negligenciou o relacionamento antes de ele ter tido uma chance de começar.

Nós chegamos a nos beneficiar dos relacionamentos que parecem presos eternamente no porão. Tenho um punhado de relacionamentos de porão com parentes, ex-empregados e ex-amigos. Os relacionamentos de porão podem nos motivar a melhorar como pessoas e nos dar lições que nos permitirão melhorar nossa vida e nosso trabalho.

Então, apesar de nem sempre controlarmos o progresso de um relacionamento, podemos potencializar cada um deles. Tudo começa tratando cada pessoa como potencial companheiro de equipe na Cobertura. Uma conversa com a mulher que nos serve o café da manhã pode ser puramente transacional ou pode tocar a pessoa e florescer para se formar um vínculo pessoal.

Nossas primeiras palavras podem ser um sincero "Tudo bem com você hoje?" em vez de um monótono "Com leite e açúcar, por favor". Faça uma ou duas perguntas que possam lhe dar uma ideia de quem a pessoa realmente é e o que ela quer da vida. Isso requer dois ou três minutos do nosso tempo. Quem sabe um dia vocês possam ter um relacionamento de Segundo ou Terceiro Andar, com potencial para mais? Ela poderia convidar nossa família para a ceia de Natal – e nós iríamos!

Quando fazemos isso na vida pessoal, fazemos amizades. Quando fazemos isso na vida profissional, construímos relacionamentos autênticos e excelentes organizações. Construímos uma cultura direcionada à excelência. Uma cultura excepcional no que diz respeito a gerar fidelidade dos empregados, fidelidade do cliente, receita, inovação, lucros, identidade de marca. Todo esse ROR resulta de um investimento motivado a levar os relacionamentos para a Cobertura.

Imagine uma cultura organizacional na qual todos os empregados buscam facilitar relacionamentos de Cobertura, não apenas com clientes, compradores e fornecedores, mas também uns com os outros. Você acha que a autoestima dos empregados não aumentaria? Você acha que as vendas não cresceriam? Você acha que o atendimento ao cliente e a retenção não melhorariam? Você acha que a competência relacional não se tornaria uma marca da organização?

A revolução que devemos promover, portanto, é parar de abordar os outros tendo em vista apenas a forma como o relacionamento pode nos ajudar. Devemos começar com a intenção de não apenas ajudar o outro de alguma maneira, por mais básica que seja, mas também de melhorar seu bem-estar.

Não é fácil para a maioria de nós, em grande parte porque vai contra muito do que aprendemos na infância. Mas não é impossível.

Não foi impossível quando Jerry Middel, empresário de sucesso, começou a investir em um jovem rotariano.

Não foi impossível quando comecei a investir em um relacionamento com o ex-marido da minha mulher.

Não foi impossível quando Ron Hall começou a servir refeições na Gospel Mission e concordou em investir pacientemente na pessoa mais furiosa, solitária e amedrontadora de lá.

E não será impossível quando você investir nos relacionamentos ao seu redor – colegas de trabalho, vizinhos, fornecedores, clientes, superiores e quem sabe até a pessoa mais furiosa, solitária e amedrontadora que você conhecer. Essa pessoa pode não apenas se tornar seu maior cliente, mas também seu melhor amigo – para sempre.

Capítulo 33
Os filantropos do Quinto Andar

A grave escassez de alimentos na Etiópia em 1984-85, uma das piores de muitas na história daquele país, tocou profundamente Noel Cunningham. Mas o que realmente partiu seu coração foi a reação que a crise provocou em seus empregadores no elegante restaurante de Los Angeles onde ele trabalhava. Enquanto o restaurante nadava no dinheiro de sua clientela abastada, os proprietários pouco faziam pela comunidade e nada faziam pelos etíopes do outro lado do mundo.

"Nada do que eu pudesse fazer os convenceu a ajudar", Noel me disse. "Mas prometi a mim mesmo que, quando tivesse meu próprio restaurante, faria alguma coisa."

A doação individual é importante, mas Noel sentia que as empresas também deveriam doar. Então, em 1986, quando o imigrante irlandês se mudou para Denver e abriu o Strings Restaurant, ele se dedicou a cumprir sua promessa.

O Strings rapidamente se tornou um restaurante da moda na cidade. Para Noel, cuja carreira gastronômica começou aos 14 anos e incluiu uma parada como chef aprendiz no famoso Savoy Hotel de Londres, ter seu próprio restaurante era a realização de um sonho. Mas também era a oportunidade de usar a alta gastronomia como ferramenta para uma extraordinária filantropia.

Criado em Dublin, na Irlanda, nos anos 1950, Noel tinha em sua mãe um exemplo de generosidade.

"Ela estava sempre trazendo as pessoas para casa", ele conta, com seu carregado sotaque irlandês. "Nunca vou me esquecer de Harry Lemon. Era um homem enorme com uma barba comprida – o exemplo perfeito de um sem-teto. Ela o trazia para casa, o sentava perto da lareira e lhe dava um pouco de comida. No começo nós morríamos de medo dele. Mas entendemos que ele era só outro filho de Deus."

Como proprietário do Strings, Noel passou a se dedicar a servir comida de excelente qualidade aos bem de vida e servir esperança aos destituídos. O Dia das Mães, por exemplo, costuma ser um dos dias mais atarefados do ano para um restaurante sofisticado, mas o Strings fecha para o público nessa data. Em vez disso, há quase 20 anos Noel oferece uma festa para 200 mulheres idosas participantes do programa Meals on Wheels[11]. É o dia de comer no melhor restaurante da cidade – de graça.

Sua paixão por ajudar os etíopes carentes foi mantida em primeiro plano desde o dia em que o Strings abriu as portas, mas sua generosidade sempre incorpora e agrega valor também para a comunidade local. Programas como Quarters for Kids e Four Quarters for Kids não apenas arrecadam milhares de dólares todos os anos para enviar alimentos, roupas e

---

11 – Programa que entrega comida em casa para pessoas incapazes de pagar pelas próprias refeições ou prepará-las. (N. T.)

material escolar para a Etiópia, como ensina a estudantes do ensino fundamental e médio da região de Denver lições de liderança e sobre o valor da generosidade.

As crianças e jovens aprendem que também podem contribuir. Eles veem isso quando todas aquelas moedas que coletaram juntos são despejadas em um balde enorme durante um evento especial todos os anos no Strings. E muitos desses estudantes, bem como enfermeiros e outros profissionais, acabam viajando para a Etiópia com Noel e a esposa, Tammy, pela fundação que eles criaram em 2003.

"Não podemos fazer nada para mudar a Etiópia", Noel diz, "mas nós sairemos consideravelmente mudados".

Comprovei isso em primeira mão porque o acompanhei em uma dessas viagens.

Inicialmente resisti a ir à África. Então me esquivava de me comprometer sempre que Noel levantava a ideia de eu viajar com ele.

Finalmente, Noel me disse diretamente "Você vai para a África comigo. E leve alguns jovens do Leader's Challenge. Leve alguns mais pobres e alguns mais ricos. Isso vai mudar a visão de mundo deles. E a sua".

Então eu finalmente aceitei. Noel ajudou a levantar fundos para que os estudantes do Leader's Challenge fossem conosco.

Aprendi muito sobre pessoas e culturas quando viajei como mochileiro pela Europa, América do Sul e Ásia e viajando com a Up with People, tanto como jovem membro do elenco e mais tarde como presidente e CEO da organização. Mas poucas coisas tocaram mais meu coração do que caminhar em uma estrada empoeirada na Etiópia com uma criança agarrada a meu dedo, sabendo que o dinheiro coletado pelos estudantes envolvidos no Leader's Challenge a havia calçado e alimentado e havia ajudado a construir um hospital e uma escola para melhorar sua vida. Nada se compara a ver o rosto iluminado pela alegria de um garoto vítima de paralisia infantil simplesmente porque eu o levantei no ar para ele enterrar uma bola de basquete na cesta pela primeira vez.

Por isso agradeço a Noel Cunningham – não apenas por insistir que eu o acompanhasse na viagem para a Etiópia, mas também por exercer um papel central na criação do Leader's Challenge.

Eu morava em Denver há cerca de um ano quando saí do meu emprego na Up with People em 2000 para fundar o Leader's Challenge. Ainda não conhecia muita gente na região, então contava muito com indicações e apresentações ao levantar dinheiro para concretizar meu sonho. Um nome mencionado com frequência em minhas conversas era Noel Cunningham. Noel era conhecido por adorar crianças e quase nunca dizer não a boas causas para ajudar os jovens.

Eu nunca havia comido no Strings porque não tinha como pagar restaurantes cinco estrelas com meu orçamento. Então, quando cheguei ao meu encontro com Noel, fiquei feliz quando a primeira coisa que ele disse foi que o almoço seria por conta da casa. Depois Noel me olhou e disse quatro palavras que qualquer captador de recursos adora ouvir: "Como eu posso ajudar?"

Apresentei minha visão para o Leader's Challenge. Disse que queria criar um programa de colegial em âmbito estadual que inspirasse e equipasse os jovens para liderar por meio do serviço voluntário, e que queria fazer parcerias com as escolas, tanto particulares quanto públicas, e disponibilizar o programa aos jovens independente de etnia, desempenho acadêmico ou nível socioeconômico. Eu disse que queria criar um programa que desenvolvesse líderes servidores e que motivasse a próxima geração a mudar o mundo. E disse que queria apresentar essa visão ao maior número de pessoas possível que pudessem e estivessem dispostas a concretizá-la.

Percorrendo os olhos pelo restaurante de Noel, percebi que muitas dessas pessoas estavam presentes. Líderes de alta visibilidade de praticamente todas as áreas – líderes de negócios, políticos e celebridades – almoçavam lá naquele exato momento. Os doadores potenciais do futuro do Leader's Challenge compunham a clientela de Noel.

Noel sabia disso. Ele também sabia que o Leader's Challenge estava apenas começando. Então ele disse: "Tommy, agora você tem acesso livre a este restaurante. Sempre que quiser almoçar ou jantar para apresentar a visão do Leader's Challenge, pode trazer as pessoas por minha conta. E não precisa contar a elas. Basta assinar a nota".

Eu provavelmente comi naquele restaurante três ou quatro vezes por semana durante um ano sem nunca pagar por uma refeição. Arrecadei centenas de milhares de dólares comendo o famoso robalo com castanhas, cuscuz com açafrão e beurre blanc de baunilha. Desenvolvi dezenas de excelentes relacionamentos. E engordei uns dez quilos!

Quando Noel estava no restaurante durante um desses encontros, sempre parava à minha mesa e dizia que endossava o Leader's Challenge. E, é claro, eu sempre dizia à pessoa que estava comigo que a refeição seria por conta de Noel Cunningham.

"Não é assim que funciona", ele dizia. "Não faço isso para melhorar minha imagem, mas para beneficiar a sua."

Uma resposta típica de Noel Cunningham.

Noel tem uma qualidade em comum com as pessoas que chamo de filantropos do Quinto Andar – ele se interessa mais pelos resultados do que por ganhar os créditos.

Na minha infância, mamãe costumava levar a mim e minhas duas irmãs ao lago de Woodbury para nadar no verão. O lago tinha trampolins, e me lembro vividamente de ir até o trampolim mais alto, apesar do meu medo de altura, e chamar a atenção de minha mãe. "Olhe para mim! Olhe para mim!", eu gritava até ela olhar para cima e me encorajar. Então eu mergulhava orgulhoso na água.

Muitos de nós doam como aquela criança no trampolim – Olhe para mim! Olhe para mim! Mas as pessoas que conheço que são verdadeiramente generosas – os verdadeiros filantropos do Quinto Andar – passam quase despercebidas até que alguém as observa.

Essa qualidade abnegada algumas vezes leva essas pessoas a um terreno arriscado. Noel, por exemplo, nunca sacrificou a qualidade da comida ou do serviço no Strings devido à sua filantropia de Quinto Andar, mas em pelo menos uma ocasião parecia que sua generosidade poderia lhe custar uma oportunidade de ouro de realizar uma grande manobra de negócios.

Noel pagava aluguel pelas instalações do Strings, mas fez as contas e viu que seria muito melhor se comprasse a propriedade. O proprietário a venderia se Noel pudesse pagar a entrada e as três parcelas restantes dentro de seis meses. Noel sabia que não poderia cumprir essas condições, considerando que grande parte de seu fluxo de caixa ia para a caridade. Distribuir comida e pagar o pessoal para alimentar clientes de graça "nem sempre é lucrativo para os resultados financeiros do negócio", Noel observava.

A solução, ele decidiu, não foi reduzir as doações, mas aumentar a renda. Então ele incluiu uma observação no cardápio informando os clientes de que quanto mais eles gastassem na refeição, mas isso o ajudaria a comprar a propriedade. E me ligou – e sabe lá para quem mais – perguntando se eu conhecia alguma empresa que gostaria de contratar o Strings para uma festa ou cerimônia.

Eu naturalmente me empenhei na promoção da ideia; uma celebração no melhor restaurante da cidade seria uma grande retribuição a um dos filantropos menos reconhecidos da região. Pessoas suficientes consumiram o bastante no restaurante para que Noel conseguisse comprar a propriedade sem ter de reduzir as doações.

Quando a economia sofreu uma queda, em 2008, Noel percebeu que isso prejudicaria os negócios, já que as pessoas comiam fora com menos frequência. Mas vários clientes fizeram questão de dizer a ele que continuariam fazendo suas refeições no Strings – não apenas porque adoravam a experiência de uma refeição lá, mas também porque sabiam o quanto Noel ajudava os outros com seus lucros. Noel conquistara a fidelidade deles mesmo em momentos difíceis porque seu negócio era mais do que um negócio. Era um negócio de Quinto Andar. Ele melhorava vidas. Ao se tornar um filantropo de Quinto Andar, Noel Cunningham criou uma fidelidade do cliente de Quinto Andar.

Essa é a vantagem da matriz dos Cinco Andares – é um modelo de excelência para praticamente tudo, não apenas para relacionamentos. Qual é o seu trabalho? Ele é meramente transacional, trabalho de Primeiro Andar, ou você está produzindo resultados de Quinto Andar? Você é um banqueiro de Quinto Andar, um vendedor de Quinto Andar, um pastor de Quinto Andar, um professor de Quinto Andar, um CEO de Quinto Andar, um empresário de Quinto Andar?

Como é o seu atendimento ao cliente? É um atendimento de Quinto Andar? Se não, por que não? Em que tipo de time você está? Se não for um time de Quinto Andar, por que não e como você pode mudar isso? O que você está fazendo para ajudar a comunidade? Você se limita a servir sopa ou você e sua empresa influenciam as pessoas no nível do Quinto Andar? O que você e sua empresa podem fazer para se tornarem filantropos de Quinto Andar?

Você não pode ter uma cultura de Quinto Andar que não seja generosa – tanto como indivíduo quanto como grupo. Se quiser construir empresas de sucesso, aumentar as vendas, angariar clientes fiéis, melhorar a retenção de empregados, ajudar a comunidade e mudar o mundo, você precisa adotar e praticar uma cultura de Quinto Andar. Nas palavras de Mahatma Gandhi, "Seja a mudança que você quer ver no mundo".

Capítulo 34
Dando e recebendo de fora para dentro

Noel Cunningham e Jerry Middel conhecem o poder de entrar na vida dos outros de uma forma que, francamente, nem sempre faz sentido para as pessoas que não entendem como funciona. Isso acontece porque muitas pessoas não conseguem adotar completamente duas realidades críticas, porém paradoxais, que atuam na vida dos filantropos de Quinto Andar e que afetam nossa capacidade de conduzir os relacionamentos do Primeiro Andar até a Cobertura.

A primeira é a Lei do Dar e Receber: investir abnegadamente na vida dos outros é a coisa mais importante que podemos fazer pela saúde e sucesso da nossa vida pessoal, nossa vida profissional, nossas organizações e nossas comunidades.

A segunda é a Lei do Fora para Dentro: ao nos voltarmos para fora e nos dedicarmos a servir os outros, podemos começar a mudar por dentro.

A Lei do Fora para Dentro soa paradoxal porque todos nós aprendemos cedo na vida que uma mudança duradoura e significativa acontece de dentro para fora. E é verdade. Mas parar por aí torna o processo incompleto. Deixamos de lidar com um importante enigma que muito de nós enfrentamos: a natureza humana muitas vezes é um impeditivo a nossas melhores intenções. Em outras palavras, algumas vezes somos egoístas, preguiçosos, indiferentes, temerosos ou simplesmente incapazes de ver o que precisamos fazer se quisermos concretizar uma mudança duradoura.

Vamos admitir, existe uma razão pela qual a maioria dos americanos é obesa e não é que não queiramos nos livrar de alguns quilos; é que comemos e bebemos demais as coisas erradas e nos exercitamos de menos. E há uma razão pela qual não ajudamos os destituídos com mais frequência – ou não ajudamos as pessoas que trabalham conosco. É a mesma razão pela qual temos dificuldade de "amar os nossos inimigos".

A razão é o: é difícil fazer isso!

Requer coisas como foco, disciplina, energia, tempo e comprometimento. Além disso, o ganho muitas vezes está longe e não é claro, enquanto as recompensas da autoindulgência são imediatas.

Já é difícil ajudar abnegadamente as pessoas de quem gostamos no trabalho e na comunidade, quanto mais pessoas que não conhecemos ou de quem não gostamos. E, por ser difícil, uma parte de nós resiste a se envolver nisso. Nossas emoções e nossos sentimentos criam obstáculos a nossas ações.

Então algumas vezes precisamos agir mesmo se nosso coração não estiver plenamente envolvido, confiando que a ação levará a algo bom – para os outros e, em última instância, para o nosso "eu" interior.

Precisamos "sair" – sair do escritório, do ambiente de trabalho normal, para ver o nosso trabalho através de lentes diferentes. Em outras ocasiões, é mais uma jornada emocional – precisamos sair da zona de conforto para vivenciar uma mudança interior.

É por isso que os executivos precisam deixar as planilhas na mesa de tempos em tempos para ir visitar trabalhadores do chão de fábrica ou investigar pessoalmente as reclamações dos clientes ou fazer compras nas lojas que vendem seus produtos. Ao ir para o mundo "lá fora", eles podem interagir com os empregados e os clientes de maneiras novas e importantes, o que os ajuda a tomar decisões melhores quando voltam a suas planilhas eletrônicas.

Sam Walton, fundador do Walmart, ficou famoso por percorrer pessoalmente os corredores de suas lojas. Por ser piloto, ele muitas vezes voava sem ser anunciado a lojas ao redor do mundo, aprendendo muito sobre o que os clientes e associados pensavam, ao mesmo tempo que divulgava sua visão para as lojas e a empresa. Também enviava seus executivos e compradores para visitar as lojas – lojas do Walmart e dos concorrentes. E seus compradores precisavam trabalhar pelo menos cinco dias por ano em uma loja. "Você não pode querer 'revender o mundo' sentado na sua sala", ele costumava dizer.[12]

O mesmo se aplica ao desenvolver qualquer espécie de atitude de generosidade, seja internamente ou na comunidade.

Ron Hall certamente saiu de sua zona de conforto quando foi com a esposa trabalhar como voluntário na Union Gospel Mission. E eu precisei sair da minha zona de conforto emocional quando fui com Noel para a Etiópia, o que me levou a uma mudança interior.

---

12 – Michael Bergdahl, *The 10 Rules of Sam Walton: Success Secrets for Remarkable Results* (John Wiley & Sons, 2007).

Durante minha viagem à Etiópia, vi a diferença que atos de generosidade podem fazer no mundo. Meu amigo Doug Jackson, presidente e CEO do Project C.U.R.E., uma ONG que coleta e distribui milhões de dólares em equipamentos e suprimentos médicos doados a nações em desenvolvimento, nos acompanhou na viagem. Doug é formado em Direito e possui Ph.D. em administração de empresas; foi um homem de sucesso na comunidade acadêmica e de negócios. Mas deixou tudo para trás a fim de cuidar da ONG fundada pelo pai.

Durante nossa viagem pela Etiópia, fui com Doug a Addis Abeba para que ele avaliasse as necessidades de alguns dos hospitais e clínicas. Os hospitais tinham o chão sujo e equipamento antiquado e velho. Reciclavam seringas e luvas e muitas vezes funcionavam sem o que os americanos consideravam o básico. Eu nunca tinha visto nada parecido. O trabalho de Doug está decididamente mudando o mundo.

Doug diz que está no negócio de segundas chances. Muitos dos suprimentos doados teriam ido para o lixo na América do Norte. Ele lhes dá uma segunda chance. E dá aos doentes e necessitados nas regiões mais pobres do mundo uma segunda chance de viver.

A organização de Doug salva vidas e também muda a vida das pessoas que trabalham para concretizar essa visão. Isso porque, quando nos envolvemos em uma iniciativa para ajudar os outros, nossa atitude em relação a quem somos começa a melhorar. Em um nível muito básico e essencial, passamos a nos valorizar mais.

Mimi Silbert, que lidera um programa de reabilitação para ex-presidiários na Califórnia, diz o seguinte: "Você não consegue com alguém o ajudando. Você consegue ajudando alguém. É ajudando que você começa a gostar mais de si mesmo".[13]

Quanto mais fazemos isso, mais fácil fica voltar a fazer. Isso acontece porque, quando começamos a ajudar os outros e colocá-los em primeiro lugar – mesmo quando não é a coisa mais fácil de fazer –, essas ações externas criam uma mudança dentro de nós. Às vezes é mais fácil mudar pela ação a forma como nos sentimos do que mudar pelo sentimento a forma como agimos.

A Lei do Dar e Receber envolve uma abordagem proativa dos relacionamentos, fundamentada em intenções nobres. Tudo começa com um "investimento abnegado na vida dos outros". Isso requer uma ação (investir nos outros) orientada por uma motivação específica (abnegação). Mas o que essa lei deixa claro é que "recebemos" recompensas por nossa abnegação.

Focar nos outros, por exemplo, não significa abandonar nossas próprias intenções e estratégias. Não há nada de errado em nos ajudar ao ajudar os outros.

Quando procurei Noel Cunningham para apresentar a visão do Leader's Challenge, não tinha nenhuma expectativa do que ele poderia fazer para ajudar. E ele não tinha expectativa alguma sobre como poderia se beneficiar do nosso relacionamento. Noel nunca esperou nada em troca, por mais robalos que eu comesse de graça. E não parou de ajudar

---

13 – Silbert fundou e conduz a Delancey Street Foundation, em São Francisco. Por mais de 30 anos sua fundação tem operado uma variedade de negócios empregando ex-presidiários que, em muitos casos, são membros de terceira geração de gangues. Esta citação é do livro *As leis da influência*, de Kerry Patterson, Joseph Grenny, David Maxfield, Ron McMillan e Al Switzler (Campus, 2007), que apresenta algumas das técnicas não convencionais que ela utilizou para promover algumas mudanças incríveis na vida das pessoas.

o Leader's Challenge porque eu inicialmente me recusei a ir com ele para a Etiópia. Ele me via como um amigo que defendia uma grande causa; isso bastava para ele. E acompanhá-lo à Etiópia nunca foi uma condição para seu apoio ao Leader's Challenge.

A abnegação da qual estou falando significa simplesmente não esperar um retorno. Significa saber que estamos fazendo a coisa certa, mesmo que os benefícios pessoais nunca se materializem. (Lembre-se da Lei da Madre Teresa: apesar de os resultados serem importantes, eles vêm depois de fazer a coisa certa do jeito certo.)

Pense na doação que Warren Buffett fez à Bill and Melinda Gates Foundation. Estima-se que, dependendo do valor das ações, a doação chegaria a 37 bilhões de dólares. Bill Gates deve ter sido absolutamente convincente ao vender a ideia a Buffett, não? Não necessariamente. "Na verdade nunca cheguei a falar com ele sobre uma doação", Gates disse. "Foi uma total surpresa para mim."[14]

Gates apresentou sua visão de ajudar os outros em seus discursos na esperança de que as pessoas se empolgassem e ajudassem a realizá-la. Buffett se apresentou porque acreditou na visão e porque tinha um relacionamento de longo prazo com Bill e Melinda Gates. Ele literalmente confiou bilhões de dólares a eles devido ao relacionamento de Cobertura que tinha com eles.

Estive envolvido na arrecadação de fundos para organizações sem fins lucrativos por mais de dez anos. As doações de cinco, seis e sete dígitos que recebi em nome das ONGs quase sempre vieram sem que eu pedisse nada. Elas se basea-

---

14 – *The Rotarian*, maio de 2009.

vam em relacionamentos. Os doadores acreditavam na visão da organização, acreditavam em mim, confiavam em mim e agiram de acordo. Isso não significa que você nunca deva pedir; significa que você raramente precisa pedir se tiver desenvolvido um relacionamento sólido.

Dizem que nada é garantido na vida. Mas posso dizer com confiança que investir abnegadamente na vida dos outros é a coisa mais importante que podemos fazer pela saúde e sucesso da nossa vida pessoal, nossa vida profissional, nossas organizações e nossas comunidades. E, quanto mais praticamos isso, mais profundamente essa atitude é incorporada na alma de uma cultura.

Ken Blanchard, coautor do *best-seller O gerente minuto* e fundador de uma das mais conceituadas organizações de treinamento de lideranças, disse o seguinte: "Minha própria experiência com todas as bênçãos que tive na vida é que, quanto mais eu dou, mais recebo de volta. É assim que a vida funciona, e é assim que a energia funciona".

Sei que Ken é um autêntico filantropo de Quinto Andar que incorpora plenamente a Lei do Dar e Receber.

Conheci Ken quando o abordei para perguntar se não estaria interessado em dar uma palestra em um evento beneficente da Up with People, durante uma viagem para o Sul da Califórnia em 2008. Depois disso, Jill e eu fomos convidados por ele para voltar a San Diego em junho e jantar com ele e a esposa, Margie. Era o fim de semana do torneio de golfe U.S. Open, que estava sendo disputado nas proximidades, no campo de golfe Torrey Pines. Ken me deu dois ingressos para o dia seguinte quando jantamos naquela sexta-feira no country clube.

Menos de um ano atrás uma série de incêndios devastou aquela área da Califórnia, destruindo a casa de Ken e Margie.

Mas eles tiveram a atitude mais positiva do que qualquer outra pessoa que eu já tinha conhecido.

Ao falarmos sobre o torneio de golfe, Ken ficava me dizendo que eu precisava parar na barraca da American Express. Tudo o que eu precisava fazer era mostrar meu cartão da Amex, ele disse, e eu poderia usar um de seus monitores por satélite de alta tecnologia para ver tudo o que estava acontecendo no campo, não importa que grupo eu estivesse acompanhando. Parecia ótimo, não fosse por um pequeno detalhe: eu não tinha um cartão da American Express. Para ser educado, eu não disse nada, mas ele continuou dizendo como a tecnologia era incrível e como eu precisava usar um daqueles monitores.

Finalmente eu timidamente confessei que não tinha um cartão de crédito da Amex. Sem dizer uma palavra, Ken pegou a carteira, tirou seu cartão, me entregou e disse "Use isto para entrar na barraca e me envie de volta pelo correio depois".

E era só a segunda vez que nos falávamos!

Vários meses depois, nós dois demos palestras no evento de arrecadação de fundos da Up with People – era meu último evento antes de eu deixar o cargo de CEO lá para abrir minha própria empresa.

Na manhã seguinte, Ken e eu jogamos golfe. Na noite antes de ele viajar, convidei Ken para jantar comigo, minha esposa e filhos.

No jantar, Ken perguntou a Jill: "Você está nervosa com o seu marido saindo da Up with People para começar uma nova carreira?" Ela admitiu que estava. Considerando que eu passara uma parte considerável de minha carreira no terceiro setor e que estava saindo sem nenhuma indenização por afastamento, Jill tinha todas as razões para ficar nervosa.

"Não fique", Ken disse. "Seu marido tem um dom incrível para se comunicar com as pessoas. Ele vai fazer uma enorme diferença na vida delas." As palavras dele foram um grande conforto para Jill e renovaram minha confiança na decisão de sair da Up with People.

Quando o levei ao aeroporto, no dia seguinte, falamos sobre os desafios de abrir um novo empreendimento. O maior desafio para a maioria dos empreendedores, e certamente para mim na época, era o fluxo de caixa. Tínhamos um plano, é claro, mas o dinheiro seria apertado. Na semana seguinte, para minha surpresa, Ken me enviou um cheque para ajudar a financiar meus primeiros passos. E não eram algumas centenas de dólares para ajudar nas compras de supermercado. Era uma quantia significativa. E nós só nos conhecíamos há poucos meses. Mas aquilo ajudou muito para fazer a Spaulding Companies decolar.

Qual é a moral da história? Ken aplica as coisas que ensina de maneiras que vão muito, muito além do corriqueiro. Ele me deu seu tempo, sua energia, seu incentivo e seu apoio financeiro – tudo sem pensar no que ganharia com isso.

Nem toda doação ou ato de generosidade pode ser retribuído na mesma moeda. Mas colocar as necessidades dos outros em primeiro lugar sempre provoca um enorme e duradouro impacto positivo sobre as pessoas e culturas organizacionais. Os encontros aparentemente mais insignificantes com as pessoas – como meu encontro com o barman – muitas vezes se transformam nos investimentos de maior retorno na vida, se lhes dermos uma chance.

Tom France, Ken Blanchard, Noel Cunningham e Jerry Middel investiram abnegadamente em mim, mesmo quando tudo indicava que esse investimento não lhes renderia nenhum dividendo. Fizeram isso porque consideraram a coisa certa a ser feita. E, quando eu vejo potencial nos outros e uma chance de investir em seu sucesso, agarro a oportunidade com unhas e dentes. Só posso esperar que minha ajuda tenha pelo menos uma fração do impacto que toda a ajuda que recebi causou em mim.

Será que as organizações também se beneficiam?

A resposta é sim. Algumas vezes o que se "recebe" é mensurável – maior fidelidade do cliente e receita, maior fidelidade do empregado e menor rotatividade. E algumas vezes o que se "recebe" cai no lado qualitativo do balanço patrimonial.

"O verdadeiro retorno", Noel diz, "é saber no seu coração que você ajudou a inspirar as pessoas a fazer uma diferença no mundo. Eu sabia no meu coração, Tommy, que você nunca seria o mesmo depois daquela viagem à Etiópia. E não tenho como descrever a sensação de ver um grupo de jovens alunos do colegial organizando um evento de arrecadação de fundos no meu restaurante para ajudar as crianças da Etiópia. Vê-los realizando esse tipo de trabalho e se orgulhando tanto de ter arrecadado 3 mil dólares. Essas são as recompensas. É quando você vê o brilho nos olhos deles."

Não sei se Noel ou qualquer um de meus outros amigos filantropos do Quinto Andar já verbalizaram a Lei do Dar e Receber ou a Lei do Fora para Dentro, mas posso dizer com confiança que eles fazem dessas leis uma parte de quem são e de como vivem. Também posso dizer com total segurança que as inúmeras oportunidades que tive para investir nos outros – pessoas como eu – fizeram do mundo ao seu redor um lugar melhor.

Tom France faz do seu Rotary Club um lugar melhor porque incorpora o Dar e Receber e o De Fora para Dentro. Ken Blanchard faz da Ken Blanchard Companies um lugar melhor porque incorpora o Dar e Receber e o De Fora para Dentro. E Noel Cunningham faz de Denver e da Etiópia lugares melhores porque incorpora o Dar e Receber e o De Fora para Dentro.

Quando filantropos de Quinto Andar lideram grandes organizações, você tem organizações de Quinto Andar. E, nas organizações de Quinto Andar, encontrará o espírito do Dar e Receber e o De Fora para Dentro.

Por exemplo, Jim Click é um amigo meu de Quinto Andar que mora em Tucson, Arizona. Jim tem uma das maiores redes de concessionárias de automóveis dos Estados Unidos. As 13 concessionárias de serviço completo que compõem o Jim Click Automotive Team geram um faturamento anual de mais de 315 milhões de dólares. Mas ele é igualmente conhecido pela sua filantropia – uma característica que herdou do pai, Jim "Boompa" Click. O Jim Click Automotive Team, a Click Family Foundation e o Click Charitable Contributions Program têm um histórico de quase 40 anos de apoio a instituições de caridade confiáveis. Nenhum outro nome no Arizona remete mais à generosidade do que Jim Click.

Uma dessas instituições de caridade é a Linkages, ONG que Jim ajudou a fundar em 1996 para ajudar a conectar deficientes da comunidade com empregadores. A Linkages desenvolveu parcerias com cerca de 45 agências de emprego e mais de 160 empresas, porque Jim sabe que as pessoas se sentem mais valorizadas quando estão empregadas.

Antes de ajudar a lançar esse programa, Jim começou a aplicar o De Fora para Dentro e o Dar e Receber em suas concessionárias. A rede de concessionárias de Jim constitui uma das maiores empregadoras de deficientes do estado.

Em uma de minhas visitas a Tucson, Jim me levou para conhecer várias de suas concessionárias. Um empregado amigável abria a porta. Outro servia café aos clientes no departamento de atendimento ao cliente. Outro lavava carros no estacionamento. E todos tinham alguma deficiência física ou mental, mas todos tinham algo produtivo a fazer.

Jim lidera pelo exemplo; seus empregados e clientes sabem que o negócio dele representa algo muito maior e mais elevado. É um estilo de vida para ele, não um programa ou uma campanha de relações públicas.

Um dia Jim e eu entramos em uma sorveteria e ele pagou a conta para todo mundo que estava na loja. Em outra ocasião, quando um garoto admirou seu boné de beisebol do Colorado Rockies, Jim tirou o boné, o ajustou para a cabeça do menino e lhe deu de presente. O amor de Jim Click pelas pessoas é contagioso.

Mas você não precisa ser um empresário de sucesso para incorporar o De Fora para Dentro e o Dar e Receber em sua organização.

Pense na abordagem de gestão do ex-oficial da marinha Michael Abrashoff. Em 1997, como recém-nomeado capitão do USS Benfold, Abrashoff herdou uma tripulação com o moral terrivelmente baixo e um navio com reputação descendente. Sem inspiração e desmotivados, os marinheiros estavam desgastados por um estilo de gestão opressivo que os deixou ansiosos pelo fim da missão e a chance de voltar à vida civil.

O Benfold era uma prova concreta das tentativas fracassadas da Marinha dos Estados Unidos de recrutar e reter excelentes marinheiros.

Então Abrashoff adotou uma abordagem de liderança radical (especialmente para os militares) que envolvia confiar na tripulação e tratá-los com respeito. É uma abordagem que costuma ser chamada de liderança "popular", apesar de não ser fácil ser "popular" no comando de uma tripulação revoltada.

Em dois anos, contudo, Abrashoff provou que um líder poderia pôr em prática o Dar e Receber e o De Fora para Dentro sem sacrificar a disciplina ou o respeito pela cadeia de comando. Na verdade, Abrashoff era amado pela tripulação, e eles se tornaram tão disciplinados quanto qualquer outra tripulação da Marinha. Em pouco tempo o navio ridicularizado pelos outros e do qual a própria tripulação ansiava por se livrar se tornou um navio no qual os marinheiros desejavam servir e os comandantes confiavam com as missões mais difíceis. Ele desenvolveu uma reputação de eficiência, criatividade e excelência. Nas palavras de Abrashoff (e sua tripulação), o Benfold foi "o melhor navio da Marinha".

Uma das atitudes que ele adotou para mudar a situação foi entrevistar sua tripulação logo no início, para saber não apenas seus nomes como também algo pessoal sobre eles – todos os 310 marinheiros em um mês. Essa é uma das ideias que parecem ótimas – para os outros líderes! É fácil imaginar a empolgação no início e o desânimo depois de um tempo. Lá pela 200ª entrevista, Abrashoff deve ter começado a duvidar de sua tática. Mas ele não tinha como recuar. Ele se decidiu a construir relacionamentos sólidos com seus oficiais e tripulação, do mais baixo ao mais alto escalão.

Muito depois dessas entrevistas iniciais, Abrashoff comia regularmente com os recrutas, conversando com eles sobre a vida e o trabalho deles, enviando mensagens aos pais deles elogiando-os quando eles se destacavam e incentivando-

-os a assumir a responsabilidade por melhorar o navio sempre que possível.

Abrashoff acreditava em sua tripulação, confiava nela e fazia tudo o que podia para ajudá-los a ter sucesso, mesmo quando isso implicava arriscar seu próprio avanço. A abordagem não apenas ajudou a mudar a cultura de sua organização e o desempenho e o moral da tripulação, mas também o mudou.

"Como você pode tratar mal as pessoas quando as conhece e as respeita?", Abrashoff escreveu em seu livro de 2002 *Este barco também é seu* (Cultrix, 2006). "Como você pode colocar as pessoas para baixo quando sabe que a jornada na qual elas estão não apenas melhorará o ambiente de trabalho e o ajudará como também melhorará a sociedade? Foi um prazer ajudá-las a descobrir o que elas queriam da vida e traçar um caminho para chegar lá."

Alguns anos atrás, percebi que Jerry Middel, apesar dos cerca de 40 anos de generosidade no Quinto Andar, continuava sem ser reconhecido pela comunidade em geral. Isso não era surpresa, na verdade, porque Jerry faz doações anonimamente e realiza grande parte de seu trabalho de caridade nos bastidores ou na linha de frente, mas não sob os holofotes.

Então liderei uma campanha para apresentar Jerry para o prestigioso Prêmio de Voluntariado Comunitário Minoru Yasui da Denver Foundation. Também o conomeei para o Prêmio de Excelência no Voluntariado de 2005, concedido pela National Philanthropy Day of Colorado.

Promover Jerry era uma maneira simples de mostrar minha gratidão por tudo o que ele tem feito – não só por mim, mas para todas as pessoas ao redor dele. Ele não apenas merecia as honras como eu sabia que, se ganhasse os prêmios, isso ajudaria a divulgar as causas que ele apoiava.

O que eu não sabia era que o prêmio Minoru Yasui vinha acompanhado de uma significativa quantia em dinheiro. O que você acha que Jerry fez com ele? Fez uma doação para o Leader's Challenge, a ONG que eu fundara. Foi a minha vez de ficar honrado. Não era uma questão de investimento e retorno, mas um filantropo de Quinto Andar praticando as leis Do Fora para Dentro e o Dar e Receber.

Capítulo 35
Elevação: Avanço, Conexão e Reconhecimento

Steve Farber, presidente da Extreme Leadership, não é nenhum iniciante – ele liderou a própria empresa de serviços financeiros, trabalhou como diretor de programas na consultoria internacional de treinamento TMI e atuou durante seis anos como vice-presidente e porta-voz oficial da Tom Peters Company. Agora ele é um dos mais requisitados palestrantes do país e autor de *best-sellers* sobre liderança.

Conheci Farber, como o chamo, em 2006, quando ele deu uma palestra no café da manhã beneficente anual do Leader's Challenge. Dois amigos que eu respeito profundamente ligaram os pontos. Terry Pearce, autor de *Leading Out Loud* (Jossey-Bass, 2003), me contou que Steve Farber era a pessoa mais autêntica que ele conhecia – um enorme elogio vindo de um cara que orienta regularmente executivos da Fortune 500 na área de liderança autêntica. E Patrick Lencioni, autor de *Os cinco desafios das equipes* (Campus, 2009), e palestrante no evento do Leader's Challenge no ano anterior, também recomendou Farber.

Então Jill e eu fomos a Las Vegas assistir a uma palestra de Farber. Fiquei impressionado com a mensagem. E soube imediatamente que ele e eu compartilhávamos muitos valores em comum sobre a liderança – em particular a noção inovadora de que o amor exerce um papel fundamental na excelência da liderança. Na verdade, ele foi a primeira pessoa que articulou com clareza o que eu sempre vi como uma mensagem que faltava no mundo corporativo.

Steve concordou em dar uma palestra no evento de arrecadação de fundos para o Leader's Challenge. Enquanto nos conhecíamos melhor, ele me contou que seu filho, Jeremy, estava prestes a se formar no colegial, mas ainda não estava pronto para começar a faculdade. Jeremy queria conhecer o mundo antes. Na época eu atuava como presidente e CEO tanto do Leader's Challenge quanto da Up with People. Então sugeri que Jeremy participasse de um dos elencos da Up with People. E foi o que ele fez – durante 18 meses. Farber, a pedido meu, acabou se tornando membro do conselho de administração internacional da Up with People.

Um dia, quando estávamos os dois em Vancouver, fomos jantar juntos. Eu disse o quanto admirava a carreira dele como palestrante e autor e expressei meu desejo de conduzir minha própria carreira em um caminho similar.

Eu era um bom palestrante, mas não no mundo corporativo.

Steve me olhou e disse: "Tommy, não apenas você pode fazer isso como vou fazer o que puder para ajudá-lo".

Steve chama a isso de MQV – Maior Que Você – e explica o conceito em detalhes em seu livro *Greater Than Yourself* (Broadway Books, 2009). Seus dois primeiros livros, *Radical*

Leap e *Radical Edge* (Kaplan Publishing, 2009), foram histórias de ficção extremamente criativas que utilizaram a narrativa para ensinar uma lição sobre o que ele chama de liderança (e vida) "radical". Pelas mesmas razões, *Greater Than Yourself* entrou na lista dos mais vendidos do *Wall Street Journal* um mês depois do lançamento.

    Steve acredita que todos deveriam orientar outra pessoa com a meta de intencionalmente elevar e expandir a pessoa. Trata-se de uma ideia muito mais ampla do que simplesmente ajudar alguém a melhorar suas habilidades. Quando ele estava escrevendo o livro, fez a si mesmo a pergunta desafiadora: "Qual é o meu projeto MQV?" Steve refletiu sobre a questão e percebeu que eu era o projeto MQV dele. Steve era um autor e palestrante corporativo mais experiente que eu, e desenvolver essas habilidades era uma grande meta minha. Então ele me ligou e formalizamos um relacionamento de *mentoring* informal.

    Mas Steve não quer só me ajudar a ter sucesso – ele quer que eu seja um palestrante, escritor e influenciador melhor do que ele. E quer que eu encontre meu próprio projeto MQV e faça o mesmo pela pessoa. É uma abordagem que vemos com frequência com pais e filhos, professores e alunos, técnicos e atletas, mas quase nunca no competitivo mundo corporativo. Muitas pessoas vivem com medo de que suas carreiras inevitavelmente afundarão se ajudarem alguém a se elevar acima delas. Farber não é uma delas.

    Então Steve começou a me passar todos os contatos que tinha nos mundos editorial e de palestras. Ele me apresentou a seu gestor de negócios. Ele me apresentou a seus contatos nos maiores bureaus de palestrantes. E, uma noite, quando estávamos em Boston para uma conferência em Harvard, ele me apresentou a seu editor.

"Tudo o que aprendi eu compartilhei com ele", Steve diz sobre o nosso relacionamento. "Não existem segredos comerciais. Não estou tentando ser útil. Todos nós deveríamos tentar ser úteis. Estou fazendo tudo o que posso para que Tommy seja melhor nisso do que eu. Minha realização será olhar para cima e dizer: 'Lá está ele. Ele conseguiu. E eu consegui ajudá-lo com um empurrãozinho aqui e outro ali'. Esse é o pote de ouro no fim do arco-íris para mim."[15]

Steve consegue vencer as batalhas que todos lutamos com nossos egos para que ele possa se orgulhar de atingir essa meta. É verdade que ainda temos um longo caminho pela frente. Mas, diferentemente de alguns mentores que tive na vida, sei que Steve não vai me abandonar se meu sucesso começar a brilhar mais do que o dele. E nem desistirá de mim se o sucesso não for imediato.

A abordagem de Steve funciona porque se baseia em um amor sincero e autêntico pelo outro. Na presença desse tipo de amor, o ego não desaparece, mas é relegado ao lugar apropriado. Quando amamos alguém, o sucesso da pessoa é mais importante para nós do que o nosso. E percebemos que, por mais que nos doemos ao ajudar a fazer isso acontecer, o nosso próprio sucesso nunca diminui.

Steve põe em prática de modo extremamente intencional o que eu gosto de chamar de a LEI DA ELEVAÇÃO – a ideia de que estamos potencializando ao máximo nossos relacionamentos quando elevamos intencionalmente os outros a lugares aos quais eles não conseguem ir sozinhos. A Lei da Elevação tem três componentes essenciais – Avanço, Conexão e Reconhecimento.

---

15 – http://greaterthanyourself.com.

Em seus níveis básicos, a Lei da Elevação significa conduzir o outro na direção certa, apresentá-lo à pessoa certa e depois sair do caminho. Significa ser prestativo. Mas isso não basta. O que realmente eleva essa ideia a algo que transcende os relacionamentos transformacionais é o que vem depois – a parte na qual fazemos mais do que aquilo que é "gentil e prestativo".

O MQV se encaixa perfeitamente nesse primeiro componente: Avançar. O MQV é uma versão melhorada do *mentoring*, de forma que não se aplica a qualquer relacionamento. Ele funciona para Farber e para mim porque ele teve sucesso em algumas áreas nas quais eu gostaria de ser bem-sucedido e porque ele acredita que eu tenha as habilidades, competências e paixões necessárias para ter sucesso nessas áreas também. Então ele pode se replicar – pelo menos nessas áreas – em mim ao compartilhar informações e recursos, ajudando a superar minhas deficiências e pontos fracos e me encorajando nos momentos difíceis que inevitavelmente acompanham o crescimento pessoal e profissional.

Mas a Lei da Elevação traz consigo aplicações para todos os relacionamentos, não somente para aqueles nos quais nos comprometemos a ensinar, treinar e orientar alguém para que se tornem melhores que nós. O componente do avanço também implica ajudar o outro a atingir seu pleno potencial quando isso não tem relação alguma com nossos níveis de habilidade ou competência.

Por exemplo, como administrador, sempre considerei parte de minhas responsabilidades conhecer os sonhos e aspirações das pessoas que trabalham para mim. Quero saber onde elas querem estar daqui a cinco ou dez anos e quais são suas metas profissionais. Também quero saber, na extensão que elas quiserem me revelar, o que está acontecendo na vida pessoal delas. Quais são suas metas para o casamento e para os filhos? Quais sãs suas aspirações fora do trabalho?

Parte do meu trabalho é ajudá-las a atingir essas metas. Mas eu não limito essa abordagem a meus empregados – nem a meus colegas de trabalho. Na verdade, eu a vejo como algo que posso e devo fazer com todas as pessoas que conheço, incluindo clientes e fornecedores.

Se você trabalha em vendas, sem dúvida conhece o conceito por trás da "Venda de Soluções". A ideia é encontrar as necessidades de seu cliente e descobrir como seus produtos ou serviços podem servir de solução para essas necessidades. É um grande modelo que, com muita frequência, beneficia tanto o comprador quanto o vendedor, porque começa com a questão de como uma pessoa ou organização pode ajudar a outra. Durante o tempo em que passei na Lotus Development, todo o pessoal de vendas fez um treinamento de uma semana sobre a Venda de Soluções.

Mas e se meus produtos ou serviços não forem a solução para seus problemas? Tento retroajustá-los para fechar as vendas? E se seus maiores desafios não tiverem nenhuma relação com meu negócio? Eu só viro as costas e espero que nossos caminhos se cruzem no futuro?

De jeito nenhum!

Eu diria que deveríamos fazer todo o possível para ajudar os outros a encontrar uma solução. É isso que leva ao avanço além da Venda de Soluções. No fim das contas, a Venda de Soluções ainda diz respeito a atingir nossa cota de vendas. O avanço é quando ajudamos os outros a chegar aonde eles querem ir e atingir o que querem atingir. Às vezes isso implica ganho pessoal e às vezes não.

Quando fornecemos soluções sem nos preocupar com nosso próprio ganho, estamos criando mais do que uma rede de clientes. Estamos criando relacionamentos fiéis e duradouros. Passamos a fazer parte da maré ascendente que levanta todos os barcos.

Se realmente quisermos ajudar as pessoas, precisamos nos tornar o elo que as conecta.

Eu me tornei um elo como esse para Jim Click e Charlie Monfort.

Já falei sobre Jim – é um amigo que tem várias concessionárias no sul do Arizona. Charlie Monfort, também um bom amigo, é proprietário do time de beisebol Colorado Rockies.

Cerca de um ano depois que Jim e eu nos conhecemos, ele me ligou para dizer que os líderes da comunidade de Tucson lhe pediram para ajudar a convencer os Colorado Rockies a continuar treinando em Tucson. Os Rockies e os Arizona Diamondbacks eram os únicos times de Tucson que ainda jogavam na Cactus League – a liga que constituía os times da Major League e que treinava no Arizona. Os outros estavam se mudando para Phoenix. A liderança de Tucson se preocupava com o impacto dessas mudanças em sua economia e comunidade.

Jim sabia que eu tinha vínculos estreitos com líderes de negócios de Denver, então me perguntou se eu conhecia alguém dos Rockies. Eu disse a Jim que tanto Charlie Monfort quanto a organização dos Rockies eram amigos e colaboradores do Leader's Challenge, a ONG que eu tinha fundado.

Naquele ponto eu poderia ter dado a Jim o número de telefone de Charlie e lhe dito para se certificar de dizer que "Tommy me disse para eu ligar". Isso teria sido útil. Em vez disso, eu mesmo liguei para Charlie e organizei um encontro para o qual voei para Tucson e levei Jim e alguns outros líderes a um jogo de treinamento com Charlie.

Durante a viagem, marquei um jantar com Jim, Charlie e meu camarada Keli McGregor, que era presidente da organização Rockies. Passamos várias horas conversando em um dos restaurantes italianos mais agradáveis da cidade. E, é claro, Jim comentou como era importante para Tucson que os Rockies continuassem treinando lá.

Naquele encontro, Jim e Charlie deram início ao processo de arranjar os detalhes que permitiriam que os Rockies continuassem em Tucson no ano seguinte. Um ano depois todos nós nos encontramos novamente para jantar, e mais uma vez os Rockies concordaram em ficar em Tucson.

Qual foi minha parte nisso? Não muito grande. Eu não ganharia nem perderia nada se os Rockies decidissem treinar em Tucson ou em qualquer outra cidade, ou se Jim e Charlie se tornassem ou não amigos. Eu só vi uma oportunidade de apresentar dois bons amigos com interesses em comum. E eles acabaram ficando amigos. Na verdade, os Rockies decidiram que 2010 seria seu último ano em Tucson antes de se mudar para Scottsdale, subúrbio de Phoenix. No entanto, Jim e Charlie continuaram amigos. Eles têm valores e interesses similares e cada um aprecia e valoriza o outro.

É sempre uma volta para casa quando você consegue conectar duas pessoas para o benefício de ambas. Estou sempre tentando conectar as pessoas que podem sair ganhando profissionalmente ao trabalharem juntas e pessoalmente ao se conhecerem – pessoas que podem ter enorme influência sobre suas organizações, suas comunidades e o mundo.

A Lei da Elevação tem um terceiro componente. Ele pode não parecer tão prático à primeira vista quanto avançar e conectar. Mas o reconhecimento exerce um papel importante, apesar de muitas vezes negligenciado ao elevar os outros e, no processo, elevar nossos relacionamentos.

Nós reconhecemos os outros quando os honramos de alguma maneira, em público ou sem que ninguém fique sabendo, dependendo da situação, com alguma forma de elogio ou louvor – em outras palavras, quando concretizamos na forma de ação a nossa gratidão por algo que a pessoa fez, para nós individualmente ou para a nossa organização.

Os gurus da administração há muito têm defendido a ideia de honrar os empregados, especialmente em público, pelo bom trabalho realizado. Na verdade, alguns empregadores levaram essa ideia tão a sério que acabaram se prejudicando. Eles implementaram todo tipo de programas de recompensas e premiação sem ponderar as potenciais consequências negativas. Por exemplo, como os "não vencedores" verão as recompensas? As recompensas se tornarão uma expectativa? O que acontece com a produtividade se as recompensas forem retiradas?

Eu vejo as recompensas e o reconhecimento como parte de um relacionamento autêntico e, dessa forma, como uma expressão do coração, não um programa. Isso não significa que programas de gratificação não tenham como dar certo, mas essa é outra questão. Um programa de bonificações normalmente honra alguém por algo que ele conquistou e que pode esperar ganhar como resultado de um bom trabalho. É uma espécie de programa de milhagens – calculado e transacional –, não uma resposta autêntica de gratidão. O tipo de reconhecimento do qual estou falando honra a pessoa em um momento em que ela pode não esperar e sem que estivesse buscando obter algum agradecimento especial.

    Não há limites para o reconhecimento. Ele está aberto a todas as pessoas que conheço. Mais uma vez, os gurus da administração nos impelem a reconhecer nossos empregados pelo bom trabalho, mas eu digo que precisamos dar aquele passo adicional (ou dois, ou 20). Sempre que tivermos a chance, precisamos reconhecer e honrar pessoas fora das nossas organizações – fornecedores, clientes e qualquer outro que contribua para o nosso sucesso ou para o sucesso das pessoas ao nosso redor.

    Muitos de nós reconhecemos as pessoas das maneiras típicas de Dale Carnegie, mandando cartões de agradecimento ou ligando só para agradecer, aproximando-se da mesa delas e oferecendo algumas palavras de encorajamento e gratidão.

    Uma maneira de dar aquele passo adicional é oferecer elogios "terceirizados" – quando elogiamos uma pessoa a outra. É algo poderoso se eu lhe disser que você fez um bom trabalho. Mas é ainda mais poderoso se eu contar a cinco outras pessoas.

    Por exemplo, tenho um relacionamento de Quinto Andar com Scott Bemis, presidente e editor do *Denver Business Journal*. Você se lembra do meu time de estrelas do Quinto Andar? Scott Bemis é meu *shortstop*. Ele é o meu Bucky Dent.

    Quando conheci Scott, o *Business Journal* tinha publicado sua lista anual dos "Quarenta com menos de 40" que reconhecia líderes promissores na região de Denver – 40 líderes emergentes com menos de 40 anos. Como fundador de 32 anos do Leader's Challenge, entrei na lista e meu perfil foi publicado no *Journal*. Em consequência, fui convidado com os outros vencedores para um almoço de premiação em nossa homenagem.

Quando anunciaram o nosso nome, cada um de nós foi até a mesa de Scott para apertar sua mão. Ele nos deu uma placa de homenagem e um vale de 100 dólares para o Morton's Steakhouse. Quando ele chamou meu nome, eu lhe dei um abraço de urso, coloquei o vale no bolso e voltei ao meu lugar. Mais tarde, de volta ao escritório, tirei o vale do bolso e notei que era grosso demais. Scott acidentalmente me dera dois vales que estavam grudados um no outro.

Quando escrevi uma mensagem de agradecimento a Scott, incluí o vale adicional explicando como acabei ficando com dois. Quando recebeu a mensagem, ele me ligou.

"Obrigado por me mandar de volta", ele me disse. "Muita gente não teria dito nada. Quem ficaria sabendo, não é mesmo?"

Ele sugeriu que eu usasse o vale adicional para levar alguém para almoçar comigo no Morton's. Antes de perceber, eu tinha um novo amigo. E, quanto mais nos falávamos, mais nos aproximávamos. Em pouco tempo, Scott era um mentor e uma estrela no meu time do Quinto Andar.

Um dia eu estava tomando café da manhã no Ellyngton's, no Brown Palace Hotel, e vi Scott em uma das mesas, então me aproximei para cumprimentá-lo. Acontece que ele estava em uma reunião com seu chefe, Whitney Shaw, presidente e CEO do American City Business Journals em Charlotte, Carolina do Norte. Trocamos algumas gentilezas e eu me despedi deles. Mas, indo para a minha mesa, me perguntei se o sr. Shaw tinha alguma ideia do quanto Scott era valioso para o *Denver Business Journal* – não só pelo seu tino para os negócios, mas também como líder e embaixador na comunidade de Denver. Então lhe enviei uma carta escrita à mão elogiando Scott.

Eu não queria que Scott soubesse disso; só queria me certificar de que seu chefe soubesse como as pessoas de Denver se sentiam em relação a Scott. Só estou contando isso agora porque o sr. Shaw mencionou minha carta a Scott e Scott me disse o quanto apreciou o gesto.

Nunca sabemos como atos de respeito como esses podem influenciar os outros.

Meu pai passou a vida ensinando inglês para alunos do colegial, e se envolve em todo tipo de atividade na escola e na comunidade. Ele dirigiu musicais na escola, atuou como consultor para o jornal da escola, foi líder do sindicato dos professores, deu aulas de piano e foi técnico da equipe de esqui. Ele foi uma enorme influência para inúmeros alunos ao longo dos quase 40 anos em que trabalhou em escolas públicas.

Mas uma de suas posses mais estimadas é uma carta que recebeu cerca de dez anos antes de se aposentar do diretor de admissões do MIT:

Prezado Sr. Spaulding,

Todos os anos pedimos aos alunos que entram no MIT para nos dizer o nome de um professor que foi especialmente influente no desenvolvimento desse aluno.

Nós o parabenizamos por ter sido nomeado este ano por Bandita N. Joarder.

E, o mais importante, nós o agradecemos pelo tempo, paciência, *expertise*, amor, disciplina e todas as outras qualidades que tiveram um impacto tão importante sobre seus alunos. Nós nos beneficiamos do seu trabalho.

Mais uma vez, parabéns pelo respeito que conquistou de seus alunos.

Sinceramente,
Michael C. Behnke
Diretor de Admissões

O fato de aquela aluna ter se lembrado do meu pai foi uma fonte enorme de incentivo para ele. A pequena iniciativa por parte do MIT era um lembrete aos alunos de que não entraram em uma prestigiosa universidade sem ajuda, enquanto sem dúvida também incentivava professores de todo o país. Para o meu pai, esse tipo de carta é muito especial.

Nunca sabemos quando uma carta ou mensagem de incentivo elevará uma pessoa quando ela mais precisar disso.

O dr. Jim Bearden, o professor com mais tempo de casa da Faculdade de Administração da East Carolina, me procurou depois do meu discurso de abertura na cerimônia do centésimo aniversário da ECU. Ele e eu tínhamos a visão comum, ele disse, de ver a ECU criar uma cultura que fazia da liderança uma competência essencial para cada aluno que se formasse. Quanto mais conversávamos, mais eu apreciava os anos que ele passara nas batalhas de linha de frente criando essa cultura. Então, quando devolvi um livro que tinha emprestado dele, incluí um bilhete escrito à mão:

Prezado Jim,
Você está mudando a universidade, um aluno, um membro da administração e um membro do corpo docente de cada vez.

Abraços,
Tommy

Um ano depois, eu estava na sala dele falando sobre os desafios de tentar promover uma mudança significativa como líder residente da ECU. Eu estava trabalhando para criar o tipo de programa de liderança que ele visualizava para a faculdade e sabia que ele podia entender minhas dificuldades.

"Tommy, quero lhe mostrar uma coisa", ele disse. Pegou uma moldura de sua mesa e me entregou. Era o bilhete que eu enviara, emoldurado e em lugar de honra em sua sala. Minha tentativa de reconhecer os esforços dele voltou para mim – o que usei para honrá-lo e encorajá-lo, ele estava usando para me honrar e me encorajar!

Há ocasiões, contudo, nas quais cartões de agradecimento e elogios terceirizados simplesmente não são o suficiente. Precisamos fazer mais. Foi por isso que indiquei Jerry Middel para uma premiação em honra de seu trabalho de caridade, e foi por isso que fiz a campanha para ajudá-lo a ganhar o prêmio. E também foi por isso que levei Tom France e sua esposa a Denver.

Tom France foi o rotariano da minha cidade natal que parecia estar presente a cada esquina para me ajudar ao longo do caminho.

Você deve se lembrar que Tom me indicou para participar da Rotary Youth Leadership Academy (Ryla) quando eu tinha 15 anos, me ajudando a entrar no programa apesar de eu não ter as notas necessárias. Ele organizou um evento de arrecadação de fundos no Rotary para me ajudar a viajar com a Up with People. Quando me inscrevi para a Rotary International Ambassadorial Scholarship, precisava da indicação de alguém do meu clube local. Tom me indicou. Ele também foi meu maior defensor no comitê de seleção, e foi ele que mais tarde me contou como o barman tinha dado o voto decisivo. Quando me inscrevi para um estágio no Congresso em Washington, Tom não apenas escreveu uma carta de recomendação como fez um telefonema em meu nome ao nosso congressista. E, quando me tornei presidente e CEO da Up with People e quis levar o elenco para a Suffern High School para uma apresentação beneficente de arrecadação de fundos para o programa de bolsa de estudos em homenagem a Lori Nolan, Tom France convenceu seu Rotary Club a patrocinar o evento.

Tom não era o que a maioria das pessoas consideraria um líder de alta visibilidade, mas tinha um relacionamento de Quinto Andar com sua comunidade. O condecorado piloto da Segunda Guerra Mundial voltou a seu estado natal, Nova York, depois da faculdade, abriu uma empresa de serviços de aquecimento e ar-condicionado em Suffern, tornou-se ativo no Rotary e outras organizações dignas e formou uma família que aprendeu (como eu) com os exemplos dele. Ele não era abastado pelos padrões do mundo, mas deu coisas que não podem ser mensuradas em um extrato bancário.

Então passei a vida inteira agradecendo a Tom France por sua influência. Enquanto viajava pelo mundo depois do colegial e da faculdade, eu enviava constantemente cartões-postais a Tom.

"Aqui estou eu, na Itália. Obrigado por fazer com que isso fosse possível. Eu o amo."

"A faculdade de administração na Austrália é incrível. Eu nunca teria conseguido sem você. Muito obrigado."

"O Japão é fascinante. Gostaria que você estivesse aqui também. Saudades e pensando sempre em você. Obrigado por mudar minha vida."

Eu queria que ele soubesse o quanto eu apreciava tudo o que fizera por mim. Eu lhe enviei dezenas de cartões e encontrei muitas maneiras especiais de agradecer ao longo dos anos. Mas existe uma diferença entre agradecer uma pessoa e honrá-la.

Eu envio 50 mensagens de agradecimento escritas à mão por semana a pessoas que conheço e respeito. Faço isso há quase 20 anos. Nós agradecemos os relacionamentos de Segundo e Terceiro Andares. Agradecemos e honramos os relacionamentos de Quarto e Quinto Andares, e eu queria honrar Tom.

Tive minha grande chance em 2004, quando o Rotary Club de Denver me pediu para fazer um discurso de abertura em um banquete para os formandos do programa Denver Kids (o programa de orientação no qual meu amigo Jerry Middel estava profundamente envolvido).

A esposa de Tom, Lu, foi criada em Denver, e Tom era formado pela Denver University. Eles se conheceram quando ele estudava lá, mas não voltavam a Denver há alguns anos. Então liguei para Tom e lhe disse que queria lhes dar uma viagem para o Colorado para que eles pudessem visitar a família e comparecer a um evento especial do Rotary.

John Schafer, que na época era gerente-geral do Denver Hyatt-Regency, doou um quarto de hotel para Tom e Lu durante a estadia deles, e Jill e eu os levamos para jantar uma noite. No banquete do Rotary, eu os pus numa mesa na frente. Foi só então que ele viu que eu estava na mesa principal e percebeu que eu fazia parte da programação.

O Rotary Club de Denver tem mais de 400 membros, e o banquete estava lotado. Cerca de 50 jovens que participaram do programa Denver Kids estavam se formando no colegial, de forma que o Rotary estava homenageando a eles e aos mentores que fizeram uma diferença tão grande na vida deles. Meu discurso se concentrou no *mentoring* e na importância do Rotary na nossa comunidade.

Contei a história de um rotariano que conhecia que exemplificava o lema do Rotary, "Dar de si antes de pensar em si".

Então contei tudo que Tom fizera para me orientar e ajudar, sem mencionar seu nome.

"Eu tenho uma história de 20 anos com o Rotary", eu disse, "e esse rotariano tem sido o fio condutor dessa experiência. Na minha opinião, ele é o maior rotariano que já conheci. E está aqui conosco. Senhoras e senhores, quero lhes apresentar Tom France – o maior rotariano do mundo."

Pedi que ele se levantasse diante de todas aquelas pessoas que não o conheciam.

"Todos esses jovens do Denver Kids tiveram mentores", eu disse. "E Tom France foi o meu mentor."

Tom chorou ao se levantar, segurando a mão da esposa. Foi aplaudido de pé. O salão inteiro estremeceu por Tom. E, quando acabou, Tom estava cercado de pessoas que queriam apertar sua mão.

Três anos depois eu estava com Tom France na apresentação beneficente da Up with People para Lori Nolan. Foi a última vez que vi Tom. Ele morreu um mês depois, em dezembro de 2007, apenas algumas semanas depois de seu 84º aniversário. Foi quando percebi o quanto é importante reconhecer as pessoas em público sempre que se tem oportunidade.

Tom France foi um dos mentores mais influentes da minha vida (ao lado do meu pai e de Jerry Middel). Ele não me ajudou para ganhar reconhecimento. Ele me ajudou porque se importava. Ele literalmente mudou minha vida.

Capítulo 36
Servindo os *stakeholders*

Stephanie Wilmer, James LaFrenz e Christopher Hudak vivem em mundos muito diferentes. Eles não se conhecem e é improvável que um dia se conheçam. Mas essas três pessoas – uma contadora em uma organização sem fins lucrativos, um gerente de atendimento ao cliente de uma companhia aérea e um policial de uma pequena cidade – representam algumas maneiras muito importantes pelas quais os relacionamentos se tornam mais do que ordinários. Elas também representam as três categorias distintas de *stakeholders* que encontramos em nossa jornada de criação de relacionamentos de Quinto Andar.

Todos os membros de uma organização, de trabalhadores da linha de frente a gerentes e ao CEO, aos membros do conselho de administração e o proprietário, precisam entender e procurar desenvolver mais do que relacionamentos com três grupos distintos – *stakeholders* internos, externos e da comunidade (ou, como eu os vejo, os "*stakeholders* esquecidos").

Temos uma participação em cada relacionamento, e todos os relacionamentos pertencem a um desses três grupos, incluindo relacionamentos com pessoas que mal conhecemos ou que ainda não conhecemos.

Contadora na Up with People durante minha administração como CEO, Stephanie Wilmer era uma "*stakeholder* interna". Ela se reportava a alguém, que se reportava a mim, mas todos nós fazíamos parte da mesma equipe. Todas as pessoas na organização são *stakeholders* internos – seus colegas, seu chefe, seus subordinados diretos e indiretos, só para mencionar os mais óbvios.

James LaFrenz conheceu minha esposa e a mim enquanto corríamos para embarcar num voo internacional num daqueles dias nos quais o destino parecia querer nos pregar uma peça. Como clientes das Frontier Airlines, éramos *stakeholders* externos no mundo de James. Como todos os clientes, fornecedores, acionistas, doadores, investidores e parceiros, nós não trabalhávamos com ele nem para ele, mas ele tinha um enorme papel em algo muito importante para nós – nos ajudar a embarcar naquele voo.

O policial Christopher Hudak e eu nunca nos conhecemos e mesmo assim temos um relacionamento. Temos um relacionamento porque vivemos no mesmo planeta. Fazemos parte de uma comunidade global que, em seu melhor, ajuda uns aos outros em momentos de dificuldades. Nós nos conscientizamos dessas necessidades e reagimos a elas nos colocando na posição de vê-las e reagir a elas, e foi assim que o policial Hudak e eu nos conectamos.

Uma comunidade é um organismo vivo, composto de *stakeholders* de todas as esferas da vida – religião, negócios, educação, organizações sem fins lucrativos, o governo. Não basta conhecer esses *stakeholders*; precisamos desenvolver mais do que relacionamentos para produzir um benefício maior para eles e todos ao redor deles. É assim que os relacionamentos do Quinto Andar se tornam incrivelmente poderosos – além de gratificantes e divertidos!

Stakeholders internos

As mensagens que enviamos a nossos *stakeholders* internos – a administração, os empregados, colegas e assim por diante – é a mensagem que eles enviarão uns aos outros e ao mundo externo. Se lhes dissermos que o que importa para nós é o dinheiro e a participação de mercado, é essa a mensagem que eles comunicarão uns aos outros e aos clientes, apesar de a maioria não fazer isso abertamente.

Se comunicarmos (com nossas ações e palavras) que precisamos ganhar lucros e aumentar a participação de mercado para sobreviver, mas que nossa abordagem dessas metas começa com o desenvolvimento de relacionamentos transformacionais de Quinto Andar, é essa a mensagem que eles comunicarão.

Quando desenvolvemos uma cultura na qual os relacionamentos importam, a inovação e a produtividade aumentam, a confiança se transforma na base para os relacionamentos, a rotatividade cai e o moral vai às alturas. Nossa empresa se beneficia, bem como todos dentro dela. Mas precisamos nos empenhar para que esses relacionamentos façam a diferença, e não apenas com as pessoas ao nosso redor que estão em posição de ajudar diretamente no avanço da nossa carreira.

O vice-presidente financeiro da Up with People me procurou um dia e sugeriu que eu levasse Stephanie Wilmer para almoçar, para mostrar a gratidão da organização pelo bom trabalho que ela vinha realizando como contadora. Me pareceu uma excelente ideia, então enviei um *e-mail* perguntando qual era o restaurante preferido dela e agendei um dia.

Parte de mim, contudo, não estava muito empolgada com a perspectiva, e não tinha nada a ver com Stephanie. Uma de minhas maiores responsabilidades na Up with People era administrar relacionamentos com nosso conselho de administração, patrocinadores e doadores, e as oportunidades de cultivar esses relacionamentos normalmente giravam ao redor de refeições. Do ponto de vista financeiro, fazia muito mais sentido almoçar com um doador que dava milhares de dólares a nossa organização do que com alguém que ajudava a conservar esses dólares.

Fazemos escolhas todos os dias sobre onde investimos nosso tempo e energia no que diz respeito a administrar relacionamentos em nossas organizações. A maioria de nós os divide em pelo menos três categorias: gerenciamos para cima (com as pessoas a quem nos reportamos), gerenciamos para baixo (com as pessoas que se reportam a nós) e gerenciamos ao redor (com nossos colegas).

Todos são importantes. Mas costuma ser tentador nos entregar à cultura de "puxar saco" – aquela prática tão frequente de bajular pessoas que podem nos ajudar a progredir na carreira devido à sua influência em fatores como nosso salário, bônus e estabilidade no emprego. A sinceridade não conhece um inimigo maior do que uma cultura de "puxa-sacos". Em vez disso, precisamos investir em uma cultura de amor a todos – que valorize igualmente as pessoas que trabalham conosco e para nós.

Levei Stephanie para almoçar e foi um dos melhores almoços que tive naquele mês. Tive a chance de conhecer alguém que não conhecia particularmente bem, e saí sentindo que "ganhei" algo com o tempo que passei com essa mãe solteira que se empenhava tanto para sustentar a família. Ela me encorajou e me inspirou. E o investimento de um almoço lhe mostrou que nós a valorizávamos como pessoa e pelo trabalho que realizava.

Todo mundo tem algo de valor para oferecer a todo mundo – Stephanie tinha algo a me oferecer e eu tinha algo a oferecer a ela. Em algumas ocasiões esse "algo" é óbvio e grande; em outras ele é mais sutil e podemos levar semanas, meses ou anos para vê-lo com clareza.

Se nos concentrarmos apenas nas pessoas que estão acima de nós no organograma, restringiremos nossa visão e nossas oportunidades de crescimento. Precisamos olhar ao redor, dando o que temos para dar e mergulhando no que os outros têm a oferecer, independentemente de a pessoa ser um barman, um porteiro, uma contadora ou um CEO.

Se eu tivesse qualquer dúvida sobre o fato de Stephanie ter apreciado o almoço, essa dúvida teria sido esclarecida em minha festa de despedida, alguns meses mais tarde. Eu estava deixando o cargo de presidente e CEO, e tinha feito muitas grandes amizades enquanto lutávamos juntos para imbuir uma excelente organização de vida e energia. Muitas pessoas respeitavam minhas habilidades de liderança – visão, inspiração, capacidade de montar um bom conselho de administração e base de doadores –, mas as lágrimas sinceras nos olhos de Stephanie quando ela me abraçou me deram mais alegria do que todo o dinheiro que ajudei a arrecadar ou, de verdade, qualquer outra realização atingida. Ela se importava comigo porque sabia que eu me importava com ela.

Quando fiquei sabendo sobre o espetacular desempenho dela no trabalho, poderia ter enviado uma mensagem pessoal

– adoro escrever mensagens para as pessoas e recomendo vivamente fazer isso –, ou poderíamos ter lhe dado algum presente. Podemos mostrar o quanto valorizamos as pessoas de várias maneiras, e elas não são necessariamente excludentes. Mas poucas coisas têm mais impacto do que uma conversa, tempo, atenção e incentivo enquanto você aprende um pouco mais sobre quem as pessoas são.

Agora você pode estar pensando: Tudo isso é muito bonito, Spaulding, mas será que aquele almoço realmente fez de Stephanie uma contadora melhor? Será que ele teve algum impacto mensurável sobre sua organização?

Bem, ela já era uma excelente contadora – foi por isso que a levei para almoçar! Mas acho que foi uma colaboradora ainda melhor porque soube que nós nos importávamos com ela. Acho que ficou mais feliz, teve mais energia e que as pessoas ao redor dela também se beneficiaram.

Mas eis o que sei com certeza: se você apenas "puxar sacos" em sua cultura organizacional, as pessoas ao seu redor nunca se sentirão energizadas e amadas. Com o tempo, isso afetará o desempenho e a autoestima delas. Isso começa a transpirar em cada detalhe da organização, normalmente na forma do tédio e do ceticismo. Em vez de uma atitude "por que não?", as pessoas adotam uma abordagem "e eu com isso?" A meta passa a ser evitar os problemas – um interesse autocentrado em vez de um interesse instintivo de ajudar os clientes, a organização e a comunidade.

Quando criamos uma cultura voltada ao desenvolvimento de relacionamentos de Quinto Andar entre *stakeholders* internos, estamos criando uma cultura que em última instância ajuda a melhorar os resultados financeiros da organização. Pode parecer paradoxal, mas é um modelo comprovado.

Por exemplo, enquanto a maioria das companhias aéreas lutava para sobreviver nas últimas décadas – e algumas não conseguiram –, a Southwest Airlines decolou na frente em grande parte devido ao seu comprometimento com os *stakeholders* internos. Pense que, de abril a junho de 2008, enquanto as outras grandes companhias aéreas perderam juntas 6 bilhões de dólares, a Southwest teve seu 69º trimestre lucrativo consecutivo. E também foi a única grande companhia aérea a declarar lucros no primeiro trimestre de 2009.

Ela começou contestando a visão tradicional de que o cliente é o número 1. No organograma da Southwest Airlines, o número 1 são os empregados. A Southwest sabe que, se você cuidar dos empregados e desenvolver uma cultura de confiança e respeito com eles, esses empregados se empenharão e atenderão melhor os clientes. Isso, é claro, leva a negócios repetidos e à maior eficiência dos empregados, dois fatores-chave no aumento da participação de mercado e da receita.

A declaração de missão da Southwest, elaborada em 1988, quando a companhia aérea ainda era uma estrela em ascensão, não faz menção a lucros ou participação de mercado. Ela se concentra no serviço ao cliente e em seus empregados:

A missão da Southwest Airlines é a dedicação à mais alta qualidade de atendimento ao cliente, executado com cordialidade, orgulho individual e o espírito da empresa.

Aos nossos empregados: estamos comprometidos a proporcionar um ambiente de trabalho estável com oportunidades igualitárias de aprendizado e crescimento pessoal. A criatividade e a inovação são incentivadas para melhorar a eficácia da Southwest Airlines. Acima de tudo, os empregados receberão na organização o mesmo interesse, respeito e atitude solidária que se espera que demonstrem externamente a cada Cliente da Southwest.[16]

Tudo isso é muito belo, você pode dizer, mas será que a Southwest Airlines realmente põe tudo isso em prática, e, se for o caso, será que realmente funciona?

As respostas são: sim e sim.

A Southwest coloca essa missão em prática de várias maneiras, em todos os níveis. É possível sentir isso nas vozes e nas atitudes ao fazer o *check-in* para um voo, se preparar para embarcar ou ouvindo os anúncios do comissário de bordo e do piloto.

Uma empresa pode dizer a seus empregados para se comportar assim, mas como pode criar uma cultura na qual isso é feito naturalmente? Não é questão de implementar uma diretriz ou programa isolado, mas uma série de ações e atitudes que se acumulam com o tempo.

A Southwest Airlines, por exemplo, não cobre as paredes de sua matriz corporativa com retratos de seus executivos e membros do conselho de administração ou com obras de artistas famosos. Em vez disso, a empresa exibe fotos de seus empregados e suas famílias. Pode parecer um gesto pequeno, mas representa uma mensagem poderosa sobre o que a empresa mais valoriza.

Pense na política do Chick-fil-A – a rede de lanchonetes especializada em lanches de frango – de fechar aos domingos. Pense a respeito: em 2008, as vendas nas 1.428 lojas do Chick-fil-A chegaram a 2,96 bilhões sem ganhar um centavo no que é historicamente o terceiro dia mais

---

16 – http://www.southwest.com/about_swa/mission.html.

produtivo para seus concorrentes (perdendo apenas para as sextas e os sábados).

A visão simplista da política do Chick-fil-A é que ela se baseia apenas nos valores religiosos pessoais do proprietário e não tem nenhuma relação com o "bom negócio". Mas Truett Cathy, o fundador, acredita que o conceito do Sabbath – um dia de folga intencional – é um bom negócio, em parte devido ao impacto sobre seus *stakeholders* internos. A política transmite a mensagem de que a empresa valoriza o tempo deles fora do emprego e quer que invistam em amigos, na fé e na família. E lhes diz que é importante descansar – para sua saúde pessoal e da empresa.

"Como líderes, temos a responsabilidade de administrar a energia do nosso pessoal", diz Dan Cathy, filho de Truett e presidente e COO da empresa. "Especialmente na economia baseada em conhecimento dos dias de hoje, na verdade estamos administrando a inovação e a criatividade. E inovação e criatividade vêm de uma mente descansada".[17]

Atuo em um conselho de administração nacional com Dan Cathy, e ele é uma das pessoas mais autênticas e generosas que conheço. Ele compartilha os valores do pai e os põe em prática todos os dias, não apenas quando tira o domingo de folga. O modo como ele, o pai e os outros membros de sua equipe de liderança respeitam e se importam com os colegas de trabalho é incorporado por toda a organização, até o adolescente que lhe serve um refrigerante no *drive-thru.*

Incorporar o "descanso" na cultura corporativa é só uma maneira de o Chick-fil-A "dar" a seus colaboradores e empregados. E, o mais importante, não é tudo. Os líderes

---

17 – The Life@Work Journal, julho/agosto 1999, vol. 2, n. 4.

de organizações como o Chick-fil-A e a Southwest Airlines sabem que valorizar os *stakeholders* internos não é um programa, mas uma atitude mental. Programas e políticas refletem essa atitude mental e a reforçam, mas raramente a criam. A atitude mental inspira e orienta milhares de pequenas decisões todos os dias. E, o mais importante, a atitude mental cria algo vital para o sucesso de qualquer organização – a ferramenta motivacional mais eficaz do mundo: a autoridade "relacional".

Em organizações com alto nível de autoridade relacional, as pessoas enfrentam os desafios de formas éticas e criativas. Elas se ajudam e crescem juntas como uma equipe com vínculos e metas em comum. Sem isso... bem, na maioria dos casos os resultados incluem relacionamentos superficiais, vendas fracas, menos satisfação do cliente, altos índices de rotatividade de empregados e queda nos negócios.

Os *stakeholders* internos de uma organização são sua energia vital, porque a saúde desses relacionamentos sempre se reflete no modo como a organização se apresenta ao mundo externo. Uma cultura interna doente e anêmica acaba se revelando aos clientes, doadores, fornecedores e acionistas como algo pálido e superficial.

Praticamente todos os setores já viram pelo menos uma empresa aparentemente saudável desmoronar, ou até morrer, devido a esse tipo de ferimento – a Enron, a WorldCom, a Fannie Mae e o Freddie Mac, e esses são apenas alguns exemplos de alta visibilidade. Nem toda empresa ou organização que sacrifica a saúde de longo prazo pelos resultados de curto prazo acaba tendo um destino tão inglório, mas poucas sobrevivem sem a necessidade de uma grande e complexa cirurgia.

Os líderes – independentemente de sua posição no organograma – precisam escolher que tipo de cultura querem reforçar. Eles podem escolher o câncer da ganância ou o tônico da autoridade relacional. De qualquer maneira, não deveriam se surpreender com os resultados.

Stakeholders externos

Estávamos a caminho do aeroporto sob uma pesada tempestade de neve, mas isso não importava, porque o México ensolarado nos aguardava! Uma semana de férias antes do Natal na casa de um amigo em Cabo San Lucas – o que poderia ser melhor?

Bem, uma coisa poderia ter sido melhor: ir ao aeroporto com nossas passagens, passaportes e minha carteira.

Nós normalmente saímos de casa para viagens como essas na correria típica de uma família com filhos pequenos, mas naquele dia tudo transcorreu com uma tranquilidade sinistra. Eu estava muito satisfeito, porque sou uma criatura que ama os hábitos, a ordem e a rotina. Sou o tipo de cara que gosta de deixar a casa limpa quando saímos de férias, de forma que sempre sou o último a sair. Faço uma última verificação para me assegurar de que tudo está no lugar, pego minha maleta no balcão da cozinha, tranco a porta e saio.

Mas não dessa vez. Dessa vez a maleta com nossas passagens e passaportes ficou no balcão e só percebemos meu erro quando chegamos ao aeroporto de Denver, a cerca de 45 minutos de distância.

Voei milhares de vezes, incluindo viagens internacionais para mais de 60 países, então sei como as coisas funcionam e sei como preciso me ajustar quando viajo com a minha família em comparação com quando viajo sozinho. Então cheguei ao terminal duas horas antes do voo para deixar Jill e dois dos nossos três filhos, Caroline e Tate. Eu teria tempo de sobra para estacionar o carro e pegar o micro-ônibus de volta para todos fazermos o *check-in*. Foi quando percebi: pela primeira vez em todos os anos de viagens, eu não apenas esquecera algo, eu esquecera algo sem o qual não poderíamos viajar!

Nada de carteira. Nada de passaportes. Nada de Cabo.

Não tínhamos como ir para casa e voltar a tempo de embarcar. Então, enquanto eu dirigia, Jill começou a ligar para alguns de nossos amigos do Quinto Andar. O primeiro com quem ela conseguiu falar – nosso vizinho Jon Pardew – imediatamente foi à nossa casa, pegou a maleta e nos encontrou no meio do caminho para o aeroporto para uma entrega de dez segundos em um posto de gasolina na estrada. Não estou certo de que o carro dele ou o nosso chegou a parar completamente enquanto abrimos a janela, fizemos a troca e voltamos à estrada.

Mas tínhamos pouco tempo. Agora não daria tempo de deixar Jill e as crianças, estacionar o carro e pegar o micro-ônibus de volta ao terminal. E pegar o micro-ônibus com nossas bagagens e as crianças não era uma opção. Então ligamos para Tim e Cheryl Sheahan, dois amigos que moravam perto do aeroporto. Eles concordaram em se encontrar conosco no terminal, nos ajudar a descarregar, pegar a chave do meu carro e fazer alguma coisa – qualquer coisa – com ele.

No caminho de volta ao aeroporto, nossas calculadoras mentais só traziam más notícias. A neve molhada prejudicava as condições da estrada e avançávamos lentamente. Então, quando meu telefone tocou, Jill atendeu para que eu pudesse me concentrar na estrada escorregadia. Mais tarde ela me contou que a ligação era de James LaFrenz, o gerente do atendimento ao serviço da Frontier Airlines.

"Só queria saber se está tudo certo com vocês", ele disse. "Seu voo para Cabo decolará no horário previsto. Vocês ainda pretendem viajar hoje?"

Jill resumiu nossa longa história e contou que ainda estávamos a 20 minutos de distância. Alguns segundos depois ela estava lendo os números de todos os passaportes e fazendo nosso *check-in* pelo telefone.

Quando chegamos ao aeroporto, Tim e Cheryl estavam lá – e James também. Ele carregou nossa bagagem em um carrinho, nos entregou as passagens e nos encaminhou para o portão de embarque. "Não se preocupem com a bagagem", ele disse. "Vocês a verão no Cabo. Vão para o portão de embarque."

Furamos a fila para passar na alfândega – uma vantagem de voar com frequência, mas quiseram ver a bolsa de Jill e o segurança não ficou muito feliz ao encontrar a sempre suspeita "comida de bebê" na bolsa de uma mãe com um filho de dez meses nos braços.

"Vamos para um lugar remoto e não sei se a comida de bebê lá é segura", Jill explicou.

"Precisaremos abrir todos os 30 frascos e verificar", o segurança anunciou.

Como você poderia esperar, Jill começou a entrar em pânico enquanto seu marido normalmente tranquilo insistia em deixar a comida do bebê e ir até o portão. Naquele momento, pelo canto dos olhos vi James LaFrenz passando e gritei o nome dele. Ele se aproximou e comecei a explicar nosso novo problema. Ele me interrompeu, pegou a sacola com a comida e disse: "Não se preocupem. Vou fazer isso dar certo".

Então fomos correndo ao portão de embarque, confiando que James cumpriria sua promessa. E ele cumpriu. Entramos no avião bem na hora e nós quatro, nossa bagagem e a comida do nosso bebê chegamos em Cabo.

Já mencionei que os relacionamentos de Primeiro Andar são importantes? Minha família só precisava, por parte do representante de atendimento ao cliente no aeroporto, de uma transação tranquila e sem percalços – precisávamos fazer o *check-in* e embarcar. Para que isso acontecesse, contudo, ele precisou nos tratar como algo mais do que uma transação – ele nos tratou como se morássemos em sua Cobertura pessoal.

James e minha família se viram em um relacionamento entre *stakeholders* externos, e, apesar de as circunstâncias serem únicas (espero!), todos nós lidamos diariamente com *stakeholders* externos – clientes, fornecedores, acionistas, doadores, investidores e parceiros. E eles baseiam sua opinião a nosso respeito, em grande parte, na forma como os tratamos. Parte disso envolve a qualidade de nosso produto ou serviço, mas a qualidade da interação sempre tem um papel fundamental.

Muitas boas empresas desenvolvem marcas inteiras com base no conceito de um excelente atendimento ao cliente. Sempre que alguma revista de negócios publica uma lista dos melhores no atendimento ao cliente, você verá nomes como a USAA (seguros), Four Seasons (hotéis), Nordstrom (varejo), Wegmans Food (supermercados), Edward Jones (corretagem) e Starbucks (cafés).

Para essas empresas, tudo é questão do relacionamento com o cliente, com o investidor e outros *stakeholders* externos. Mas isso requer foco no Quinto Andar, com *stakeholders* internos capazes de produzir o tipo de motivação e entusiasmo para gerar mais do que relacionamentos com os *stakeholders* externos.

"Apesar das diferenças, a maioria dos nomes da nossa lista tem algumas características importantes em comum", escreveu a *Business Week* na primeira vez em que publicou a classificação das 25 melhores empresas em atendimento ao cliente. "Elas enfatizam a fidelidade do empregado tanto quanto a fidelidade do cliente, mantendo seu pessoal satisfeito com generosos benefícios e mordomias".[18]

Stakeholders internos satisfeitos, motivados, comprometidos e fiéis se transformam em embaixadores que produzem *stakeholders* externos satisfeitos, motivados, comprometidos e fiéis.

O ex-presidente do conselho e presidente da Frontier Airlines era amigo meu, mas conhecê-lo – ou mesmo o presidente atual – não ajudaria a colocar a mim e a minha família naquele voo. O que fez com que isso acontecesse foi a dedicação daquele representante de atendimento ao cliente da empresa.

Os *stakeholders* externos, é claro, nem sempre são tão voltados ao curto prazo. Também temos relacionamentos de longo prazo com fornecedores, doadores, investidores e parceiros, e é fundamental conquistar sua confiança e fidelidade, com o tempo tratando-os como relacionamentos potenciais de Quinto Andar.

Quando assumi o cargo de presidente e CEO da Up with People, a organização estava se recuperando de uma quase falência. A organização de 35 anos fechou em 2000, foi reaberta em 2004 e me contratou em 2005. Eu tinha sido membro do elenco e trabalhei ali por um ano quando me mudei para Denver. Eu acreditava na organização e conhecia a maioria de seus pontos fortes e fracos.

A experiência de quase morrer, contudo, deixou muitos

---

18 – *Business Week*, 2 de março de 2007.

membros do conselho de administração, doadores, famílias que se ofereciam para hospedar as equipes itinerantes e 20 mil ex-participantes dos programas ao redor do mundo mais do que um pouco nervosos. Mas esses grupos representavam a chave para qualquer possibilidade de renascimento e sobrevivência. Eu sabia que a única maneira de mudar a situação era convencendo os *stakeholders* externos de nossa nova visão. Eu também sabia de coração que, para que a organização avançasse, precisaríamos assumir a responsabilidade pelos erros do passado. Não era uma tarefa fácil. Em alguns casos, isso implicou cortar vínculos com colaboradores de longa data que não estavam dispostos a mudar.

Muitos dos problemas que fizeram com que a organização fechasse as portas deixaram cicatrizes nos milhares de *stakeholders* externos que apoiavam o trabalho. Criar uma nova visão, um novo modelo financeiro e novas estratégias constituía só uma parte do meu desafio. Tudo isso não nos levaria a lugar algum sem a adesão das pessoas certas.

Dessa forma, em meus dois primeiros anos como CEO, eu vivia em aeroportos. Viajei a mais de cem cidades em três continentes, conversando com centenas de ex-participantes e grupos de colaboradores, apresentando a nova visão e assumindo a responsabilidade pelos erros do passado da organização, dando-lhes a esperança de conseguirmos reconstruir a organização e cultivando relacionamentos para garantir nosso sucesso. Eu muitas vezes ficava em casas de famílias participantes dos programas para poupar o dinheiro da empresa e recuperei vínculos com os nossos *stakeholders* externos essenciais.

Poucas organizações negligenciam intencionalmente seus *stakeholders* externos, mas muitas vezes uma enorme lacuna se forma entre onde esses relacionamentos estão e onde poderiam ou deveriam estar. Com muita frequência, esses relacionamentos se limitam a transações de rotina de Primeiro ou Segundo Andar. Conduzi-los ao Terceiro, Quarto e até ao Quinto Andar produz uma lealdade inigualável e cria parcerias que se tornam a maré em alta que eleva todos os barcos – o seu, os deles e o de todos ao seu redor.

Os *stakeholders* esquecidos

Meu pai está entre as pessoas mais modestas e despretensiosas que você poderá conhecer e também está entre os menos envolvidos no *networking*. Ele me ensinou a ter bondade no coração e amar os outros a cada oportunidade, mas nunca disse nada sobre usar os relacionamentos para desenvolver um negócio, levantar fundos ou pedir favores. Ele só me disse que eu tinha a obrigação de fazer uma contribuição ao mundo. Este, ele disse, era o preço que todos nós pagamos por viver em uma sociedade livre.

Apesar de eu ter sido abençoado com relacionamentos de Quinto Andar com muitas pessoas abastadas e influentes, meu pai nunca me pediu para alavancar um desses relacionamentos para ele – até março de 2009.

"Tommy", ele disse quando atendi o telefone naquele dia, "tenho um favor para lhe pedir."

Se eu ganhasse um dólar para cada vez que meu pai ligasse e pedisse um favor, eu teria um dólar, então imaginei que algo importante estava acontecendo. Acontece que um dos nossos vizinhos de Suffern, Nova York, estava ajudando a levantar fundos para Christopher Hudak, policial de Ramapo, uma cidade da região. A esposa do policial Hudak, Michelle – filha de um chefe de polícia aposentado e irmã de um policial do estado – morrera no começo do ano dando à luz ao quinto filho do casal. A Benevolent Association da força policial de Ramapo promoveu um leilão e uma festa para arrecadar fundos para o pai viúvo e seus cinco filhos pequenos.

Meu pai disse: "Tommy, eu quero fazer alguma coisa para ajudar esse policial. Nosso vizinho o conhece bem e diz que ele é uma pessoa maravilhosa".

Acontece que o policial Hudak era um grande torcedor dos New York Jets e grande admirador de Brett Favre. O *quarterback* do Green Bay Packers jogou a temporada de 2008 nos Jets. Como eu tinha um relacionamento com Woody Johnson, o proprietário dos Jets (nos conhecemos em 1996, quando trabalhamos juntos na campanha presidencial de Bob Dole), liguei para a assistente dele e contei a história do policial.

Alguns dias mais tarde recebi um telefonema do meu pai, quase aos prantos. Ele tinha acabado de receber duas bolas de futebol americano. Uma autografada por todo o time dos New York Jets para ser leiloada no evento beneficente. A outra tinha um autógrafo e uma mensagem pessoal de encorajamento de Brett Favre para o oficial Hudak.

Esse é o valor oculto dos relacionamentos de Quinto Andar, ou o que chamo de a Lei da Influência: os relacionamentos atingem seu pleno potencial quando elevam os outros sem levar em consideração os ganhos pessoais.

No desenrolar dessa história, todo mundo saiu ganhando. Meu pai ganhou porque foi um herói para seu vizinho. Seu vizinho ganhou porque recebeu um objeto de valor significativo para leiloar e doar os lucros a uma causa justa. Nada, é claro, poderia minimizar a tragédia do policial Hudak e sua família. Mas o dinheiro da bola leiloada o ajudou a manter o emprego e cuidar dos filhos, enquanto a outra bola de futebol lhe deu encorajamento e uma boa lembrança de um evento que lhe mostrou o quanto as pessoas ao seu redor se importavam com ele e seus filhos. E os New York Jets ganharam porque fizeram uma ação maravilhosa para a comunidade de Nova York. Eu também ganhei. Ganhei a satisfação de usar meu relacionamento com Woody para que ele pudesse ajudar os outros.

Se eu tivesse abusado de meu relacionamento com Woody ao longo dos anos – se só tivesse ligado para pedir lugares no camarote ou uma bola autografada para meu filho ou algum outro favor pessoal –, nosso relacionamento nunca teria tido a chance de causar um impacto na vida do policial Hudak. A assistente de Woody teria direcionado minha ligação ao correio de voz. Mas, se somos conhecidos por pedir favores que beneficiam os outros sem esperar nada para nós mesmos, temos um resultado totalmente diferente com esses relacionamentos.

Isso não significa que não podemos esperar um retorno dos nossos atos de generosidade. A generosidade incondicional e o ROI – ou ROR – não são mutuamente exclusivos; em algumas ocasiões você pode esperar resultados. Com efeito, a generosidade responsável requer que doemos estrategicamente o nosso tempo, talento e dinheiro visando a concretizar os maiores benefícios.

John D. Rockefeller criou um legado de filantropia de Quinto Andar ancorado na ideia de generosidade voltada ao que ele via como "ineficiências". A criminalidade, por exemplo, era uma "ineficiência" da sociedade, de forma que ele ajudou a financiar programas que lidassem com a criminalidade, mas se certificava de que fossem bem operados e eficazes. Ele queria um retorno sobre seu investimento.

As organizações que causam o maior impacto, independentemente de serem pequenas empresas privadas ou gigantescas companhias públicas, são aquelas que encontram maneiras criativas de alavancar sua generosidade visando ao maior retorno.

Em meu papel como consultor, ensino as empresas a construir relacionamentos de Quinto Andar com seus clientes e fornecedores e a gerar um atendimento ao cliente de Quinto Andar. Mas eu também as ajudo a fazer a transição do antigo modelo de planos de doações comunitárias ao novo modelo de negócios do investimento comunitário. Esses planos são estratégicos e direcionados, e oferecem os maiores benefícios potenciais à empresa e às instituições de caridade. As organizações sem fins lucrativos precisam alavancar seu alcance para beneficiar as empresas. E as empresas precisam alavancar seu relacionamento com as ONGs para poderem criar um retorno sobre seu investimento que inclua:

- maior exposição de marketing;
- maior conscientização da marca;
- maior envolvimento dos empregados;
- maior retenção do cliente;
- relações públicas mais eficazes;
- maiores vendas e lucratividade.

Algumas vezes as organizações precisam de soluções inovadoras para criar e implementar estratégias de doação. Ou precisam de ajuda para construir relacionamentos com ONGs acostumadas a simplesmente estender as mãos e pedir dinheiro em vez de ver as empresas como parceiras estratégicas. Ou precisam de ajuda para aprender o que significa transformar todo esse foco na responsabilidade social corporativa em algo significativo para as pessoas por toda a organização.

A Spaulding Companies não apenas ajuda a firmar parcerias criativas entre empresas e ONGs como oferece programas de desenvolvimento de equipes e serviço comunitário centrados no que chamamos de o Desafio do Dar e Receber. Chega de treinamentos de sobrevivência na floresta ou de retiros em spas. Organizamos um "dia de serviço voluntário" para organizações e temos um programa "monte uma bicicleta", que ensina trabalho em equipe, gestão da qualidade e atendimento ao cliente – tudo isso enquanto novas bicicletas são montadas para serem doadas a crianças destituídas.

No entanto, é muito comum uma organização precisar descobrir as causas mais apropriadas a ela tendo em vista sua missão, visão e valores da empresa. Há pouco tempo, por exemplo, a Coca-Cola adotou a responsabilidade e a ética na utilização da água como uma de suas principais metas. Por quê? Porque a água é um ingrediente-chave do seu produto.

Fiquei sabendo sobre a lógica por trás dessa abordagem em uma visita a Thomas Mattia, vice-presidente sênior de comunicações e relações públicas globais da Coca-Cola. Thomas explicou como o CEO Neville Isdell havia liderado a iniciativa que ajudou a empresa a passar de uma estratégia ampla e variada de doações a uma estratégia de investimento comunitário focado e intencional. A Coca-Cola, como um número crescente de outras empresas responsáveis, está em busca de retorno pelos seus investimentos comunitários, e não apenas por uma proposição de bem-estar. Ela quer ser estratégica, eficiente e eficaz – seja investindo em uma nova fábrica, uma nova campanha de publicidade ou iniciativas de responsabilidade na utilização da água.

Muitas empresas – empresas muito generosas – têm uma "lista de doações" que se parece com a minha coleção de cartões de beisebol: uma ou duas caixas de sapato cheias de causas que não têm nenhuma relação uma com a outra e que não geram retorno significativo para a empresa, seus parceiros e seus empregados. Cada vez mais empresas, contudo, estão se distanciando da estratégia de doações amplas e variadas para se aproximar de uma estratégia focada e intencional de investimento comunitário.

A corporação mais generosa de todo o Colorado, em minha opinião, é a Coors Brewing Company. Seja por meio do programa de doações corporativas ou de sua fundação, a fábrica de cerveja liderada por Pete Coors é conhecida por suas doações a praticamente todas as causas merecedoras. Pete serviu no conselho de administração internacional da Up with People e continuou sendo um grande colaborador do Leader's Challenge, de forma que tive a chance de conhecê-lo pessoalmente. Sei como se empenha em ajudar os outros. Coors doa a literalmente centenas de causas dignas.

Então, não faz muito tempo, em um almoço com Al Timothy, vice-presidente de relações comunitárias da MillerCoors, perguntei: "No que diz respeito a suas doações corporativas, o que as pessoas dizem que vocês representam?" Al é responsável por definir a estratégia de doações corporativas da empresa. Quando a resposta é "tudo", acaba sendo "nada". Você não pode simplesmente dar dinheiro a todos os passarinhos esfomeados; precisa ser mais estratégico.

Então, a MillerCoors está no processo de definir o que a empresa defende com seus atos filantrópicos – definindo-os não como doações, mas como investimentos. Mas essa é uma iniciativa muito maior do que simplesmente convocar uma reunião do conselho de administração e pedir à equipe de liderança uma lista de seus projetos e causas preferidos. Um programa de investimento corporativo profundo e significativo quer saber a opinião dos empregados e se alinha aos interesses deles, não apenas aos interesses de sua liderança executiva. E envolve não apenas a distribuição de cheques, mas o modo como as empresas envolvem seus empregados e clientes na comunidade.

Cada empregado de uma organização deve ser fiel a três coisas: a missão da empresa, os clientes a quem servem e o bem-estar da comunidade. Se as doações da organização não conseguem gerar fidelidade nessas áreas, seu programa de investimento corporativo não é muito melhor do que uma caixa de sapatos cheia de cartões de beisebol acumulando poeira no porão.

É nesse ponto que você pode pegar do âmbito pessoal a filosofia e os ideais do desenvolvimento de relacionamentos de Quinto Andar e de ser um filantropo de Quinto Andar e incorporá-los aos programas, atividades e estratégias da empresa de formas poderosas e revolucionárias.

Alguns retornos sobre os relacionamentos são mensuráveis, como o valor que uma marca organizacional recebe da reputação resultante da generosidade abnegada. E as doações também têm benefícios fiscais. Mas a maioria dos benefícios é menos óbvia, ou talvez mais difícil de quantificar, e é alavancada quando a generosidade é realizada sem expectativas.

É por isso que esse tipo de generosidade é importante para a cultura de uma organização. Quando os empregados trabalham como voluntários em eventos, atuando em conselhos de administração, servindo em comitês ou doando dinheiro, há um retorno na qualidade de vida por toda a comunidade e há um retorno na forma como esses empregados se veem e, portanto, em como abordam seu trabalho.

Trata-se de um elemento essencial no que Bill Gates gosta de chamar de "capitalismo criativo" – a ideia de que o meio empresarial pode e deveria utilizar seus recursos coletivos visando o bem maior da humanidade. "A maior parte do poder, inovação e capacidade de executar está no mundo dos negócios", diz Gates. "Seria ótimo se cada empresa pudesse pensar em como 5% de seu poder inovador poderia se concentrar nas necessidades dos mais pobres e em como poderíamos utilizar mais cientistas, mais recursos, mais competências."[19]

A importância das doações financeiras corporativas não desaparecerá, mas esse dinheiro é multiplicado quando uma cultura corporativa valoriza os *stakeholders* da comunidade e reforça esse compromisso com a ação.

Esses elementos funcionam juntos para líderes que buscam formas criativas e inovadoras de combiná-los. Por exemplo, os excelentes líderes veem os atos de generosidade como um privilégio e não como uma punição. Quantas vezes você já não ouviu falar de alguém sendo "condenado" a realizar serviço comunitário? Os juízes "condenam" os criminosos a realizar serviço comunitário. Os diretores de escolas "condenam" estudantes problemáticos a realizar serviço comunitário. Que tipo de mensagem é essa?

Devemos divulgar a mensagem – a pessoas e organizações – de que o serviço comunitário é um privilégio e não uma punição. Essa é a essência do Leader's Challenge, a ONG que fundei uma década atrás e que hoje é a essência da National

---

19 – *The Rotarian*, maio de 2009.

Leadership Academy. Precisamos ensinar à nossa juventude que o voluntariado é o que se faz quando você está fazendo a coisa certa, não uma punição por fazer algo errado. E essa é uma mensagem que precisamos aprender e pôr em prática como adultos.

Shirley Chisholm, a primeira mulher negra eleita para o Congresso, chamou o serviço comunitário do "aluguel que pagamos pelo privilégio de morar neste planeta", e eu cresci com meu pai ecoando essas palavras em meus ouvidos.

A questão, tanto para indivíduos quanto para organizações, é: estamos pagando nosso aluguel?

Capítulo 37
Alertas

Meu pai e meu avô tiveram um relacionamento que passou décadas no porão. Gordon Spaulding abandonou a esposa (minha avó) sem ao menos se despedir e deu início a uma nova vida que não incluía seu filho de 1 ano. Ele voltava a Nova York para visitar os pais dele, mas raramente viu o meu ao longo dos próximos 25 anos.

Meus pais o convidaram para seu casamento em 1966, mas ele não compareceu. Cerca de cinco meses depois, no entanto, ele apareceu no apartamento dos meus pais, na cidade de Nova York, para pedir um favor: queria ajuda para pagar a pensão alimentícia de 100 dólares. Meu pai, educadamente, se recusou a ajudar.

Quando eu estava crescendo, sabia muito pouco do meu avô. Sabíamos que ele morava em algum lugar em Michigan e recebia nossas cartas em uma caixa postal em Toledo, Ohio. Todos os anos meus pais enviavam um cartão de Natal a ele e de vez em quando mandavam fotos das minhas irmãs e de mim. Mas não sabíamos onde ele realmente morava.

Minhas irmãs e eu não tínhamos nenhum contato com nosso avô. Nenhuma visita. Nenhum telefonema. Nenhuma carta. Nenhum cartão de Natal. Então, um dia, quando eu estava no segundo ano do colegial, meu pai atendeu o telefone e ouviu uma voz que não ouvia desde que o pai dele saiu de seu apartamento na cidade de Nova York.

"Minha esposa está morrendo", Gordon Spaulding disse. "Eu não tenho nenhuma família além dela, e realmente gostaria de começar a ter um relacionamento com vocês e meus netos."

Foi um enorme ato de coragem e elegância da parte do meu pai perdoar o pai dele e recebê-lo em casa para uma visita que deu início a um incrível processo de cura. Se ele não tivesse feito isso, eu provavelmente nunca teria conhecido meu avô.

Dois anos mais tarde, quando eu tinha 18 anos e estava viajando com a Up with People, meu avô foi a Orlando e passou dois dias comigo e com o elenco. Foram os dois dias mais incríveis da minha vida. Nós nos divertimos muito, mas posteriormente fiquei sabendo que meu avô se preocupava muito com meu futuro.

Depois da nossa visita, ele enviou a meu pai uma bela carta escrita à mão dizendo que a maior realização de meu pai fora o incrível trabalho que ele fizera na criação dos filhos. Rasgou-se em elogios a mim, mas também escreveu uma coisa que partiu meu coração.

"Tommy tem um amor incrível e uma enorme confiança nos seres humanos", ele escreveu. "E este mundo está cheio de inveja, descrença e crítica – pessoas que sem dúvida se aproveitarão dele e não valorizarão seu coração gentil."

Tendo passado anos trabalhando no departamento de segurança da Ford Motor Company, meu avô conhecia o lado mais negro da natureza humana. Eu era idealista, confiante e generoso – carne fresca, na opinião dele, incapaz de sobreviver por muito tempo em um mundo altamente competitivo. E em muitos aspectos ele não poderia ter mais razão. Como mencionei anteriormente, fui magoado muitas vezes. Mentores me abandonaram. Empregados me deram facadas nas costas. Parentes e amigos me traíram. As pessoas nem sempre recebem um coração bom com gentileza. O mundo não é perfeito porque as pessoas não são perfeitas – inclusive eu.

Essa realidade me deu oportunidades de aprender muitas lições difíceis ao longo dos anos e, dessas lições, identifiquei alguns alertas válidos no que diz respeito a desenvolver relacionamentos – especialmente relacionamentos com o potencial de chegar à Cobertura.

Alerta número 1:
Escolha com cuidado suas equipes e relacionamentos mais próximos

Podemos começar tratando cada relacionamento como um relacionamento potencial de Quinto Andar, mas não podemos ter um relacionamento profundo com todas as pessoas que conhecemos. Precisamos decidir quais relacionamentos merecem o nosso tempo e energia do ponto de vista dos negócios, em quais queremos investir mesmo se eles não se relacionarem aos nossos interesses profissionais e em quais não investiremos.

Há todo tipo de razões válidas para escolher não desenvolver um relacionamento com algumas pessoas. Mas o mais difícil é perceber quando se distanciar porque o relacionamento é potencialmente destrutivo. Os valores sobre os quais falamos nos capítulos anteriores precisam fluir em ambas as direções em um relacionamento para se elevar dos andares inferiores. Precisamos avaliar para onde o relacionamento está indo e decidir para onde queremos que ele vá.

Todos os relacionamentos começam com uma série de fronteiras, e a sabedoria nos ajuda a definir essas fronteiras e saber o que fazer quando são transgredidas.

Algumas vezes as fronteiras são em parte definidas pela autoridade posicional do nosso relacionamento profissional. Um CEO com cem empregados, por exemplo, deve ter um relacionamento com todas essas pessoas e pode até ter um relacionamento de Quinto Andar com algumas delas. Mas não pode, e provavelmente não deve, ser amigo íntimo de todas.

Precisamos saber quando nos afastar de um relacionamento.

Se uma pessoa se mostrou não confiável, depreciativa, invejosa ou manipuladora, ou se não compartilhar dos nossos valores, será melhor nos afastarmos.

Podemos manter relacionamentos nos três primeiros andares com pessoas que não compartilham e não praticam nossos valores. E, se estiverem abertas a isso, podemos orientá-las na direção de novas formas de pensar e viver. Mas não podemos forçar nossos valores. A liderança não é só uma questão de a quais relacionamentos dizemos sim; o mais importante é a quais relacionamentos dizemos não. Existem pessoas nas quais não deveríamos confiar e pessoas das quais simplesmente não gostamos muito, e, por mais que seja difícil acreditar, existem pessoas que não gostam de nós. Em algumas ocasiões às vezes é melhor simplesmente seguir em frente.

Saber quando se afastar requer sabedoria, que é cultivada pela experiência e conhecimento como também pelos conselhos do nosso time de estrelas do Quinto Andar. Essa mesma sabedoria nos permite curar relacionamentos do nível do porão com o tipo de elegância e perdão que meu pai estendeu ao pai dele. Esse é o meu maior ponto fraco. Quando sinto que as pessoas me prejudicam, tendo a colocar o relacionamento no porão, trancar a porta e jogar a chave fora. Não é fácil para mim perdoar os que me ofenderam ou me traíram. É algo que minha esposa e meus mentores me desafiam constantemente a fazer, mas é uma área na qual sempre tenho dificuldade para melhorar.

Alerta número 2: Saiba quando dizer não

Precisamos de sabedoria para notar quando deveríamos desenvolver um relacionamento e quando deveríamos nos afastar, mas também precisamos de disciplina para dizer não quando estamos em um relacionamento. A tentação, apesar de bem-intencionada, é aceitar qualquer pedido e satisfazer qualquer necessidade até percebermos que nossas boas intenções fizeram cheques que a nossa mente e corpo simplesmente não têm como cobrir. Prometemos demais e inevitavelmente não conseguimos cumprir as promessas.

Quando dizemos não do modo certo e no momento certo, estamos sendo fiéis a quem somos. E estamos sendo fiéis às pessoas ao nosso redor – clientes, colegas, colaboradores e qualquer pessoa que dependa de cumprirmos nossas promessas.

Eu chamo a isso de a LEI DO NÃO: é melhor dizer não a algo que você não tem como fazer do que prometer e não conseguir cumprir. Poucas coisas são tão prejudiciais a um negócio ou relacionamento pessoal do que repetidamente deixar de cumprir promessas, seja deixando de cumprir um prazo, estourando o orçamento de um projeto ou não conseguindo atingir os padrões de excelência.

Nos negócios, nossa capacidade de dizer o que faremos e de fazer o que dizemos revela algo sobre nós aos nossos clientes e outros associados independentemente de dizermos sim ou não. Isso acrescenta poder ao nosso "sim" porque eles sabem que não tendemos a prometer demais. Eles sabem que honraremos nossos compromissos. E isso permite que aceitem o nosso "não", porque eles sabem e confiam que temos razões respeitáveis e autênticas para não dizer sim.

Alerta número 3:
Cuidado com o câncer do relacionamento

Hábitos insalubres podem impedir um relacionamento de atingir a Cobertura ou derrubar os melhores relacionamentos para os andares inferiores. Com efeito, quanto mais você sobe em um relacionamento, maior é a dor da queda. Então, se quisermos vivenciar as alegrias de ter relacionamentos no Quinto Andar, precisamos entender o risco de esses relacionamentos poderem acabar em um mar de dor.

Eu vi relacionamentos que valorizava desmoronando devido a fofocas, competitividade em excesso, narcisismo, segundas intenções, insegurança, egoísmo – todas as características negativas que corroem a nossa alma. É impossível ter um relacionamento de Quarto ou Quinto Andar na presença de qualquer uma dessas características, e o pior desses cânceres do relacionamento é a inveja.

Nada mata mais relacionamentos do que a inveja – essa paixão negra que antecede até Caim e Abel. Quando permitimos que nossas inseguranças nos conduzam ao ciúme e à inveja, começamos a agir orientados pela amargura e raiva – muitas vezes em relação às pessoas que mais se importam conosco ou que estão na melhor posição de nos ajudar. Nós nos tornamos reativos, mesquinhos, pequenos e fracos. Permitimos que o mundo ao nosso redor defina o nosso valor muito abaixo do que realmente valemos.

Aprendi uma lição difícil sobre a inveja quando estava no colegial, e isso mudou totalmente a forma como eu via e reagia ao sucesso das pessoas ao meu redor.

Já mencionei que meu primeiro amor foi Lori Nolan, mas Lori e eu namoramos outras pessoas nos últimos anos do colegial. Na primavera do meu último ano, eu namorava Jenn Cesca, que levei para o baile de formatura. Tudo ia bem naquela noite até a última música – "Come Sail Away", uma balada do Styx.

Por ser o vice-presidente da turma do último ano, eu era responsável por ajudar na organização do baile. Eu estava ocupado com algum detalhe quando a última dança da noite começou a tocar. Foi quando vi Jenn na pista de dança com Corey Turer, meu melhor amigo.

Corey era o amigo mais leal que um sujeito poderia ter. Ele nunca faria nada para me magoar. Nem Jenn. Eu deveria ter ficado contente ao ver que meu amigo – alguém em quem eu confiava totalmente – estava dançando com minha namorada enquanto eu estava ocupado com a organização do baile.

Em vez disso, fiquei furioso.

Dominado por minhas inseguranças, uma raiva invejosa encheu meu coração. Quando a última música e o baile terminaram, fui absolutamente frio com Jenn. Entramos no carro para ir a uma festa pós-baile e eu me transformei no maior canalha que você já viu. Jenn não fazia ideia das razões, porque, é claro, eu não disse nada.

Ela finalmente insistiu que eu dissesse o que estava acontecendo e comecei a brigar. Eu queria saber por que ela não veio me procurar para a última dança. E cedi ao temperamento pelo qual gosto de culpar minha mãe italiana e meu pai irlandês. Na verdade, eu estava tão nervoso que, quando paramos em um farol vermelho, saí do carro e fui embora a pé. Jenn, que estava dirigindo, me seguiu por várias quadras e tentou me convencer a voltar para o carro, mas eu continuei andando – até chegar em casa.

"Como foi o baile?", meu pai perguntou quando entrei em casa.

"Não quero falar sobre isso", eu disse, e fui direto para o meu quarto.

Meu pai não forçou a barra. Ele não me pressionou nem me deu um sermão. Deixou que eu me acalmasse, sabendo que conversaríamos mais cedo ou mais tarde.

Uns 30 minutos mais tarde ouvi alguém batendo na porta da frente. Olhei pela janela e vi o carro de Jenn na entrada da garagem. Então eu a ouvi falando com meu pai. E a ouvi chorando.

Fiquei no meu quarto até o meu pai bater à minha porta. Ele entrou e se sentou ao meu lado na cama, com o braço ao redor do meu ombro. Como ele nunca me dava sermões e raramente dava conselhos não solicitados, suas palavras tiveram um peso especial.

"Tommy, todo mundo vive com a inveja no coração", ele disse. "É uma coisa normal, natural. Mas a inveja é a qualidade mais desagradável que alguém pode ter. Quanto antes você resolver isso e perceber como ela pode ser desagradável e como destrói relacionamentos, mais feliz você será na sua vida."

Então ele me disse que eu fui totalmente injusto com Jenn e devia desculpas a ela.

E ele estava certo.

Eu soube naquele momento que estava errado e jurei nunca mais ceder àquele sentimento horrível. E não consigo me lembrar de uma única vez desde então em que eu tenha sabotado um relacionamento por estar com inveja. Eu sinto inveja às vezes. Todos nós sentimos. Mas todos nós temos a escolha de dominá-la ou permitir que ela nos domine. Se quisermos construir e manter relacionamentos que importam, precisamos dominá-la.

Infelizmente, nossa batalha humana com a inveja não é algo que desaparece quando crescemos. É o tipo de coisa que vive nas manchetes dos jornais – a inveja pode levar pessoas normalmente racionais a comportamentos irracionais. Cientistas falsificam pesquisas. Técnicos recheiam seus currículos. Contadores praticam a contabilidade criativa. Vendedores espalham rumores sobre os colegas. As pessoas mentem, trapaceiam e algumas vezes até matam por se deixar consumir pela inveja.

Claramente não há lugar em um relacionamento de Quinto Andar para esse câncer. Então, a primeira coisa que precisamos superar ao desenvolver relacionamentos significativos é a nossa insegurança. Com isso podemos nos comprazer com o sucesso alheio, mesmo quando é maior que o nosso próprio sucesso.

Não há inveja em meus relacionamentos de Quinto Andar. Quanto mais sucesso meus amigos têm na vida, mais feliz eu fico. Eu me comprazo com o sucesso deles e eles veem o meu sucesso da mesma maneira.

Muitos dos meus relacionamentos do Quinto Andar são com pessoas mais bem-sucedidas do que eu. E tudo bem. Isso me ajuda a aprender. Eu adoro jogar golfe, mas não sou particularmente bom. Meu *handicap* é de mais ou menos 25, mas eu adoro jogar com pessoas menos habilidosas do que eu porque isso faz com que eu me sinta melhor. E gosto de andar na companhia de pessoas bem-sucedidas. Não me sinto ameaçado pelo sucesso delas; o sucesso delas me inspira.

Se você trabalha em vendas e seus colegas da equipe de vendas estão tendo resultados melhores, aprenda com eles. Se alguém for promovido antes de você, respeite a pessoa e reflita sobre as coisas que você precisa melhorar para conseguir a próxima promoção. Se o vice-presidente regional levar um grupo de pessoas para jantar, mas você não estiver entre elas, não presuma que tenha sido uma decisão pessoal. Pense no que você poderia ter feito para ser convidado, mas também pense nas razões estratégicas pelas quais o executivo escolheu as pessoas que escolheu.

Quando analiso meus relacionamentos insalubres, nunca procuro culpados. Eu sei que a culpa é minha. Não preciso criar ou permitir outro relacionamento como esse, e é o que faço quando permito que a inveja me controle.

Alerta número 4:
Nem todo relacionamento dura para sempre

Algumas vezes maus hábitos matam até o melhor relacionamentos. E também há os relacionamentos que perdem parte de seu sentido porque não lhes damos atenção suficiente ou simplesmente porque as circunstâncias mudam. Outras vezes sentimos o impulso de nos agarrar a esses relacionamentos, apesar de todas as mudanças, mas muitas vezes descobri ser melhor deixá-los ir.

Alguns estudos alegam que a maioria de nós não tem mais do que três amigos íntimos e que esses amigos mudam ao longo de cerca de sete anos. Eu tive a sorte de desacatar essas estatísticas. Acho que a maioria de nós pode ter muito,

muito mais do que isso. Acredito que podemos ter dezenas de relacionamentos de Cobertura e que a maioria deles pode durar a vida inteira. Mas também sei que alguns dos nossos amigos de Cobertura hoje podem ser amigos de Terceiro Andar daqui a dez anos, porque cada um de nós muda em certa extensão ao longo do tempo.

Mudamos de emprego, mudamos para outras cidades. Entramos em novos estágios da vida. Círculos que antes se sobrepunham hoje nem chegam a se tocar.

Alguns relacionamentos podem suportar quaisquer mudanças nas circunstâncias. Mas os relacionamentos de Cobertura não podem ser forçados. Precisamos trabalhar para mantê-los saudáveis. Precisamos investir neles e valorizá-los e nunca achar que estão garantidos. Mas não podemos fazer com que sejam algo que não são. Tenho algumas excelentes amizades de Terceiro Andar que já foram relacionamentos de Cobertura, mas as circunstâncias nos impediram de investir regularmente um no outro. Ainda somos amigos e posso contar com eles em momentos de dificuldades, da mesma forma como eles podem contar comigo.

Avalie seus relacionamentos com clareza e honestidade. Certifique-se de fazer o possível para mantê-los saudáveis. O objetivo é cultivar relacionamentos – com empregados, colegas, fornecedores e clientes – como se eles pudessem se tornar relacionamentos de Cobertura, e valorizá-los não importa em que andar estejam.

Alerta número 5:
Aprenda com os seus críticos, mas não seja escravo deles

O tempo que passei como presidente e CEO da Up with People nem sempre foi uma sucessão de vitórias.

A organização proporciona excelentes oportunidades para os jovens conhecerem e ajudarem o mundo, aprenderem lições de liderança, se envolverem com culturas diferentes e aprenderem a respeitar as diferenças. O programa absolutamente mudou minha vida. De todas as organizações sem fins lucrativos nas quais estive envolvido, incluindo as que eu mesmo fundei, não conheço nenhuma com uma missão mais importante que a da Up with People. E os elencos e o pessoal de apoio são excelentes colocando em prática a missão enquanto percorrem o mundo.

Internamente, no entanto, a organização tinha grandes problemas de liderança nos níveis mais altos. Quanto mais você subia, na verdade, mais a organização lutava com o narcisismo, a inveja e segundas intenções. A liderança sênior não estava colocando a missão em prática. Quando a organização foi fechada, em 2000, foi mais um resultado da doença que se espalhou pela cultura de liderança do que sua incapacidade de controlar as contas.

Quando assumi como presidente e CEO em 2005, minha meta declarada foi "eliminar o câncer". Mas ele sempre voltava a crescer, em parte porque eu permitia.

As nossas tentativas de desenvolver relacionamentos de Cobertura, especialmente no ambiente de trabalho, podem criar uma tendência a conceder autoridade demais às vozes dos nossos críticos. Queremos ser compreensivos e empáticos e, é claro, muitas vezes aprendemos mais com as pessoas que discordam de nós. Mas precisamos da sabedoria para separar a crítica construtiva – o *feedback* dado com boas intenções – das pessoas motivadas por segundas intenções e o egoísmo, e não pelas metas da equipe.

Tom France, o rotariano que me orientou na juventude, me disse que existiam três tipos de pessoas no mundo – os líderes, os seguidores e os críticos. O mundo está faminto por líderes e precisa de seguidores, ele disse, mas tem críticos demais.

Esses críticos muitas vezes são o vento que sopra no rosto do líder trazendo doença e maldade. E quanto mais você sobe na hierarquia, mais forte é o vento.

Quando fui presidente e CEO da Up with People, muitas vezes dei muita atenção aos 5% do nosso conselho de administração, ex-participantes dos nossos programas e nosso pessoal, que criticavam ruidosamente e com frequência. Algumas dessas pessoas estavam certas em suas críticas, mas, sinceramente, a maioria só queria ouvir a própria voz, fazer as coisas do jeito delas ou se opor ao plano dos outros.

Quando liderei defensivamente – concentrado em combater essas vozes –, a organização sofreu. Perdi oportunidades de criar uma autêntica cultura de Quinto Andar entre os 95% que tinham os melhores interesses da organização em mente.

Eu me orgulho de muitas das nossas realizações na Up with People enquanto ocupei o cargo de CEO e sem dúvida me orgulho de como as famílias participantes, os empregados e os membros do elenco colocaram em prática a nova visão da organização que criamos juntos. Mas aprendi muito com meus fracassos lá. Nos quase quatro anos no comando da Up with People, a maior lição que aprendi é que a liderança é mais do que apenas proteger a missão da organização – você deve proteger a cultura. Uma cultura cancerosa pode sabotar uma missão saudável – e acabar sabotando o seu coração.

PARTE 5
Colocando o propósito em primeiro lugar

Capítulo 38
Relacionamentos + Visão = Impacto

A esta altura espero tê-lo convencido da importância de relacionamentos profundos e significativos e proporcionado algumas lições importantes sobre como desenvolvê-los. Não basta sair por aí colecionando relacionamentos – mesmo se forem de Cobertura.

A questão mais importante é: o que você fará com esses relacionamentos?

Ao mapear o plano de negócios para sua vida, onde seus relacionamentos se encaixam? Em outras palavras, qual é sua visão dos seus relacionamentos?

Pense nesta fórmula simples para mudar o mundo: Relacionamentos + Visão = Impacto.

A expressão "mudar o mundo" pode soar um pouco intimidante, mas não deveria. Nós mudamos o mundo com um relacionamento por vez. Mudamos o mundo com relacionamentos que influenciam nossa família, nossos amigos, nossa igreja e nosso trabalho. Se nossos relacionamentos influenciam essas coisas, eles influenciarão nossa comunidade, nossa cidade, nosso estado, nosso país e o mundo. Podemos viajar para a Etiópia para distribuir suprimentos médicos ou podemos nunca sair da nossa cidade natal – mas, se formos orientados por uma visão para os nossos relacionamentos, podemos mudar o mundo.

Para dar a nossos relacionamentos com os outros a oportunidade de ter o maior impacto possível, eles precisam incluir uma visão compartilhada.

Uma visão compartilhada não é uma declaração batida e raramente lida que define o propósito e missão de uma organização. Uma visão compartilhada é, literalmente, uma imagem em comum de quem vocês são como pessoas, aonde estão indo e para onde você e as pessoas ao seu redor querem levar o relacionamento. Não se trata de uma organização. Trata-se de pessoas.

Uma visão compartilhada é vibrante, repleta de cores ousadas e pinceladas dinâmicas que estimulam a imaginação, inspiram a esperança e incitam a ação. A visão é aquela coisa – aquela maravilhosa, bela e quase indescritível coisa viva – que faz o coração bater um pouco mais rápido e eleva nosso espírito de uma forma que nada mais pode. Ela pode viver no contexto de um plano e missão, mas leva criatividade e espontaneidade a um relacionamento.

Tendemos a pensar na visão em termos organizacionais. Mas ela é muito mais do que isso. Precisamos de visão para a nossa vida pessoal, nossa vida espiritual, nossa carreira, nossas amizades, nossos relacionamentos profissionais, nossas equipes... bem, em praticamente todo encontro humano.

Na verdade, a visão é crítica para relacionamentos de Quinto Andar. Em nossos relacionamentos mais íntimos, mais profundos e mais transformadores, é essencial compartilharmos a visão um do outro. Precisamos saber para onde estamos indo, individualmente e juntos. E precisamos nos comprometer a ajudar um ao outro a chegar lá.

As visões compartilhadas dão poder e significado aos relacionamentos de Quinto Andar. Mas também levam um poder significativo aos relacionamentos de todos os níveis.

Quando a Up with People me contratou como seu presidente e CEO, precisávamos criar uma nova visão para uma orgulhosa organização de 40 anos que fora forçada a fechar as portas cinco anos antes. Não precisávamos de uma nova declaração de missão. Precisávamos de uma nova maneira de executar essa declaração de missão. Era minha responsabilidade ajudar a criar essa visão e apresentá-la aos outros para que todos nós pudéssemos praticá-la.

A primeira grande prova ocorreu em Los Angeles ao redor de uma mesa de reuniões no escritório de Baron Hilton, líder do Hilton Hotels e filho do fundador daquela empresa. J. Blanton Belk, o fundador da Up with People e eu estávamos visitando o sr. Hilton e seu filho, Steve Hilton, presidente e CEO da Conrad Hilton Foundation.

Era a primeira parada em uma turnê ao redor do mundo que o sr. Belk e eu estávamos realizando. Precisávamos arrecadar 3 milhões para reabrir a Up with People, de forma que estávamos começando com as pessoas que tinham ajudado a organização a ser tão boa nos seus primeiros 40 anos.

Quando chegamos, o sr. Belk e o sr. Hilton contaram uma história após a outra sobre aquelas quatro primeiras décadas e todas as coisas maravilhosas que viram a Up with People realizar. Eles falaram sobre como a Up with People foi a primeira organização internacional a entrar na União Soviética e na China comunista e sobre todas as milhares de vidas que foram influenciadas pelas famílias participantes, os membros do elenco e o pessoal de apoio. Eu não tinha nada a dizer; o amor e o respeito mútuos entre os dois eram visíveis.

Então o sr. Hilton se voltou para mim.

"Sr. Spaulding", ele disse, mordendo o charuto, "sei que não viemos aqui para que Blanton e eu pudéssemos falar do passado. Falamos sobre os últimos 40 anos, e foram anos maravilhosos. Mas qual é a sua visão para os próximos 40 anos?"

Era uma excelente questão, porque tocava no cerne dos problemas da Up with People. Por mais que ele adorasse o passado da Up with People, não investiria mais dinheiro na organização se não se convencesse de seu futuro. Seu longo relacionamento com a organização e com Blanton não bastava.

"Sr. Hilton", eu disse, "a Up with People não faliu financeiramente em 2000. Ela faliu em termos de visão. A Up with People tinha uma visão maravilhosa quando foi fundada nos anos 1960. A próxima geração de liderança, contudo, não teve uma visão para o século XXI. Ela vivia uma visão do século XX e precisava de algo novo. O mundo mudou, mas a visão não acompanhou as mudanças."

Então eu lhe apresentei a nossa visão para a Up with People no século XXI.

Quando reconhecemos os erros do passado, nossos planos para o futuro ganham credibilidade, e acho que o sr. Hilton viu isso. Ele viu que não retomaríamos uma mentalidade antiga que não era mais relevante. Ele viu que tínhamos visão. E ele nos deu 1 milhão de dólares para realizá-la.

Precisamos compartilhar a visão não apenas com nossos clientes, doadores e outros *stakeholders* externos, mas também com os nossos *stakeholders* internos.

Quando Keli McGregor assumiu o cargo de presidente do Colorado Rockies em outubro de 2001, ele sabia que, para um pequeno time na Major League Baseball sair da mediocridade, seria uma subida tão íngreme quanto as montanhas que rodeiam Denver.

Quando os Rockies se tornaram uma franquia, os proprietários Charlie e Dick Monfort juraram administrar o time como um negócio, não como um hobby. Mas, quando Keli assumiu a presidência, os Rockies estavam perdendo dinheiro. Para começar, tinham pagado cerca de 190 milhões para contratar dois arremessadores de alta visibilidade (Denny Neagle e Mike Hampton), mas a estratégia não se pagou. As vendas de ingressos para a temporada eram baixas e os jogos nas finais eram raros – eles só chegaram ao torneio pós-temporada uma vez na história do time.

Keli trabalhou na organização desde suas origens e sabia que perder se tornara uma opção fácil não só para o time como também para a organização. A lista de desculpas era longa e variada. Os Rockies eram um time em expansão, tendo jogado a primeira partida da grande liga em 1993, e alguns diziam que precisavam de mais tempo para se desenvolver. Era difícil para os arremessadores tirarem os batedores do jogo na elevada altitude de Denver. E assim por diante.

Mas Keli tinha visão para mudar as coisas. Começou com uma declaração de missão para "incorporar os princípios e práticas de uma organização campeã no beisebol tanto como um esporte quanto como um negócio. Na rica tradição que fez do beisebol o passatempo preferido da América, nos comprometemos a conduzir nossos negócios com integridade, dedicação, qualidade e confiança".

Mas não bastava ter uma boa declaração de missão. Keli precisava que as pessoas realmente entendessem a visão – o que ela significava, não só o que dizia –, e que a colocassem em prática. Então conversou individualmente com todas as pessoas da organização – incluindo olheiros, contadores e pessoal da manutenção – para apresentar pessoalmente essa visão.

A meta era chegar à World Series, ele lhes disse, mas para chegarem lá as coisas precisariam mudar. Não seria fácil. Na verdade, em alguns momentos seria doloroso. Mas a recompensa – a participação na World Series – valeria todo o empenho e sacrifício. Todos eles tinham um papel a exercer para levar o time a seu destino. Todos precisariam compartilhar a visão. Todos precisariam incorporar a visão.

Keli deu a cada líder da organização uma garrafa de champanhe. Ele distribuiu cerca de 50 garrafas e cada líder manteve uma garrafa de champanhe em sua mesa como um lembrete da visão da organização para cada pessoa que entrasse na sala.

Ele também tirou uma foto na primavera de 2002 de dois grandes baldes cheios de garrafas de champanhe no gelo no vestiário dos Rockies. Ao fundo, uma mensagem cobria os armários. Ela dizia: "Um passo de cada vez. Um dia de cada vez".

A foto permanece emoldurada no vestiário dos Rockies no Coors Field e em salas por toda a organização. Keli chegou a mandar fazer cartões-postais com a imagem.

"Todo o empenho", ele diz, "tudo o que estamos fazendo nos ajudará a tirar a rolha dessas garrafas."

Keli desenvolveu relacionamentos sólidos e de confiança por toda a organização porque as pessoas acreditavam na visão e que faziam parte dela. E de fato faziam.

Em 2002, por exemplo, os Rockies ficaram famosos por guardar as bolas de beisebol em um *humidor* – que mantém a umidade constante – antes dos jogos para proteger a integridade das bolas contra os efeitos da altitude. Alguns acreditam que as bolas vão mais longe quando atingidas em altitudes mais elevadas, e os arremessadores alegam que a bola fica mais dura e mais escorregadia, sendo mais difícil de pegar. Guardar as bolas em condições climáticas controladas antes dos jogos iguala as condições para os dois times no estádio em Denver, e a Major League Baseball acabou adotando a prática para toda a liga.

De onde veio a ideia? De Tony Cowell, eletricista do estádio Coors Field que voltou inspirado de uma viagem para caçar com botas de couro secas.

O fato de sua ideia ter sido ouvida e implementada comprova o poder dos relacionamentos que Keli desenvolveu por toda a organização – com uma visão de abertura e respeito, não apenas uma meta vaga de "vencer".

E não foi fácil vencer. Em 2005 os Rockies ficaram em último lugar no National League West. Até então só tinham chegado às finais uma vez em toda a história da franquia. Mas em 2007 o time se inspirou na hora certa e passou do quarto lugar de sua divisão até o National League Champions, chegando ao World Series ao ganhar 20 de 21 jogos.

Quando levantaram a taça do campeonato da National League, os Rockies abriram as garrafas de champanhe de Keli – mais de 6 mil garrafas antes do fim da comemoração.

Keli desenvolveu os relacionamentos e inspirou as pessoas com uma visão. Agora elas celebravam os resultados. Juntos, eles mudaram o mundo.

Enquanto desenvolve relacionamentos, você tem uma escolha. Pode mantê-los por perto e colher os frutos que naturalmente nascem ao compartilhar sua vida com outras pessoas. Ou pode acrescentar uma visão compartilhada e assistir enquanto cada relacionamento tem seu poder e impacto multiplicado. E isso, meus amigos, acaba mudando o mundo.

Enquanto dávamos os toques finais neste livro, meu bom amigo Keli McGregor faleceu com apenas 48 anos de idade. Keli jogou futebol americano na faculdade, jogou na NFL e era uma estrela em ascensão como executivo da Major League Baseball. Milhares de pessoas se uniram ao amor da vida de Keli, Lori, e aos quatro lindos filhos deles em um dia ensolarado de abril para o funeral no estádio Coors Field.

O que mais me impressionou durante a cerimônia, contudo, foi que as palavras "futebol americano" e "beisebol" só foram mencionadas algumas vezes, até mesmo pelos técnicos mais famosos que falaram sobre as realizações de Keli. Ele ganhou fama nos esportes, mas seu legado foi muito maior: Deus, dedicação ao próximo e relacionamentos. Saí da cerimônia e imediatamente escrevi uma mensagem de texto para minha esposa, Jill, que estava em outro estado visitando uma amiga: "Eu quero ser mais como Keli McGregor". E os milhares de pessoas que conheceram e amavam Keli se sentem da mesma forma.

Capítulo 39
O Cinturão de Órion

Em 1999 eu estava na sala de convenções de um dos resorts mais elegantes de Orlando e vi o dinheiro literalmente chover na minha cabeça. A incrível chuva de dinheiro, que simbolizava minha furiosa ascensão pela escada corporativa, me deixou boquiaberto, e não só porque eu nunca tinha visto nada parecido. Na verdade, o dinheiro rapidamente se transformou em borrão quando me vi diante de uma realidade simples e inegável: minha escada estava apoiada no muro errado.

Acontece que aquela escada estava apoiada no Muro da Transação. O prêmio no topo era mais. Mais poder. Mais prestígio. Mais dinheiro. Mais brinquedos. Mais tudo. E cada transação continha a promessa de mais, mais, mais.

Meu lado competitivo me levou a adotar o sucesso na forma como o mundo ao meu redor o definia. Minha vida inteira lutando com a dificuldade de ler criara uma necessidade inapropriada de aprovação por parte dos outros. Eu tinha paixão por ajudar as pessoas, mas também desejava profundamente as marcas do sucesso. E, o mais importante, não queria que as pessoas me vissem como o garoto "idiota" que mal conseguia ler. Eu precisava provar que não era um disléxico abobalhado. Eu queria respeito e via o sucesso material como a melhor maneira de provar ao mundo que eu merecia o respeito dele.

Depois de anos conquistando esse respeito (sem perceber) e ajudando os outros, finalmente me vi em condições de ganhar um bom dinheiro. Então a vida se resumiu em obter "mais" do que estiver lá para ser obtido, e não importava muito o que eu estava buscando – um emprego, vendas, dinheiro, um carro legal, uma casa luxuosa, lindas mulheres, cartões de beisebol, cartões de visita – se um era bom, mais era sempre melhor ainda.

Depois de tirar meu MBA na Austrália, fiz entrevistas em cinco empresas e aceitei o emprego que pagava o maior bônus, o maior salário e as melhores comissões – sem pensar em mais nada. Como você sabe, venho de uma família de recursos modestos. Eu nunca tinha ganhado um salário de seis dígitos. Na época, aquela era a maior prova de fogo para mim. Então me mudei para Boston, comprei um relógio legal (um Rolex Submariner) e meu primeiro apartamento (uma cobertura) e fui trabalhar em vendas para a Lotus Development.

Minha paixão por pessoas me ajudou muito nesse ambiente, e rapidamente desenvolvi relacionamentos com clientes que levaram a alguns excelentes resultados. O salário era incrível e as comissões não paravam de entrar, mas eu não conseguia deixar de notar que minha vida perfeita não era tão perfeita assim. Sem perceber quando ou por que ou como, aos poucos abri mão das melhores partes de quem eu era.

Mais tarde tudo isso ficou claro. Como aceitei o emprego pelas razões erradas (dinheiro, orgulho, ego), não percebi imediatamente que o produto fazia uma grande diferença. O

Lotus Notes era um excelente produto e eu trabalhava com algumas pessoas incríveis, mas não tinha paixão alguma pelo setor de tecnologia ou software. O pior era que na época a divisão valorizava mais as transações do que os relacionamentos. E, apesar de eu ter aceitado o emprego tendo em vista apenas o desempenho e os resultados, algo dentro de mim sabia que aquela não era a vida que eu queria.

Tive a epifania durante nossa conferência de vendas de 1999 no Walt Disney World Swan and Dolphin Resort.

O vice-presidente de vendas colocou-se na frente da sala de convenções, fazendo um discurso inflamado ao pessoal de vendas da Lotus do mundo inteiro. Estávamos em guerra com o Microsoft Outlook, ele nos lembrou. "Queremos mais participação de mercado!", ele gritava, com os punhos golpeando o pódio. "Mais participação de mercado quer dizer que VOCÊ ganha mais dinheiro!"

Enquanto a força de vendas aplaudia animadamente, alguém puxou uma alavanca e notas de um dólar começaram a cair do teto como confete na virada do ano-novo na Times Square.

Meus colegas empurravam e se acotovelavam, esticando os braços e agarrando o ar como crianças pegando doces. Mas eu fiquei em silêncio, quase como se tivesse saído do corpo para testemunhar a cena de cima – um peixe fora da água no Swan and Dolphin Resort.

A mensagem em meio ao caos não poderia ter sido mais clara: Dinheiro! Lucros! Participação de mercado! Traga para nós que nós lhe daremos a sua parte! Foi como uma cena do filme *Wall Street*. Só faltava o personagem Gordon Gekko (Michael Douglas) aparecer e explicar que "a ganância – por falta de palavra melhor – é boa". Aquele era o nosso brado de guerra: Ganhar mais dinheiro!

Para mim, contudo, a cena me inspirou de outra forma – fazendo-me perceber que minha escada estava apoiada no muro errado. Voltei a Boston e me dediquei a uma profunda autoanálise. Dois meses depois pedi demissão e desloquei minha escada até Denver, com o propósito renovado de transformar todas as minhas habilidades de relacionamento em algo melhor do que "provar" o meu valor enchendo minha conta bancária de dinheiro e minha casa com as mais recentes parafernálias e brinquedos.

Aquela transição, contudo, não foi tão simples, e eu nunca teria conseguido sem uma ajuda de origem incomum – Lori Nolan.

Você se lembra de Lori, meu primeiro amor? Pelo fato de Lori ter morrido de meningite quando tinha apenas 19 anos, acredito que meu relacionamento com ela acabou assumindo uma importância ainda maior.

Quando Lori e eu nos beijamos pela primeira vez, achávamos que nosso amor duraria para sempre. E, apesar de termos namorado outras pessoas no colegial, estávamos certos. Mesmo namorando outras pessoas, sempre fomos grandes amigos e nos importávamos um com o outro de formas que só poderiam ser descritas com precisão como "amor". Então, quando Lori morreu em seu primeiro ano na faculdade, meu coração se partiu. Achei que jamais conseguiria juntar os pedaços.

A vida continuou, é claro. Namorei outras mulheres antes de finalmente conhecer e me casar com o grande amor da minha vida, minha esposa Jill. Lori foi uma parte importante do meu passado, mas Jill se tornou meu presente e meu futuro.

De certa forma, foi Lori quem me levou a Jill, porque foi Lori quem me levou ao Colorado. Veja, no período mais negro da minha vida – naquele momento de autoanálise depois da epifania no Swan and Dolphin –, Lori foi a minha estrela guia.

Quando Lori e eu namorávamos na adolescência, adorávamos encontrar um lugar tranquilo longe das luzes da cidade onde pudéssemos ficar juntos e compartilhar nossos sonhos enquanto contávamos as estrelas no céu aveludado à noite. Uma noite, olhando o Cinturão de Órion, decidimos que Lori era a estrela da esquerda no cinturão e eu era a estrela da direita. A estrela do meio éramos nós, a nossa estrela.

Quando falávamos ao telefone à noite, olhávamos para as estrelas, cada um da janela de seu quarto. Quando eu estava na Rotary Youth Leadership Academy e Lori estava no acampamento de hóquei, eu ligava para ela de um telefone público e olhávamos juntos para o Cinturão de Órion enquanto conversávamos até os orientadores nos mandarem desligar.

Nos anos que seguiram à morte dela, muitas vezes me senti reconfortado em poder olhar para aquelas estrelas e sentir a presença dela, seja viajando com a Up with People, na faculdade na Carolina do Norte, viajando pela Europa, pelas Américas ou Ásia ou vivendo em uma pequena cidade rural do Japão. Senti mais falta de Lori quando estava na Austrália e em outros países do hemisfério Sul, de onde não se enxerga o Cinturão de Órion.

Ela esteve presente nos meus melhores e nos meus piores momentos. E esteve presente em 1999, quando voltei para Boston me sentindo vazio, sozinho e deprimido.

Foi logo depois do massacre na Columbine High School, e minha irmã morava no Colorado. A vida parecia tão frágil. É

claro, percebi que estava no emprego errado – um emprego que eu aceitara em parte porque um bom amigo me ajudou.
Quando voltei a Boston, tive uma conversa franca com minha chefe. Ela entendeu meu dilema e concordou que eu precisava de algo diferente. Uma mudança me faria bem e, no fim das contas, também seria melhor para ela. Então ela e Jeff Papows, o presidente da Lotus Development, me deram a liberdade de conhecer outros departamentos da empresa em busca de uma posição em que me adequasse.

Durante os dois meses seguintes, continuei a me empenhar ao máximo como vendedor da Lotus enquanto procurava outras oportunidades por toda a empresa. Gostei muito do que vi, mas não encontrei nenhum lugar onde achasse que pudesse contribuir e prosperar profissionalmente.

Eu me sentia num beco sem saída. Se saísse da Lotus, decepcionaria a todos. Se ficasse, minha vida seria um inferno.

Como tirar a escada daquele muro? Como eu poderia mudar o direcionamento da minha vida?

Toda essa preocupação levou a algumas noites em claro. No meio de uma noite de abril de 1999, levantei e saí para a varanda. A vista de Boston era incrível, mas só servia como um lembrete de como eu tinha perdido o rumo. Eu tinha tudo – e lá estava a prova, naquela espetacular cobertura com a maravilhosa vista da cidade. Mas, apesar de eu viver a vida com a qual sonhara, não era mais a pessoa que queria ser.

Então, lá estava eu, sentado na varanda às 3 da manhã, com lágrimas rolando pelo rosto. Minha vida inteira deveria ser dedicada às pessoas, a ajudar e aos relacionamentos. Eu queria mudar o mundo. Mas me encontrei no mundo corporativo ganhando muito dinheiro e me sentindo totalmente vazio. Eu tinha centenas de amigos, mas nunca tinha me sentido tão sozinho.

Então me abri à única amiga que podia me ouvir: Lori Nolan. Eu já estava acostumado a conversar com Lori quando tinha um dia difícil, mas aquele era o pior. Eu precisava mais do que um ouvido amigo para escutar meus problemas; eu precisava de ajuda. Eu precisava de orientação. Eu precisava de alguém que acreditasse em mim.

Sentado na varanda, com Boston ao meu redor, eu olhei para o Cinturão de Órion e contei a Lori que estava cansado de tentar provar o meu valor. Vi o vazio de correr atrás de "coisas" só para ter mais coisas. "Estou tão perdido", disse em voz alta. "Quero fazer alguma contribuição. Quero fazer a diferença. Quero liderar. Quero desenvolver relacionamentos que mudarão o mundo."

Eu disse: "Lori, preciso de você. Nunca pedi nada e nunca questionei se você está ou não me ouvindo. Preciso saber agora. Estou tão sozinho. Estou com tanto medo. Preciso saber se você está aqui comigo, se está me ajudando".

Olhei para a nossa estrela, cintilando como sempre no cinturão de um guerreiro. E naquele momento uma estrela caiu do centro do Cinturão de Órion, iluminando o céu de Boston como uma explosão de fogos de artifício. Eu nunca tinha visto nada parecido antes; meu coração quase parou. Lori estava lá!

Pode chamar de uma incrível coincidência se quiser, mas para mim foi um momento decisivo; aquilo me deu segurança para mudar minha vida. Eu sabia que não estava sozinho.

Logo depois pedi demissão da Lotus Development e vendi praticamente tudo o que tinha. Em um mês peguei o que sobrou, coloquei no carro e me mudei para o Colorado, onde aceitei um emprego para trabalhar na sede da Up with People – graças, em parte, a uma recomendação de Tom Sullivan, o mesmo amigo e mentor que me ajudou a entrar na Lotus. Eu não apenas poderia me reaproximar da minha irmã, que estava morando em Boulder, como poderia me dedicar à organização que tantas oportunidades me dera quando terminei o colegial. Eu poderia transferir a minha escada para o outro muro. Eu poderia fazer uma diferença novamente, mas dessa vez de forma muito maior.

Daquele dia em diante, decidi que trataria cada amigo, cada cliente e cada encontro de um modo diferente. Sempre fui um sujeito agradável. Sempre fiz as coisas que me permitiam fazer amigos e influenciar pessoas. Agora eu queria fazer algo mais. Minha visão da liderança e dos relacionamentos mudou e o mesmo aconteceu com minha abordagem a eles. Eu me redescobri, mas também descobri uma visão mais elevada para quem eu poderia me tornar.

Não era mais questão de provar o meu valor ou fazer amigos e influenciar pessoas. Agora era questão de desenvolver relacionamentos e organizações capazes de transformar a vida das pessoas.

Passei de me *provar* a me *doar*. Passei de uma mentalidade de sucesso a uma mentalidade de importância. Do *networking* à autêntica generosidade.

Eu olho para a minha vida desde aquela mudança em 1999 e, acredite, cometi muitos erros. Tomei decisões erradas, errei o caminho e decepcionei pessoas que se importavam comigo. Mas aquela foi a melhor fase da minha vida, porque minhas prioridades estavam de volta ao lugar certo – nos outros, não em mim mesmo.

As pessoas – autores, orientadores de desenvolvimento pessoal, amigos, mentores etc. – lhe dirão que você precisa de uma "rede" de amigos para ter sucesso na vida. Elas lhe dirão que você precisa de um grupo de orientadores que possam ajudá-lo nos momentos difíceis e para tomar decisões críticas. E eles estão certos – até certo ponto. Todos nós precisamos de ajuda na vida. É por isso que tenho um time de estrelas do Quinto Andar. Mas, se a única razão pela qual somos generosos é o que podemos receber em troca, então nunca aproveitaremos o máximo da vida.

Esse não é apenas o coração da minha mensagem: é também a sua alma.

Quando realmente nos doamos, recebemos muito em troca – mas o que realmente obtemos é muito, muito maior do que nós. Participamos do sucesso dos nossos amigos, do sucesso das nossas organizações e do sucesso das nossas comunidades.

Participamos de relacionamentos de Quinto Andar.

Participamos de times de Quinto Andar.

Executamos um desempenho de Quinto Andar.

Proporcionamos um atendimento ao cliente de Quinto Andar.

Nós nos tornamos filantropos de Quinto Andar e ajudamos a desenvolver outros filantropos de Quinto Andar.

Praticamos a filantropia de Quinto Andar.

Ajudamos a implementar e definir culturas de Quinto Andar – culturas nas quais as pessoas cuidam de seus empregados, de suas equipes, de seus clientes, de seus colaboradores e uns dos outros, enquanto geram lucros e ao mesmo tempo influenciam positivamente sua comunidade.

Colocamos nossa escada em um muro que realmente importa – um muro que faz a diferença.

Capítulo 40
Como fazer o mundo girar melhor

Michael Van Gilder é CEO de uma grande empresa familiar de Colorado. Há pouco tempo ele instituiu um programa que chama de TBPs, ou Trusted Business Partners – parceiros de negócios de confiança. Michael sabe que, diante de uma decisão importante, as empresas quase sempre consultam pelo menos três grupos de conselheiros – seus contadores, seus advogados e seus banqueiros, isto é, seus parceiros de negócios mais confiáveis.

Dessa forma, a prioridade da equipe de Michael é desenvolver relacionamentos nesses três setores. Eles querem transformar esses contadores, advogados e banqueiros em TBPs, de forma que a empresa faz o possível para conhecê-los melhor e ajudá-los a ter sucesso no trabalho.

As recompensas, naturalmente, fluem em ambas as direções. A força de vendas encaminha clientes a seus Trusted Business Partners e os TBPs inevitavelmente encaminham clientes à empresa do meu amigo. Eles se ajudam a crescer.

Esse tipo de estratégia, francamente, pode funcionar mesmo se você tiver intenções menos puras. Você pode aplicá-la com uma mentalidade manipuladora, do tipo investimento e retorno, com um aumento quase garantido de sua participação de mercado e vendas. Ou, como Michael, você pode adotá-la com o coração puro e intenções honestas. Você escolhe.

A maioria das organizações (se não todas) acaba refletindo os valores de sua liderança. Elas estabelecem o tom e logo fica claro em que muro a escada da organização está apoiada. Empregados, clientes, fornecedores – todas as pessoas – acabam percebendo e vendo através de qualquer fachada baseada em insinceridade e manipulação.

Se a escada estiver no muro errado, as vendas e a participação de mercado aumentarão por um tempo, mas os conflitos, a insatisfação e a desilusão também. A menos que haja mudança, a organização ficará tão vazia e infeliz quanto eu, sentado sozinho naquela noite na varanda da minha cobertura em Boston.

Tive a sorte de fazer a mudança logo cedo – na faixa dos 20 anos. Sei disso tudo porque aprendi com pessoas como meu pai, Tom France e a sra. Singer quando estava crescendo e inúmeras outras pessoas reforçaram as ideias para mim. Quando vi a insensatez de suprimir os valores com os quais tinha crescido, eu tinha com o que contar: as lições da minha juventude. Quando senti aquele vazio, as lições voltaram para me socorrer. Elas deixaram claro para onde eu deveria mover minha escada: um lugar que levasse a um propósito e um sentido e à dedicação aos outros.

A maior lição que meu pai me ensinou – uma das coisas que ele disse repetidamente quando eu estava crescendo – foi que a democracia não é grátis. Temos a obrigação de contribuir para a comunidade ao nosso redor. Se respondermos a esse chamado para a ação, não precisaremos esperar até nos aposentar para começar a construir nosso legado. Veremos o serviço comunitário e a generosidade corporativa como um privilégio, não como punição ou como um "custo" de fazer negócios.

O que importa na vida são os outros. E tudo se resume à dedicação aos outros. Se você conseguir fazer essa mudança, independentemente de ser um corretor de Wall Street, um professor de St. Louis, um vendedor de San Diego, um revendedor de carros de Tucson ou um fazendeiro de Nebraska, não apenas ganhará dinheiro como mudará o mundo – não em função do que você sabe ou de quem conhece, mas em função de como você vive. O mais importante na vida não é o que você faz ou quem conhece; é em quem você se transforma.

As culturas de Quinto Andar resultam da liderança de Quinto Andar. Ninguém deve esperar que os altos executivos mostrem o caminho ou instituam programas. No fim das contas, os relacionamentos de Cobertura dizem respeito a mais do que quem você conhece, onde trabalha ou para quem trabalha – dizem respeito a praticar um espírito de amor, generosidade e dedicação ao outro que nenhuma outra pessoa ou organização pode reprimir.

As culturas de Quinto Andar são um movimento, não um programa obrigatório. Elas começam com cada pessoa disposta a escolher colocar os outros em primeiro lugar, fazer a coisa certa.

Sim, a liderança estabelece o tom. Mas a liderança não está apenas nas salas dos andares mais altos da empresa. A liderança não está apenas nas salas dos conselhos de administração. A liderança não é um cargo ou título, é uma atitude. É um espírito. A liderança vive nas linhas de frente, na gerência de nível médio, na administração, onde quer que uma pessoa esteja disposta a se apresentar e fazer o que todos os grandes líderes fazem – servir os outros.

É assim que os movimentos do Quinto Andar se espalham por uma cultura organizacional – com uma pessoa mostrando o caminho a outra, que mostra o caminho a uma terceira pessoa, até que toda a organização reflita naturalmente sua dedicação ao outro.

É o espírito que dá vida ao coração e à alma.

Apesar de todos os problemas que tínhamos nos mais altos níveis de liderança da Up with People, os membros do elenco e equipes de apoio incorporavam esse espírito. Foi esse espírito que sussurrou no meu ouvido quando eu era um estudante de 17 anos na Suffern High, assistindo a uma apresentação deles pela primeira vez. Foi esse espírito que sussurrou no meu ouvido no Swan and Dolphin Hotel. E qualquer sucesso que eu tiver e continuar a ter em colocar esse espírito em prática definirá o legado da minha vida.

Eu gostaria de concluir o livro com uma história sobre esse espírito, uma história com a qual espero demonstrar como qualquer um de nós pode fazer a diferença investindo nos outros – basta fazermos essa escolha.

Morar num país estrangeiro tornou-se uma grande meta em meus primeiros anos com a Up with People. As minhas viagens a mais de 60 países abriram meu apetite por um mergulho mais longo e mais profundo em algumas das várias culturas que visitamos. Então, depois de me formar pela East Carolina, comecei a procurar oportunidades de viver e trabalhar no exterior antes de começar a pós-graduação.

Foi assim que acabei no Japão em julho de 1994. Com as Olimpíadas de Inverno de 1996 se aproximando, o governo japonês, por meio de seu programa JET (Japanese Exchange and Teaching), estava recrutando pessoas dos Estados Unidos, Canadá, Inglaterra e outros países anglófonos para ensinar inglês. Fui alocado à pequena cidade rural de Kisofukushima-machi, onde passava metade do tempo trabalhando com alunos do colegial e a outra metade trabalhando com adultos que atuariam como voluntários nos Jogos Olímpicos.

Eu só conhecia dois outros estrangeiros falantes do inglês entre as 8 mil pessoas da cidade, e meus seis primeiros meses foram extremamente solitários. Os japoneses eram educados e polidos, mas quietos e reservados, especialmente com estrangeiros que não falavam seu idioma.

Um dia, contudo, recebi a visita da sra. Etsuko Tanaka, uma mulher de meia-idade, mãe de quatro filhos, que morava na mesma rua que eu. Três dos filhos dela estavam em escolas nas quais eu lecionava e ela estava em uma das turmas de inglês para voluntários adultos. Ela bateu à minha porta, curvou-se educadamente e me ofereceu um pão da pequena padaria de propriedade de sua família. Depois me convidou para tomar chá em sua casa.

Comecei a frequentar regularmente a casa dos Tanakas. Tive a oportunidade de conhecer a sra. Tanaka e seus filhos na cozinha, conversando aos tropeços, com a ajuda de gestos e de um inglês pouco fluente. Mas logo percebi que o sr. Tanaka nunca se unia a nós. Ele sempre ficava na sala dos fundos – ou ia para lá assim que eu chegava. Ele não era rude, só ausente.

No começo achei que ele era tímido e não se sentia à vontade na minha presença porque não falava inglês. Mas ficou claro que alguma outra razão o mantinha na outra sala. Então eu finalmente perguntei à sra. Tanaka por que seu marido nunca ficava conosco.

Ela abaixou a cabeça, seu rosto ficou vermelho e lágrimas começaram a cair. "Meu marido não gosta de americanos", ela disse. "Não há nada que você possa fazer. Mas é uma honra para mim ter a sua amizade."

O sr. Tanaka, um homem magro e gentil, com cabelos grisalhos e dentes de ouro em seu sorriso sempre presente, tinha vivido o suficiente para se lembrar dos bombardeios de Hiroshima e Nagasaki em agosto de 1945. Aproximadamente 140 mil pessoas morreram em Hiroshima e outras 80 mil em Nagasaki. A maioria dos japoneses sabia que a América tinha provocado a devastação que feriu ou matou tantos de seus conterrâneos, mas eles não tinham nascido quando as bombas foram lançadas. Cinquenta anos depois, a mágoa continuava viva em pessoas como o sr. Tanaka.

De certa forma eu entendia a desconfiança do sr. Tanaka. Eu cresci durante a Guerra Fria e muitas famílias viviam com medo de um confronto nuclear entre a América e a Rússia. Morávamos perto de uma usina nuclear – o reator Indian Point – e perto da cidade de Nova York, dois alvos potenciais de qualquer ataque inimigo. Nossa casa tinha um abrigo contra bombas com um estoque de água e alimentos. Participávamos regularmente de treinamentos na escola para saber exatamente o que fazer se os russos atacassem – proteger-se debaixo de uma mesa e cobrir a cabeça. Os russos eram o Império do Mal da época e era impossível para mim encontrar alguém da Rússia sem vê-lo, pelo menos inicialmente, através dessas lentes.

Mas minha experiência com a Up with People cultivou um profundo espírito de compreensão por pessoas de diferentes culturas e formações, bem como o desejo de reduzir as diferenças e curar mágoas como as do sr. Tanaka. Então eu continuei frequentando a casa da família e ensinando inglês à esposa e aos filhos dele. Eu também ajudava na padaria. Limpava a cozinha, tirava a neve da calçada e ajudava sempre que podia.

E fiz o que podia para entender. O Havaí e Hiroshima realizaram cerimônias para marcar o 50º aniversário dos bombardeios, reconhecendo a tragédia resultante da guerra. Então visitei Hiroshima para entender melhor o impacto sobre o povo japonês. E, na volta da minha entrevista para a bolsa de estudos do Rotary, parei no Havaí e visitei Pearl Harbor.

Na maior parte do tempo, contudo, eu vivia em Kisofukushima-machi, lecionando inglês e frequentando a casa dos Tanakas. Fui à casa deles pelo menos três ou quatro dias de quase toda semana por quase dois anos.

Um dia o sr. Tanaka começou a se unir a nós. No início ele só ficava sentado em silêncio, sem dizer nada. Comecei a lhe servir saquê – é incrível o que o saquê pode fazer por um relacionamento! Apesar de não entendermos a língua um do outro, começamos a nos comunicar por meio de ações. Com o tempo, desenvolvemos um nível de confiança e amizade por meio da dedicação um ao outro, e não por palavras.

Quando deixei o Japão, em julho de 1996, as pessoas que conheci e a quem ensinei encheram a plataforma da estação de trem para se despedir. O sr. Tanaka abriu caminho até chegar à frente do grupo. É raro na cultura japonesa se abraçar em público, mas o sr. Tanaka me abraçou naquela plataforma. Nós dois tínhamos lágrimas nos olhos. Ele me olhou e disse, em inglês, "Eu o amo, Tommy-san. Você é o meu filho americano".

Acho que é por isso que eu amei tanto a Up with People. Não é uma empresa, um programa ou uma organização. É um espírito – um espírito que constrói pontes para unir as pessoas. Descobri esse espírito viajando pelo mundo com a Up with People, e ele me acompanhou em minha estadia no Japão.

Aprendi que qualquer pessoa pode construir esse tipo de ponte com estranhos, clientes, fornecedores, empregados, equipes e colegas. Descobri o poder dos relacionamentos que se concentram em ajudar os outros, em se dar, em se dedicar. Aprendi a tirar os relacionamentos do Primeiro Andar, do nível transacional, e conduzi-los à Cobertura, o nível transformacional.

Todos nós temos senhores Tanakas na vida – em nosso bairro e no ambiente de trabalho. Todos nós temos a chance de deixar um legado com eles que vai além de quem conhecemos.

Como fazer amigos e influenciar pessoas, de Dale Carnegie, me ensinou a fazer perguntas significativas e ouvir com atenção para que as pessoas se apaixonem por mim.

Mas podemos ganhar muito mais se estivermos dispostos a escutar e fazer perguntas significativas – podemos nos apaixonar pelos outros.

Podemos ganhar muito mais se estivermos dispostos a viver além de um mundo do tipo "não é o que você sabe, mas quem você conhece". Podemos ganhar muito mais se estivermos dispostos a viver com um novo espírito. Um espírito que diz: "Não é questão de quem você conhece – é questão de quem você é".

Eu garanto que incorporar esse espírito mudará sua vida. Mudará sua empresa. Mudará sua comunidade. E fará com que o mundo gire melhor.

Agradecimentos

No verão de 2008, minha esposa, Jill, e eu visitamos a cidade natal do meu pai – Saratoga Springs, Nova York –, onde fomos assistir às corridas de cavalos puros-sangues. Adoro turfe e nos divertimos muito, mas não sou um apostador intrépido. No fim do dia, percebi que tinha feito todas as minhas apostas em favoritos que pagavam 2 para 1. Quando vi um azarão que pagava 20 para 1 cruzar a linha de chegada, vencendo a última corrida, precisei me perguntar por que não fui um pouco mais ousado – por que não apostei um pouco em um azarão.

Alguns meses depois, eu estava percorrendo os corredores da sede da Random House em Nova York me sentindo como um azarão de Saratoga.

Felizmente, Michael Palgon, vice-presidente executivo e editor da Crown Publishing (uma divisão da Random House), se dispôs a apostar em mim, um autor de primeira viagem. Sua confiança em mim e minha mensagem me inspiraram e me motivaram ao longo do processo, e estou fazendo de tudo para dar a ele um vencedor – em termos de vendas, sim, mas ainda mais em termos de impacto.

Acredito que este livro possa mudar vidas para melhor. Se eu estiver certo, isso só terá sido possível devido às várias maravilhosas e talentosas pessoas que ajudaram em sua criação. Em certo sentido, este livro é um estudo de caso da mensagem que apresenta – o poder dos relacionamentos transformativos de produzir algo muito maior do que qualquer indivíduo.

Muitas das pessoas que influenciaram este livro são citadas em suas páginas, mas, por favor, permita-me este agradecimento formal: ao meu Time de Estrelas do Quinto Andar, pela amizade e orientação; ao meu agente, Kevin Small, por acreditar neste livro desde o início; ao meu editor, Roger Scholl, por forçar a mim e a este livro a atingir um nível mais elevado; ao meu *ghostwriter*, Stephen Caldwell, que se tornou meu anjo da guarda e um bom amigo enquanto escrevíamos juntos; ao meu parceiro de negócios e amigo de 20 anos Joel Mauney, por sua lealdade e por acreditar em meus sonhos; ao meu gerente de negócios e de palestras, Kerry Caldwell, pelo seu comprometimento e sua motivação para que todos os clientes saiam felizes; aos meus associados, Dan Streeter, Denise McMahan e Linda Childears – eu nunca poderei agradecer o suficiente; a Ken Blanchard, o homem mais inspirador e amável que conheço; a Steve Farber, mentor e grande amigo; aos jovens e aos executivos que tenho o privilégio de orientar; aos jovens líderes que participaram dos nossos programas de desenvolvimento de lideranças ao longo da última décadas; aos mais de 20 mil ex-participantes da Up with People de mais de 80 países; às empresas, associações, organizações e escolas nas quais tive a honra de dar palestras – obrigado por fazer o mundo girar melhor.

Reservo uma categoria especial de agradecimentos à minha esposa, Jill, pelo amor incondicional e apoio inabalável. Não conheço nenhuma outra pessoa neste planeta com um coração mais gentil e nobre do que o seu. Sou um homem de muita sorte por ter me casado com você. Aos meus filhos, Caroline e Thomas III (Tate), e ao meu enteado, Anthony – obrigado por me ensinar o que é realmente mais importante na vida. Ao meu primo Sean Welsh, que me acompanhou a cada passo do caminho. A Mike Chambers, por ter sido um tio para os meus filhos e um irmão para mim. Aos meus pais, Tom Spaulding Sr. (e sua esposa, Annie) e Diane Marino (e seu marido, Lou), por sempre acreditarem em mim. E ao nosso Pai celestial que me ensionou: a quem muito foi dado muito será exigido.

ÍNDICE REMISSIVO

A

Abrashoff, Michael, 268-70

abnegação, 187, 224, 230, 261-2. *Veja também* generosidade

aconselhamento, 128

Amizades, satisfação no trabalho, 44, 79, 88, 148, 196, 220, 226, 231, 233-4, 247, 295, 327

Armstrong, Wil, 149

arrogância, 208-9

atendimento ao cliente, 255, 268, 291, 297, 304-5, 310-1, 349

autenticidade, 82, 84, 141, 184-5, 187-9

autoridade posicional, 79-81, 86, 320

autoridade relacional, 81, 208, 320

autoridade, 79-81, 86, 208, 300-1, 320, 328

avaliando relacionamentos, 84, 171, 320

avanço, 225, 270, 273, 276-8, 293

B

Bailey, Darlyne, 81

Ballard, Steve, 200

barman e bolsa de estudos do Rotary, 49-50, 56, 59-62, 69, 73, 77, 204, 246, 265, 286, 295

Bearden, Jim, 285

Beattie, Melody, 213

Behnke, Michael, 284

Belk, J. Blanton, 92, 335

Bell, Alexander Graham, 155

Bemis, Scott, 244, 282

Billingsly, Brad, 147-8, 150

BlackBerry, 50

Blanchard, Ken, 118, 154, 263, 265-6, 360

Blanchard, Margie, 263

bolsa de estudos Nolan, 46-7, 287

Brown Palace Hotel, 283

Buffett, Warren, 262

Burke, Mark, 244, 115, 122, 180, 342

C

Caldwell, Kerry, 244, 360

capitalismo criativo, 314

caráter, 39, 84, 144-5, 209

    julgando o, 144-5

    nove características principais, 84, 185-6

Carnegie, Dale, 9, 11-5, 22, 24, 82, 132-3, 224, 282, 358

cartas e mensagens escritas à mão, 127, 148-50, 156, 283, 318

cartões de beisebol, 107, 113

cartões de visita, 78, 115, 122, 180, 342

Cathy, Dan, 299

Cathy, Truett, 299

Cesca, Jenn, 323

Chambers, Anthony, 220

Chambers, Mike, 220, 222, 261

Chick-fil-A, 298, 300

Childears, Linda, 244, 360

Chisholm, Shirley, 315

Churchill, Winston, 55

Cinco Andares dos Relacionamentos, 77, 86

Cinco desafios das equipes (Lencioni), 154, 273

círculos íntimos, 32, 236

Click, Jim, 195, 267-9

Coca-Cola, 32, 311

Collins, Jim, 154

Colman, Chuck, 52

Colorado Rockies, 268, 279, 336

Como fazer amigos e influenciar pessoas (Carnegie), 9, 11, 13, 22, 82, 153

competência relacional, 66, 72-3, 247

comunicação, 147-56

Veja também mensagens escritas à mão; telefonemas

comunicações espontâneas, 152

concentrar-se no outro, 98, 119, 127, 133, 160, 295

conflito, 80-1, 86, 88, 208, 352

conversas sobre trivialidades, 80, 102, 108

Coors Brewing Company, 312

Coors, Pete, 312

Covey, Stephen, 72

Cowell, Tony, 339

críticas, lidar com, 329

Cunningham, Noel, 118, 249, 252-3, 255, 257, 261, 265, 267

Cunningham, Tammy, 251

curiosidade, 84, 184-5, 203-4

D

Davenport, Ed, 54

Deca (Distributive Education Clubs of America), 31-2, 41

dedicação ao outro, 15, 108, 297, 305, 337, 340, 353-4, 357. *Veja também* filantropia

Delancey Street Foundation, 261

Demby, Steve, 244

Denver

Denver Business Journal, 282-3

Denver Kids, 226-7, 228-9

filantropia em, 126

mudança do autor para, 97-9, 91-3, 99-100, 102-4, 121, 150

Departamento de Admissões do MIT, 284

Desafio do Dar e Receber, 257, 261, 263, 266-71, 311 *Veja também* Lei da dislexia, 22, 26

experiências do autor, 16, 55, 98, 113, 119, 342

Dizzine, sra., 34

Dole, campanha presidencial, 135, 308

Dudley, Garry, 107-8, 111-2

E

Eakin, Dick, 244

East Carolina University, 45, 55, 87, 107, 140, 214

autor como "líder residente", 50, 107, 140, 200, 211

Edison, Thomas, 55

Edward Jones, 304
Efeito Bola de Neve, 125
Einstein, Albert, 55
Eisenhower, Dwight, 55
Elevação; abnegação, dedicação ao outro
elogios, 109, 146, 159, 197, 282, 286, 318
e-mail, 15, 116, 148-9, 151, 154-5, 159, 294
empatia, 82, 84, 184-5, 191-3, 196, 205
Empresas feitas para vencer (Collins), 154
Enron, 67, 300
envolvimento comunitário, 88, 94, 99, 111, 121-9, 137, 158, 193, 220, 225, 249-50, 256-60, 270, 279-80, 284, 287, 291-2, 296, 309, 313-14, 333, 349, 358
envolvimento comunitário; generosidade, Lei da Elevação
erro, reconhecer os, 171, 211, 301, 306, 336, 348
escutar, 228, 347, 358. *Veja também* concentrar-se no outro
esfomeados, 135-8, 140-1, 159, 312
Este barco também é seu (Abrashoff), 270
estratégias de desenvolvimento de relacionamentos,
    afaste-se de relacionamentos, 320-1
    alertas nos relacionamentos, 317-30
    capital de relacionamento, 161
    comunicação implacável, 147-156
    concentrar-se no outro, 109, 133-4

criando raízes, 89, 279

descobrindo informações pessoais, 80, 86

escolha bem, 66, 184, 221, 294, 319, 339, 352-4

estratégias, 83-4, 90, 225

investindo em pessoas importantes para pessoas que importam a você, 69, 171, 248, 257, 261, 263, 265-6, 319, 327

lidando com a falta de interesse ou rejeição, 29, 52, 171, 173, 213

nove características principais, 84, 185

o que você faz, 10, 84-5, 87-90

planejamento e pesquisa, 97-99

quebrando o gelo, 107-114

quem você é, 84-5, 90, 92, 146, 185, 208, 225, 358

reuniões de acompanhamento, 110, 195

saiba quando dizer não, 321

seja um facilitador, 162

seja você mesmo, 94

xadrez dos relacionamentos, 157-62

Etiópia, iniciativas de caridade na, 118, 205, 24-, 251-2, 259-60, 262, 266-7, 334

Extreme Leadership, 273

F

família Tanaka, experiências do autor com, 355-8

Fannie Mae, 300

Farber, Jeremy, 274

Farber, Steve, 119, 154, 244, 273-5, 277, 360

Favre, Brett, 308

filantropia corporativa, 128, 250, 309, 349

filatropos do Quinto Andar, 249, 253-7, 266-7, 349. *Veja também* generosidade

Ford, Henry, 55

Four Seasons Hotels, 304

France, Lu, 288

France, Tom, 5, 33, 43, 47, 56, 59-60, 73, 265-6, 286-7

Freddie Mac, 300

Frontier Airlines, 292, 303, 305

Fuller Center for Housing, 140-1

Fuller, Millard, 140

G

Gallagher, K. C., 165-6

Gandhi, Mahatma, 256

Gart, John, 93-4

Gates Foundation, 262

Gates, Bill, 262-314

Gates, Melinda, 262

Gay, Carolyn, 53, 135

Gay, Sarah, 52, 61, 73

generosidade, 82, 84, 175, 178-85, 205-6, 224, 250-1, 254, 259-60, 265, 267, 270, 309-10, 313-4, 348, 353

gratidão, 59, 84, 156, 159, 184-5, 213, 215, 271, 281-3

Greater Than Yourself (Farber), 274-5

Gretzky, Wayne, 173

H

Habitat for Humanity, 122, 140

Hall, Deborah, 233-5, 238

Hall, Regan, 238

Hall, Ron, 154, 22, 233-4, 236-8, 259

Hanson, Mike, 159-61

Harris, Chad, 54

Harter, Rob, 244

Hennessy, Chris, 244

Hewlett, William, 55

Hilton Foundation, 335

Hilton Hotels, 159, 161, 211, 335-6

Hilton, Baron, 335

Hilton, Steve, 335

Hirschfeld, Barry, 123-4

hobbies e interesses, 92, 94, 101, 115
Holman, Alan, 153
Holtz, Jennifer, 140-1
Holtz, Lou, 140-1
Holtz, Skip, 140-1
Hudak, Christopher, 291, 307-9
humildade, 59, 84-5, 198, 207-9, 211

I

insegurança, 26, 28, 81, 322-3, 325
interesses em comum, 95
Isdell, Neville, 311

J

Jackson, Doug, 260
Japão, experiências do autor no, 51-3, 87, 116, 135, 287, 345, 355, 357-8
Johnson & Johnson, 68
Johnson, Robert Wood, 68, 308
Jordan, Michael, 55

K

Kanter, Brian, 42, 45-6

Kemper, Mariner, 118
Kennedy, John F., 55
Kroenke, Stan, 71

L

LaFrenz, James, 291-2, 303
Leader's Challenge, 69, 71, 88, 95, 99, 105-3, 115, 124, 126, 137, 147, 155, 163-8, 188, 214, 230, 251-3, 261-2, 271, 273-4, 279, 282, 286, 312, 314
Leading Out Loud (Pearce), 273
Lei da Caixa-Forte, 99-201. *Veja também* sigilo
Lei da Elevação, 273, 276-89
    avanço, 276-8
    conexão, 276
    reconhecimento, 281-2, 289
Lei da Influência, 308
Lei da Madre Teresa, 169-70, 262
Lei do Dar e Receber, 257, 261, 263, 266-71, 311
Lei do Fora para Dentro, 257, 266-9, 271
Lei do Não, 321
Lei dos Relacionamentos Aleatórios, 60-1, 69, 71-3, 97, 123. *Veja também* relacionamentos aleatórios
Leitner, Cynthia Madden, 244

Lencioni, Patrick, 154, 273

Liderança de Quinto Andar, 353

Liderança Radical (Farber), 154

liderança radical, 269

liderança, 16, 23, 33-4, 37, 40-1, 55, 64-5, 68, 70, 72, 81, 88-9, 99, 108, 118-9, 128, 154, 164, 166-8, 200-1, 251, 263, 269, 273-5, 279, 285, 295, 299, 313, 320, 328-9, 336, 348, 352-4, 360

ligações não solicitadas, 311

Linkages, 267

listas de contatos potenciais, 98, 100-1, 107

Lively, Bill, 87-8

livros como presentes, 154-6

Lopez, Humberto, 195, 244

Lotus Development, autor na, 17, 278, 342, 346-8

Lynn, Scott, 244

M

Madre Teresa, 169-70, 262

Marino, Diane (mãe do autor), 361

Mattia, Thomas, 311

Mauney, Joel, 214, 244, 360

McCoy, Tate, 93, 95

McGregor, Keli, 5, 280, 336, 340

Melnick, Debra, 71

Melnick, Larry, 71, 73

Mensagens escritas à mão. *Veja* cartas e mensagens escritas à mão

mentoring, 275, 277, 288 *Veja também* Lei da Elevação

Middel, Jerry, 118, 220, 222-3, 231, 244, 248, 257, 265, 270, 286, 288-9

Miller, Doug, 244

MillerCoors, 312

Monfort, Charlie, 279

Monfort, Dick, 337

Moore, Denver, 54, 222, 233-7

MQV (Maior Que Você), 275, 277

MQV de Farber, 274-5, 277

muro de conflitos, 80

Mygatt, Chris, 119

N

National Leadership Academy, 115, 168

networking, 15-6, 121, 177-80, 183-4, 225, 241, 307

New York Jets, 308-9

Nolan, Lori, 5, 41-2, 44-7, 287, 289, 323, 344-5, 347. *Veja também* envolvimento comunitário; filantropia

Nordstrom, 304

O

O gerente minuto (Blanchard), 154, 263
O que aprendi com meu carteiro sobre o trabalho e a vida (Sanborn), 154
Organizações de Quinto Andar, 267

P

paciência, 83, 170, 173, 284
Papows, Jeff, 346
Pardew, Jon, 302
Pearce, Terry, 273
Pepsi, 43-4, 50, 60
perdão, 71, 168, 321
perguntas pessoais, 112, 114
Pitton, Mark, 161
Polis, Jared, 102
programas de reconhecimento/recompensa, 281
Project C.U.R.E., 260

Q

R

Radical Edge (Farber), 274-5

Rath, Tom, 64

recall do Ford Pinto, 192

reconhecimento, 273, 276, 281-2, 289

reconhecimento, 273, 276, 281-2, 289

rejeição, 29, 52, 171, 173, 213

Relacionamentos

    relacionamentos aleatórios, 60-1, 69, 71-3, 97, 123

    relacionamentos e conversas NEC (notícias, esportes e clima), 78-80, 82, 103, 105, 108, 110, 197

    relacionamentos de Cobertura. *Veja* relacionamentos de Quinto Andar

    Relacionamentos de Quinto Andar, 77, 82-3, 86, 139, 196, 198, 199, 208, 220-3, 231, 243-6, 249, 253-7, 263, 266-7, 270-1, 282-3, 288, 291, 293, 296, 302, 304-5, 207-10, 313, 319-22, 325, 329, 334-5, 349, 353-4, 360

        exemplos, 86

        mantendo-os saudáveis, 150, 327

        potencializando os, 82, 211, 246

        principais características, 86

        principais características, 86, 322

        problemas e conflitos nos, 86

    relacionamentos de Segundo Andar, 14, 79-80, 108, 155, 169, 178-9, 307

    relacionamentos de Terceiro Andar, 14, 80, 86, 105, 179,

184, 196, 219, 247, 288, 327

relacionamentos destrutivos, 320-1

Relacionamentos do Quarto Andar, 81, 86, 180, 184, 225, 227

    principais características, 81, 86

    problemas e conflitos nos, 86

resultados financeiros, 63-4, 180, 192-3

Retorno sobre o Investimento - ROI, 61, 309-14

Retorno sobre o Relacionamento - ROR, 10, 17, 62, 309-14

reuniões, 35, 37-8, 45, 104, 116, 123-4, 133-4, 146, 155, 159, 181, 283, 313, 355

Rockefeller, John D., 309

Rotary Club, 43, 47, 49, 53-4, 56, 70, 88, 135, 204, 225, 266, 287-9, 345, 357

    trabalho de Tom France com o, 43, 47, 56, 287

    Youth Leadership Academy (Ryla), 33, 47, 56, 287

Sanborn, Mark, 154

S

Schafer, John, 288

Schwab, Charles, 55

senso de direito adquirido, 215

senso de humor, 84, 184-5, 211-2

Shaw, Whitney, 283-4

Sheahan, Cheryl, 302-3

Sheahan, Tim, 302-3

Shepherd, Glen, 42

Shula, Don, 207-8

sigilo, 84, 184-5, 199, 201

Silbert, Mimi, 260-1

Singer, Deanne, 15, 29, 31-2, 34, 37, 40, 47, 73

Smith, Michael, 123-5

Smith, Tara, 124

Somos todos iguais (Hall e Moore), 154, 234

Southwest Airlines, 297-8, 300

Spaulding Companies, 311

Spaulding Leadership Institute, 214

Spaulding, Gordon, 317-8

Spaulding, Jill, 70-1, 129, 131-2, 143-4, 146, 150, 170, 188, 196, 200, 220, 229, 242, 263-5, 274, 288, 302-3

Spofford, Lynda, 140

Springfield College, 41, 45

Stakeholders,

stakeholders da comunidade, 291-2, 301, 304-7, 314

stakeholders externos, 292, 301, 304-5, 336

stakeholders internos, 291-300

Stanton, Susan, 149

Starbucks, 304
sucesso, definições de, 12-3, 15, 17, 21-2
Suffern Rotary Club, 43, 47
Sullivan, Tom, 347

T

TBPs (Trusted Business Partners), 351
telefonemas, 44, 57, 100, 122
The Leader of the Future (Bailey), 81
Tilton, David, 27-9, 41
Times de Quinto Andar, 349
Timothy, Al, 312
Tom Peters Company, 273
Toms Shoes, 67
trabalho voluntário, 41, 119, 121-2, 128-9, 144, 147, 233. *Veja também* envolvimento comunitário
Trump, Donald, 180-1
Trusted Business Partners (TBPs), 351
Turer, Corey, 41, 323

U

Up with People

autor como CEO da, 46, 115, 140, 159, 166, 171, 200, 251, 274, 287, 292, 305, 327-8, 335

  autor como membro da equipe de apoio, 41-2, 44, 54, 87-8, 115

  inscrição, turnê e viajens do autor, 44-5, 53, 87, 196, 214, 251, 318

  colaboradores, 111, 158-60, 224, 258

Urich, Kate, 188, 204

Urich, Mark, 160-1, 187, 244

USAA, 304

USS Benfold, 268

V

valores compartilhados, 101, 274, 276-7, 299, 320

Van Gilder, Michael, 351

Veltidi, Bob, 36-7, 39-40

Venda de Soluções, 278

visão compartilhada, 164-5, 334-6, 338

Vital Friends (Rath), 64

vulnerabilidade, 81-2, 84, 86, 184-5, 195-9, 204, 230.

W

Wall Street (filme), 343

Walton, Sam, 259

Warner, Brenda, 205

Warner, Jim, 244

Warner, Kurt, 205-6

Wegen, Keith, 244

Wegmans Food, 304

Welsh, Joey, 45

Westin Hotels, 159, 161

Wetzel, Scot, 150

Wilmer, Stephanie, 291-3

Wooden, John, 209

WorldCom, 300